# 财务预算与财务经济管理技术

刘艳芳　王　颖　李　静　主编

吉林科学技术出版社

**图书在版编目（CIP）数据**

财务预算与财务经济管理技术 / 刘艳芳，王颖，李静主编 . -- 长春：吉林科学技术出版社，2021.8（2023.4重印）

ISBN 978-7-5578-8553-3

Ⅰ．①财… Ⅱ．①刘… ②王… ③李… Ⅲ．①企业管理－财务管理 Ⅳ．① F275

中国版本图书馆 CIP 数据核字（2021）第 159910 号

# 财务预算与财务经济管理技术

CAIWU YUSUAN YU CAIWU JINGJI GUANLI JISHU

| | |
|---|---|
| 主　　编 | 刘艳芳　王　颖　李　静 |
| 出 版 人 | 宛　霞 |
| 责任编辑 | 冯　越 |
| 封面设计 | 李　宝 |
| 制　　版 | 张　凤 |
| 幅面尺寸 | 185mm×260mm |
| 开　　本 | 16 |
| 字　　数 | 340 千字 |
| 页　　数 | 248 |
| 印　　张 | 15.5 |
| 版　　次 | 2021 年 8 月第 1 版 |
| 印　　次 | 2023 年 4 月第 2 次印刷 |
| 出　　版 | 吉林科学技术出版社 |
| 发　　行 | 吉林科学技术出版社 |
| 地　　址 | 长春市福祉大路 5788 号 |
| 邮　　编 | 130118 |

**发行部电话/传真**　0431—81629529　　81629530　　81629531
　　　　　　　　　　　81629532　　81629533　　81629534

**储运部电话**　0431—86059116

**编辑部电话**　0431—81629518

| | |
|---|---|
| 印　　刷 | 北京宝莲鸿图科技有限公司 |
| 书　　号 | ISBN 978-7-5578-8553-3 |
| 定　　价 | 65.00 元 |

# 前　言

　　现代企业的管理应是战略化和系统化的管理。战略化所体现的是前瞻性和有序性，系统化所要求的是管理的融会贯通。为适应这种战略化与系统化的管理模式，在财务管理上就应该通过制定财务战略与财务政策，进行财务规划，并运用财务分析方法，来实现资源的合理配置，战略的有效贯彻、决策的充分优化、价值的稳步增加。

　　财务管理是基于企业再生产过程中客观存在的财务活动和财务关系而产生的，是企业组织财务活动、处理与各方面财务关系的一项经济管理工作。它通过对资金运动和价值形态的管理，像血液一样渗透贯通到企业的生产、经营等一切管理领域。财务管理是在一定的整体目标下，关于资产的购置（投资）、资本的融通（筹资）和经营中的现金流量（营运资金），以及利润分配的管理。财务管理是企业管理的一个组成部分，它是根据财经法规制度，按照财务管理的原则，组织企业财务活动，处理财务关系的一项经济管理工作。在现代企业管理当中，财务管理是一项涉及面广、综合性和制约性都很强的系统工程。它是一项通过价值形态对企业资金流动进行计划、决策和控制的综合性管理，是工程经济、企业管理的核心内容。

# 目  录

# 第一章 财务预算概论

## 第一节 财务预算的含义

### 一、预算的含义

#### （一）什么是预算

预算管理在西方已经有一个世纪以上的实践，西方发达国家对于企业预算管理理论的研究也比较多。现在，预算在企业管理中的作用已经日益彰显。对于预算，不同的人有着不同的理解：

查尔斯·T·霍恩格里（Charles T.Horngren）认为预算是行动计划的数量表达。

克里斯·阿吉里斯（Chris Argyris）把预算定义为一种由人来控制成本的会计技术。

弗雷姆根（Fremgen）认为预算是一种以财务条件来表达的广泛而协调的计划。

格伦·A·韦尔什（Glenm A.Welsh）认为企业预算是一种涵盖未来一定期间内所有营运活动过程的计划，它是企业最高管理者为整个企业及其各部门所预先设定的目标、策略及方案的正式表达。

哈罗德·比尔克曼（Harold Bierman）认为有 2 类预算：一类是预测（Forecast），告诉管理人员其在未来将可能处于何种地位；另一类是标准（Standard），告诉管理人员预定的效率水准是否已维持或达成。

安达信公司"全球最佳实务数据库"（Global Best Practice）中预算的定义是：预算是一种系统的方法，用来分配企业的财务、实物及人力等资源，以实现企业既定的战略目标。企业可以通过预算来监控战略目标的实施进度，有助于控制开支，并预测企业的现金流量与利润。

预算最先产生于政府和非营利单位，以后逐渐被企业应用。本书认为，预算是指一个单位对其未来的经济活动过程和结果所做的详细具体的数量说明，它具有以下几方面的含义：

1

1.预算是一个单位未来经济活动过程和结果的一种数量表现，在管理上讲求精细管理的单位都会对未来的经济活动过程和结果做出各种各样的计划和安排，这些计划和安排既可以用文字、图像等形式来表现，也可以用数量的形式来表现。如果以数量化的形式来表现，就可以称之为预算。

2.预算是为了完成特定目标而对所拥有的有限资源进行的合理安排，单位所拥有的资源，既包括我们通常所讲的人、财、物等资源，也包括各种权、责、利的划分等制度资源。要让一个责任单位或一个责任人完成一定的经济业务，除了给该责任单位或责任人一定的财产资源，还需要明确其权、责、利的范围。这些财产资源的安排和权、责、利的划分是预算中的重要内容。

3.预算是以货币或现金流量的形式为主对单位未来某一特定时期经济活动过程和结果所做的系统而详细的表述。

单位的经济活动都是围绕取得的各种各样的收入而安排的。而为了取得一定的收入，单位一般都会产生一定的费用。所以，单位的经济活动几乎都要涉及现金的收支，因而，对未来经济活动的安排必然涉及对现金收支的安排。

4.预算是对各项经济活动过程和结果进行有效控制的一种工具。预算一方面对未来的经济活动做了安排；另一方面还对经济活动的结果作了合理的估计。这样，预算可以从两个角度对单位的经济活动进行控制：一是预算规定了各责任单位或责任人的权、责、利以及各责任单位或责任人之间的关系，这实际上是将经济活动的过程做了粗线条的规范，经济活动在执行过程中，可以依据这些规范来纠正偏差；二是对未来经济活动结果的预计是经济活动结束后考评的标准，如果单位业绩的考核与预算挂钩，奖惩的实施又与预算考评结果挂钩，那么各责任中心对合理利益的追求一定会促使单位的经济活动按预算的要求进行。

## （二）预算、计划、预测三者的关系

为了正确理解预算的含义，需要理清预算、计划、预测三者的关系。

1.预测是预算和计划的前提

预测源于经济事件的不确定性与风险化，是对未来不可知因素、变量以及结果的不确定性的主观判断（当然，这种判断应是在科学基础上的主观判断）。预测是预算和计划的前提，没有预测就没有预算和计划。如果未来经济事项的后果是完全确定已知的，就无须使用预算方法，也不需要计划。预算和计划都是以预测为基础，根据预测的结果提出的对策性方案，是对预测的一种反映，是对预测的规划，旨在趋利避害，以求实现较好的结果。预测风险性的大小取决于据以预测的基础（如环境或变量因素）和方法是否科学、可靠。预测的结果越确定，预算和计划的过程也就越简单，准确性也就越高，效果自然也就越好。

2.预算不等于计划

在企业推行预算管理工作时，有时会遇到计划和预算概念不清的问题。有人将预算等同于计划，也有人认为预算是现代企业管理的工具，而计划是计划经济时期留下的管理方式。预算管理作为西方企业管理的重要模式，是在企业中长期目标确定的基础上规划安排企业近期的活动，这种规划可以分为两部分：一部分为"计划"（Plan），用文字加以说明；另一部分为"预算"（Budget），用数量和表格的形式加以表达。从这个意义上讲，不能简单地认为预算就是计划，而应将预算理解为是将企业短期计划数量化、表格化的体现。预算可以用价值形式表示，也可以用实物等多种数量形式表示，它侧重于数量，注重的是数学逻辑；而计划则是侧重于文字，注重的是语文逻辑。

## 二、财务预算的含义及内容

财务预算有广义和狭义两种含义。广义的财务预算是指包括经营活动预算、投资活动预算、筹资活动预算、现金流量预算、财务状况预算和经营成果预算在内的企业全面预算。狭义的财务预算仅仅包括现金流量预算、财务状况预算和经营成果预算。本书所定义的财务预算是指广义的财务预算，它具体包括以下内容：

1.经营活动预算，它是指对集团公司及其所属各经营公司在预算期内从事的各种经营活动所编制的预算，具体包括目标利润（或目标成本）预算、主营业务收入预算、应收账款预算、主营业务量预算、主营业务成本预算、主营业务采购量预算、应付账款预算、间接费用预算、营业费用预算、管理费用预算、财务费用预算、其他业务收支预算、营业外收支预算、税费支出预算等。

2.投资活动预算，它是指对集团公司及其所属各经营公司在预算期内从事的各种投资活动所编制的预算，具体包括对内投资预算和对外投资预算、短期投资预算和长期投资预算、股权投资预算和债权投资预算等。

3.筹资活动预算，它是指对集团公司及其所属各经营公司在预算期内从事的各种筹资活动所编制的预算，具体包括股权筹资预算和负债筹资预算、短期筹资预算和长期筹资预算、内部筹资预算和外部筹资预算等。

4.现金流量预算，它是指对集团公司及其所属各经营公司在预算期内的现金流入量、现金流出量和现金净流量所编制的预算，具体包括经营活动现金流量预算、投资活动现金流量预算和筹资活动现金流量预算。

5.财务状况预算，它是指对集团公司及其所属各经营公司在预算期末各种资产、负债、所有者权益的构成情况所编制的预算，亦即资产负债表的各项目期末余额的预算。

6.经营成果预算，它是指对集团公司及其所属各经营公司在预算期内的利润及其分配情况所编制的预算，亦即利润及利润分配表各项目本期发生额的预算。

在此特别指出，本书所定义的财务预算，实际上就是人们习惯所说的全面预算。之所以把财务预算定义为广义的财务预算（即全面预算），是从财务管理的概念和对象中得到启发的。财务管理是指管理者针对资金的运动过程，组织财务活动、处理财务关系、统筹现金流量、评价财务状况、分配财务成果的一项经济管理工作，其对象是资金及其运动过程中所发生的各种财务活动和财务关系、所产生的现金流量、所形成的财务状况以及所取得的财务成果。以工业企业为例，企业的资金主要来源于投资者和债权人，当企业一旦筹集到足够的资金后，就会将这些资金用于投资建厂，工厂建成后随即就会进行采购、生产、销售、管理等一系列营业活动。在正常的营业活动过程中，为了扩大生产经营规模，企业还会不断地进行再筹资和再投资，从而形成了"筹资→投资→经营→再筹资→再投资→再经营"这样一个资金的循环和周转过程。这些筹资活动、投资活动和经营活动，会导致企业产生一定的现金流量、形成一定的财务状况和取得一定的财务成果。企业管理者需要对这些现金流量进行统筹协调、对这种财务状况进行考核评价、对这些财务成果进行计量分配，才能保证企业资金在循环和周转过程中不断地产生增值。而这一切都构成了企业财务管理的重要内容。所以说，企业财务管理包含了"筹资→投资→经营（采购、生产、销售、管理等）→再筹资→再投资→再经营（再采购、再生产、再销售、再管理等）"这样一个资金的循环和周转过程。从这个意义上说，本书把财务预算定义为广义的财务预算（即全面预算），不仅符合财务管理概念和对象的要求，而且能够更加完整地表达财务预算的含义。

## 三、财务预算管理的含义

财务预算管理是指企业围绕财务预算而展开的一系列管理活动，包括财务预算的编制、财务预算的执行、财务预算的调整、财务预算的监控、财务预算的考评和财务预算的奖惩等若干个管理环节。

### （一）财务预算的编制

编制预算是财务预算管理体系的基础和起点，它对财务预算管理的有效实施和水平提高有着十分重要的意义。为了保证财务预算编制的科学合理，企业需要确定合理的编制模式，制定科学的编制流程，采用恰当的编制方法来编制预算。财务预算的编制模式主要有高度集权模式（即自上而下模式），高度分权模式（即自下而上模式），集权为主、适当分权模式（即先自上而下、后自下而上模式），分权为主、适当集权模式（即先自下而上、后自上而下模式）等几种。财务预算的编制流程主要有以目标利润为编制起点的编制流程、以目标销量为编制起点的编制流程、以目标成本为编制起点的编制流程、以目标现金流量为编制起点的编制流程、以目标净资产收益率为编制起点的编制流程等几种。财务预算的编制方法主要有固定预算法、弹性预算法、定基预算法、零基预算法、静态预算法、动态预算法和概率预算法等几种。

　　预算编制是企业的年度大事。每到下半年，企业就要为来年的预算编制做准备工作，通过召开不同层次的会议，对本年度预算的执行情况进行阶段分析，同时对本年度预算的年终执行结果进行可靠的预测，然后结合企业的中长期发展战略，按照既定的编制模式、编制流程和编制方法来编制下一年度的财务预算。

　　企业编制的财务预算一般要经过财务预算预案、财务预算草案，财务预算修正案三个阶段后才算大功告成。财务预算预案是指财务预算的初步方案，也称试编方案，它是企业根据财务预算管理最高决策机构提出的编制要求初步编制出来的方案。财务预算预案经过多次反复协调和修改后就形成财务预算草案，它是企业在下一年度的第一个季度试执行的方案。财务预算草案在预算年度的第一个季度试执行后，根据试执行的结果对草案进行再一次修改而形成财务预算修正案。财务预算修正案需经股东大会或职工代表大会或类似的权力机构表决通过后，才能进入正式执行的阶段。

### （二）财务预算的执行

　　财务预算的执行阶段就是明确各级执行主体的执行任务，将年度预算目标、季度预算目标、月度预算目标逐级分解到各级执行单位或责任人，并敦促这些执行单位或责任人将上级单位或责任人分解下来的月度预算目标再一次细分为每旬、每周、每日的执行目标，并严格按照这些执行目标来合理地安排当旬、当周、当日的生产经营活动和管理活动，以保证企业的生产经营活动和各项管理活动能够在这种合理的安排之下有序、高效地进行。

### （三）财务预算的调整

　　在执行财务预算过程中，企业内外部环境条件的变化可能会导致原先的预算与当前的实际情况发生偏离。这时，企业应该对环境条件的变化情况以及预算与实际的偏离程度进行客观的分析和评价。如果确信环境条件的变化是客观存在而非人为因素渲染的，而且这种变化所造成的预算与实际的偏差已经超出了正常的范围，企业应该根据实际情况对预算进行适当的调整，以保证预算的科学性和可操作性。但如果通过客观的分析和评价后发现环境变化是人为渲染的，或者客观存在的环境变化所导致的预算与实际的偏差并没有超出正常的范围，企业则不应该对预算进行调整，以维护预算的严肃性和权威性。

### （四）财务预算的监控

　　从监控的内容来看，财务预算监控包括对预算编制过程的监控、对预算执行过程的监控、对预算调整过程的监控、对预算考评过程的监控、对预算奖惩过程的监控；从监控的范围来看，包括对企业内部各个预算责任部门、单位和个人的监控。财务预算监控是保证财务预算管理实施效果的重要手段。通过监控，企业可以确保预算编制的准确性和及时性、预算执行的严肃性和有效性、预算调整的客观性和时效性、预算考评的公平性和公正性、预算奖惩的公开性和合理性；同时，还可以促进各个预算责任部门、单位和个人认真履行各自的预算管理职责，进而推动财务预算管理目标的顺利实现。因此，企业应该对每一个预算管理环节和每一个预算责任主体的责任目标都加以明晰化，并以此为依据加强财务预算的监控。

## （五）财务预算的考评

财务预算提供了明确的在预算期内要求达到的经营目标，是对企业计划的数量化和货币化表现，为经营业绩的考评提供了标准，是业绩评价的重要依据。财务预算的考评是企业的各级考评主体对其下属的各级预算责任单位和个人完成预算责任目标的情况进行考核与评价，对管理成效的确认和评价过程，是财务预算管理环节中承上启下的重要一环。如果没有财务预算的考核与评价，财务预算管理就会流于形式，达不到应有的管理效果。

## （六）财务预算的奖惩

有效的激励与约束机制是财务预算管理活动得以长期顺利运行的重要保证。考评和奖惩是相连的，考评之后必须要有相应的奖惩与之衔接，才能正确引导员工自觉履行自己的职责，约束自己的行为，才能更大限度地激励员工努力工作，共同为实现财务预算管理的最终目标而尽心尽责。如果奖惩制度不完善，考评后没有配套的奖惩措施，缺乏应有的激励与约束机制，往往会使考评工作流于表面形式，各项预算指标丧失约束力，甚至会使整个预算管理工作失去应有的功效。

财务预算管理与发达的市场经济有着紧密的、内在的联系，而发达的市场经济主要表现为各种发达的市场以及建立在现代企业制度之上的现代企业。无论企业实施何种管理手段，其最终目的都是为了获得利润，实现企业价值最大化和各个利益主体的利益最大化，这是由企业的自然属性和社会属性所决定的。如果企业不追求利润，不追求企业价值最大化和各个利益主体的利益最大化，那么也就没有必要讲求节约成本和提高经营效率，自然也就没有必要实施包括财务预算管理在内的各种先进的、有效的管理手段。

财务预算管理是把企业的经营管理看作一个整体，它具有一套完善的内容体系、方法体系及运行机制，是一个要素齐全的企业内部管理系统，企业内部的人、财、物等要素都置于这一系统之内，成为该系统的有机组成部分。从本质上讲，财务预算管理属于财务管理，是财务管理的重要内容和手段。财务预算管理所需的大量信息都是通过财务管理的方法计算得出，而且财务预算管理的运行机制也与财务管理的体制密切相关，财务预算管理需要借助财务管理的体制来进行运转。因此，财务预算管理与财务管理具有职能上的从属性和模式上的兼容性。企业通过营业活动预算降低成本、增加利润；通过投资活动预算寻求最佳的投资组合、获取最好的投资收益；通过筹资活动预算选择最佳的资金来源渠道和方式、实现资金成本的最低化。所以说，财务预算管理是一种从财务管理的角度出发对企业营业活动、投资活动、筹资活动的过程及其结果进行规划和控制、以量化管理为重要标志的管理活动。

## 第二节　财务预算管理的历史演进

"预算"（Budget）一词起源于法文 Bougette，意思是指皮革制成的袋子或公文包。在 19 世纪，英国财政大臣有一种习惯，即在提出下年度税收需求时，常在英国议员们面前，打开其公文包，展示其需求数字，因此，财政大臣的公文包意指下年度的岁入岁出预算数。大约在 1870 年，"Budget"一词即正式出现在财政大臣公文包中的文件上，这就是预算制度的最初来源。

近代预算制度创始于英国，发展于美国。就西欧国家的财政史或政治制度而论，预算制度的形成，与代议政治的兴起密切关联，而预算制度的演进过程中，除受代议政治发展的影响外，还受国民经济发展及近代科学管理方法的影响。就预算制度的导入而论，首先出现在政府机构，后来逐渐被运用到企业管理当中。

预算管理在西方国家的企业中应用极为普遍，尤其是在美国、日本及西欧，大多数企业都利用预算进行管理，预算管理被视为企业实行管理控制与绩效考评的有效方法。美孚石油公司将奖金、利润分享及股票期权计划同业绩目标的达成相联系，而业绩目标正是来自公司及部门预算中的数据。日本企业则把预算管理看作是将计划与控制有机结合的综合性管理手段，是"为了满足因近代分权管理组织的普及所引起的统合化的必要性，由最高管理经营阶层把管理者的活动加以统合使其迈向企业的目标，因而为了实行集权管理所采取的综合性利益管理的手段。"

企业财务预算管理产生于 19 世纪末，其发展主要经历了 3 个时期：

## 一、产生期（19 世纪末至 20 世纪 20 年代）

美国是最早在企业中进行预算管理的国家，它首先是将预算管理运用在广告费分配上。第一次世界大战后，美国工业生产急速发展，企业规模扩大，管理人员增加，产生了分权化管理，如何协调分权和集中控制成为一个突出问题。同时，企业生产规模的盲目扩大也导致一些企业生产过剩、产品销路不畅，这些问题迫使企业管理者开始对市场进行预测，计划其生产能力与销售，协调部门间经济活动，于是一些企业管理者将预算引入企业管理，以此来计划、协调、控制企业的经济活动。

1911 年，美国的泰勒（F.W.Taylor）创建了科学管理（Scientific Management）学说，促进了企业预算管理理论的发展，如标准成本（standard cost）、差异分析（Difference Analysis）等方法成为预算管理的基本方法，也促进了美国企业管理水平的提高。1921 年，美国政府公布了《预算与会计法案》（The Budget and Accounting Act），该法案通过后，实施效果良好，它使预算管理的职能被人们所了解，一些私营企业也开始采用预算，以强化企业管理，预算管理被提升到了一种社会性的必然地位。随后，预算管理成为一种重要的企业管理工具，其他国家如英国、日本、德国的一些企业开始仿效与采用，先后将预算制度应用于企业管理。同时，一些学者也开始对预算管理理论进行研究，如 1922 年，美国著名会计学家麦金西出版了《预算控制》一书；1930 年，德国的李汉恩出版了《企业经济计划——商业预算》一书。

在预算管理的产生期，预算管理作为协调、控制企业内各职能部门经济活动的管理方法开始为企业所接受，并受到人们的日益重视。

## 二、发展期（20 世纪 30 年代至 70 年代）

随着采用预算管理的企业增多，一些经济管理学者及会计学科的研究者开始对预算制度进行进一步的探讨和研究。20 世纪 30 年代至 70 年代，企业预算管理先后受到会计理论及其他管理思想发展的影响，在管理方法、管理理论方面得到了一定的发展。

第二次世界大战以后，科学技术的迅速发展和大规模应用于生产，使社会生产力水平大幅提高，跨地区、跨行业的大型企业日益涌现，出现了跨国公司，同时由于生产经营日趋复杂、市场竞争日趋激烈，许多行业内企业出现了利润率下降的现象。为了使企业在激烈的竞争中处于有利的地位，西方会计学吸收了 20 世纪 20 年代发展起来的一些专门用于提高企业内部经营管理水平的方法，建立起了许多量化的财务管理方法，以帮助管理当局进行预测、决策、组织和控制生产，提高企业的竞争能力，如盈亏平衡点分析、弹性预算法、变动成本计算法等。这些方法的产生促进了预算管理的发展与完善，特别是盈亏平衡点分析理论的形成，使企业对成本、业务量、利润指标的分析被逐渐运用在各因素的变化对利润影响的事前预测上，对影响企业利润的各因素进行分析，根据分析结果制定出预算，通过检查达到对企业经济活动进行协调、控制的目的，使会计对经济活动的事后反映和分析逐渐转化为事前预测和决策。

这一时期产生的组织行为理论也丰富了预算管理的内容，一些实行预算管理的企业开始实行分权式的民主参与管理，在预算编制中采取自上而下、自下而上地反复循环方式，使企业所有层次的管理者和关键岗位的人员都参与预算的编制，形成了参与型预算管理模式。该模式使预算更加接近实际，提高了员工对预算的认识，增强了其行动和决策与企业目标的和谐性，促进了企业资源的合理配置和有效利用。日本事业部体制下的预算管理正是这种参与型预算管理模式的典型代表。这种参与型的预算管理具有以下特征：1.重视整体观念；2.注重人性观念；3.讲求人际关系；4.重视长期规划；5.运用动态管理。

20世纪70年代，零基预算在西方国家兴起，它的产生使预算管理在理论和方法上都有了新的进展。零基预算最早起源于美国。1967年，得克萨斯仪器公司的彼得·派尔（Peter A.Pharr），首先在其部属与研究部门试行零基预算，将零基预算法应用于公司费用预算的编制，并逐渐扩展到整个公司，此时该公司正值不景气时期，通过推行这一制度，成绩斐然。1970年，派尔将其在得克萨斯仪器公司服务而推行这项预算制度的经验，编著出《零基预算法》Zero-Base Budgeting）一书，发表在哈佛《商业评论》双月刊的11月及12月号。当时美国前总统卡特才当选为美国佐治亚州州长，他读过该文后对派尔大为赏识，并在其担任佐治亚州州长时，曾在该州极力推广零基预算。在其当选总统后的1979年，又指示联邦政府要全面实行零基预算，使零基预算在美国颇为盛行。零基预算承袭了预算的计划特性，使预算管理注重了长期与整体的观念。随后，零基预算编制法传到了紧邻美国的加拿大，加拿大的一些企业纷纷采用零基预算，其他国家的一些企业也先后开始实行零基预算，以至于现在零基预算被西方工业发达国家公认为是管理间接费用的一种有效方法。这一时期，预算管理得到迅速发展，促使企业在市场竞争中取得优势，由此也推动了国家经济的发展。

## 三、成熟期（20世纪80年代以后）

进入20世纪80年代以后，企业预算管理趋于成熟，成为西方现代企业的一种重要管理方法。伴随科技的进步、通讯的发达和计算机技术、网络信息的发展，人们对信息的获取、分析处理更加准确可靠，企业管理者在市场竞争中的预见性和应变能力也更为增强。企业财务预算管理实现了信息的迅速、准确传递，大大降低了信息传递成本，为费用、成本控制提供了良好的基础，对预算差异的分析也更为快捷、准确、科学，对业绩的考评也更为合理。在20世纪80年代后期，西方国家的企业中又出现了企业资源计划（ERP）系统，它把企业内部划分成几个相互协作、相互支持的子系统，使企业将生产制造、质量控制、售后服务等环节全部纳入资源预算系统进行管理，形成了一种面向企业供应链的预算管理。

总之，此时预算管理在西方国家已经成为企业不可或缺的主要管理手段。随着时代的变迁，企业预算管理的理论体系及其职能也在不断地完善，进而向前发展，以使企业管理更加适应复杂多变的内外环境。

## 四、我国财务预算管理的发展与研究进展

1.我国财务预算管理的发展

随着时代的发展，同时伴随着我国经济体制的变更，预算管理在我国也走过了其独特的发展历程。

在计划经济时期，基于我国财政预算制度，企业的生产、销售等全部被纳入财政预算，统一在国家的计划经济体制下运行。这虽然使得企业的预算管理得到了一定的发展，但这种预算机制完全是与财政预算融为一体的，企业的预算只是附属于国家财政预算而成为国家财政预算的一个组成部分，没有形成自己完整、独立的预算管理体系。这个时期的"预算"实质上是在全国范围内进行宏观调控的一种工具。

20世纪50年代后，我国的部分企业开始实行成本计划、标准成本或责任成本，60年代又推广了班组核算管理，到了80年代又推行内部银行、责任会计制度以及经济责任制、市场预测、目标管理等多种企业管理方法，这些管理方法对强化企业管理起到了一定的积极作用。但是，随着市场经济的发展，企业的管理模式也需要不断地创新与完善。

改革开放以来，西方国家的企业现代化理论被引入国内。20世纪80年代初期，西方的管理会计理论被广泛采用，推动了财务预算管理在我国的应用和发展。因此，在我国企业中，预算管理以财务预算或总体预算（Comprehensive Budget）的形式作为管理会计的一个分支在部分企业被采用，这就使预算管理在我国企业中的应用得到了一定的发展，在企业管理中发挥了一些独特的作用。

20世纪90年代，国务院成立稽查特派员办公室，对国有120家大型企业集团进行稽查管理，要求国有大型企业按年上报预算，并制定了一套包括经营预算、资本支出预算、财务预算在内的预算管理报表体系。该举措要求国有大型企业进行系统的预算管理，并对国有大型企业预算管理人员进行了较为系统的培训。其后，多数国有大型企业均结合自己企业的实际情况，推行符合自身业务特点的预算管理模式，并在其中探索实行零基预算、滚动预算、企业资源计划等先进的管理方法。在这种背景下，为了在激烈的市场竞争中进一步强化企业管理工作，使企业创造出更好的经济效益，企业预算管理模式的理论与方法因其在西方国家企业中的成功应用而被引入我国的企业管理理论与实务，我国的部分企业开始积极探索适合我国国情的企业预算管理模式。例如，山东华乐集团开始探索以目标利润为导向的企业预算管理模式，中国新兴铸管联合公司在企业内部推行企业预算管理机制，上海华谊（集团）公司、浙江交联电缆有限公司、杭州风铁集团公司等企业也对企业预算管理进行了一些有益的探索，并积累了一定经验。从这些企业对预算管理进行的探索来看，虽然一些企业应用的立足点是管理会计的角度，但企业的运行质量明显提高，都步入了良性循环轨道，创造出了较好的经济效益。同时，一些诸如以成本为核心的预算管理模式、

以销售为核心的预算管理模式、以利润为核心的预算管理模式、以现金流量为核心的预算管理模式也相继出现。

2000年9月，国家经贸委发布的《国有大中型企业建立现代企业制度和加强管理的基本规范（试行）》明确提出企业应建立预算管理制度；2001年4月，财政部发布的《企业国有资本与财务管理暂行办法》要求企业应当实行财务预算管理制度；2002年4月，财政部发布的《关于企业实行财务预算管理的指导意见》，进一步提出了企业应实行财务预算管理。这些行政规章的颁布和实行，标志着预算管理这一科学的管理理念已在我国得到广泛认同，并进入到规范和实施阶段。

2.我国财务预算管理的研究进展

预算管理作为一种先进的管理方法，正日益受到国内理论界和实务界的重视。尤其在近几年，我国理论界对于预算管理的研究逐渐多了起来。

（1）1999年，中国会计学会对财政部重点会计科研课题"管理会计应用与发展的典型案例研究"进行公开招标，孟焰、杨雄胜、王平心、于增彪四人同时中标获得资助。后来，潘飞、冯巧根等人又立项加盟。该课题也取得了重要成果，现在大部分都已出版。在这项课题的研究成果中，除王平心侧重作业成本之外，其他学者都或多或少涉及预算。这并非巧合，而是表明预算已成为管理会计实务的核心内容。

（2）2000年，南京大学会计系在全国范围内进行了一次企业预算管理的全面调查。调查结果显示，大多数企业都认识到了预算的科学性，认为预算管理比传统的生产经营计划更为科学的企业已占绝大多数，比例高达94.4%；企业中编制管理费用预算的企业最多，编制预计资产负债表、投资收益预算、现金流量预算、资本支出预算的企业较少；77%的企业是由财务部门对预算执行情况进行跟踪调查。

（3）2004年，广西大学商学院财务与会计系在广西壮族自治区内进行了一次问卷调查。调查报告说明，企业实行全面预算或财务收支预算管理，对员工薪酬合理性、员工劳动积极性提高、员工业绩考核具体化和公司收入增长这四项没有产生明显的作用。他们分析认为，之所以出现这种结果，是因为企业在实行预算管理的过程中没有正确处理好激励与约束的关系，没有对预算的执行过程和结果进行严格的监督和考评，并把这种监督和考评的结果同员工的切身利益挂钩。

（4）2004年6月，中国会计学会成本与管理会计专业委员会举办了"企业内部控制与预算管理专题研讨会"，与会者提交的论文中直接讨论预算问题的有30篇。由此可见，我国关于预算的学术研究已开展得如火如荼。

（5）我国从20世纪80年代开始引进或在引进基础上编写管理会计教材，目前出版的种类和数量可谓汗牛充栋，每本教科书都至少有一章专门介绍预算管理。此外，一些专门著作也先后出版，其中比较有代表性的有四本：潘双师主编的《油气生产企业预算管理》（石油工业出版社，2000），潘爱香和高晨编著的《全面预算管理—整合"四流"，创造"一流"》（浙江人民出版社，2001），苏寿堂著的《以目标利润为导向的企业预算管理》（经济科学出版社，2001），王化成、佟岩和李勇编著的《全面预算管理》（中国人民大学出版社，2003）。这些都表明，我国对于预算的研究已经有了一定的深度和系统性。

## 第三节　财务预算管理的重要作用

　　财务预算管理是企业内部控制的一种重要方法，它通过计划、组织、控制和协调企业人、财、物等各项资源来贯彻落实企业的发展战略，实现企业价值最大化。财务预算管理是完善企业法人治理结构的客观要求和具体体现，是现代财务管理的重要标志。财务预算管理作为企业管理当局对未来生产经营活动的总体规划，无论是在集团企业还是在单一法人企业中，都发挥着重要的作用。

　　财务预算管理的重要作用主要表现在：支持企业战略管理；分解企业经营目标；明确部门（单位）经济责任；协调部门（单位）经济关系；控制企业经济活动；评价企业经营业绩；激励企业全体员工；促进企业制度完善；推动企业文化建设和提高企业管理水平等。

### 一、支持企业战略管理

　　战略管理是现代企业竞争的一个重要法宝。无数成功（或失败）企业的实践经验（或教训）都表明，科学的战略管理是企业在竞争中立于不败之地的重要保障。

　　从战略管理的过程来看，企业的战略管理包括战略调研、战略规划、战略实施、战略控制和战略评价五个阶段，每一个阶段都需要财务预算管理的支持。在战略调研和战略规划这两个阶段，以往年度的财务预算管理实施情况是全面评价企业的战略环境和科学规划企业的总体战略、分部战略以及职能战略的重要事实依据；在战略实施阶段，企业总体战略、分部战略、职能战略的目标都需要通过财务预算管理来层层分解，战略目标的实施需要财务预算管理提供保障；在战略控制阶段，无论是事前控制、事中控制还是事后控制，也无论是战略性控制、战术性控制还是业务性控制，财务预算管理控制都是一个非常重要的手段；在战略评价阶段，财务预算管理的实施结果更是评价战略管理效果的重要事实依据。

### 二、分解企业经营目标

　　企业的中长期战略目标在实施过程中必须分解为年度经营目标，年度经营目标又必须分解为季度经营目标和月份经营目标，这样才能使中长期战略目标由思想变为行动、由理想变为现实，而财务预算管理恰好是将年度经营目标分解为季度经营目标和月份经营目标的最好方式。企业通过实行财务预算管理，可以把年度经营目标依次地分解为季度经营目标和月份经营目标，使年度经营目标变得更加具体、细化、明确和清晰，从而保证年度经营目标的顺利实现。

## 三、明确部门（单位）经济责任

财务预算管理需要把企业经营目标从最高管理层向最低操作层逐层分解，每一个管理（或操作）层的经营目标都需要有一个部门（单位）来承载。通过实行财务预算管理，企业可以把经营目标分解到企业内部上下左右各个部门（单位），使各个部门（单位）的经济责任变得更加具体和明确，这样有利于企业经营目标的顺利实现。

## 四、协调部门（单位）经济关系

企业内部上下左右各个部门（单位）之间有着不同的经济责任，每一个部门（单位）在完成自己经济责任的同时，都要和其他部门（单位）发生经济关系。这种经济关系包括经济责任（即各自需要完成什么样的职责和目标）、经济权限（即各自将要拥有什么样的资源支配权）和经济利益（即各自将要受到什么样的激励与约束）3个方面，它们需要通过企业内部的有效管理来进行协调，而财务预算管理正是协调这种经济关系的一种有效方法。通过实行财务预算管理，把企业的年度经营目标合理地分解到各个部门（单位），使各个部门（单位）的经济责任、经济权限和经济利益都得以公开化、明晰化、具体化，从而达到有效协调部门（单位）之间经济关系的目的。

## 五、控制企业经济活动

控制经济活动是财务预算管理的一项基本职能。通过对财务预算编制过程的控制，可以预先控制哪些经济活动发生或不发生；通过对财务预算执行过程的控制，可以允许或不允许哪些经济活动发生；通过对财务预算管理考核过程的控制，可以了解哪些经济活动已经或尚未发生；通过对财务预算管理评价过程的控制，可以知道哪些经济活动应该或不应该发生；通过对财务预算管理奖惩过程的控制，可以激励或约束哪些经济活动发生。

## 六、评价企业经营业绩

企业经营业绩评价是企业经营活动过程中的一项重要事项。通过经营业绩评价，企业可以了解各个经营期间的经营业绩究竟是好还是坏：好，好在那里，为什么好；坏，坏在哪里，为什么坏，今后如何改善。财务预算管理为企业的经营业绩评价提供了基本的评价标准、评价方法、评价范围和评价期间。首先，经过审批的各种预算指标，是评价经营业绩的基本标准；其次，把预算指标同历史指标、行业指标、当期实际指标进行对比，是评价经营业绩的基本方法；再次，各种预算指标既有企业总体性指标，又有部门单位指标甚至岗位员工指标，这就为企业经营业绩评价提供了三个基本的评价范围，即企业整体经营业绩评价、部门单位经营业绩评价和岗位员工经营业绩评价；此外，财务预算不仅有年度预算，而且还有季度预算和月份预算，经营业绩评价据此可以进行年度评价、季度评价和月份评价。

## 七、激励企业全体员工

激励原理是管理学的一个基本原理。财务预算管理也需要采用激励原理。财务预算管理过程的激励，从管理的层次来讲，应该包括决策层的激励、管理层的激励和操作层的激励3个层次；从管理的环节来讲，应该包括预算编制过程的激励、预算执行过程的激励、预算调整过程的激励、预算监控过程的激励、预算考核过程的激励、预算评价过程的激励和预算奖惩过程的激励共七个环节。

## 八、促进企业制度完善

财务预算管理涵盖了企业营业活动预算、投资活动预算、筹资活动预算、现金流量预算、财务状况预算和经营成果预算等多个方面的管理内容。每一个方面的管理内容都需要有完善的管理制度作为保障。因此，实行财务预算管理可以促进企业加强管理制度的建设，从而使企业各方面的管理制度逐步臻于完善。

## 九、推动企业文化建设

企业文化包括物质层面的文化、行为层面的文化、制度层面的文化和精神层面的文化。财务预算管理需要企业文化的支持，如实行财务预算管理需要一定的物质基础、规范的员工行为、完善的管理制度、积极向上的企业精神等。但同时，财务预算管理对企业文化的建设也具有不可小觑的促进作用。例如，通过实行财务预算管理，可以提高企业的经济效益，改善企业的物质基础；可以增强员工的团队意识，规范员工的管理行为；可以促进企业的制度建设，使各种管理制度日臻完善；可以营造企业积极向上的良好氛围，锻造企业的崇高精神等。财务预算管理与企业文化建设之间的关系是一种相互需要、相互支持、相互促进的关系。

## 十、提高企业管理水平

财务预算管理涉及采购管理、生产管理、销售管理、投资管理、筹资管理、现金流量管理、资产管理、负债管理、所有者权益管理、收入管理、费用管理，利润管理等内容。整个管理过程包括预算的编制、预算的执行、预算的调整、预算的监控、预算的考核、预算的评价、预算的奖惩等环节。上述管理内容和管理环节的管理水平的高低将直接影响到财务预算管理水平的高低；反之，财务预算管理的有效实施也将有助于提高上述管理内容和管理环节的管理水平。财务预算管理水平与企业管理水平之间的关系是一种相互制约、相互促进的关系。

# 第四节　财务预算管理的特征

在企业管理方式的选择中，财务预算管理以其在企业经营中的独到功能和作用，越来越引起人们的重视。在当今的商业环境中，只有那些了解并掌握了如何将预算当作商务工具来实现企业目标的企业才最有可能获得成功。预算的使用对于任何企业的计划和控制都是十分重要的。

基于前面对财务预算管理的认识，可得出财务预算具有以下显著特征：

1.财务预算管理是一种全方位渗透的管理，内涵深、范围广

财务预算管理是围绕着财务预算而展开的一系列管理活动，是财务管理的一项重要内容和一种重要手段。从管理的内容来看，财务预算管理不仅包括现金流量预算管理、财务状况预算管理、经营成果预算管理，而且还包括营业活动预算管理、投资活动预算管理和筹资活动预算管理，其管理的内容全方位地渗透到企业生产经营管理的每一个过程、每一个环节，具有内涵深、范围广的特点。现代企业的生产经营管理不仅需要关注日常营业活动的发生过程及其结果，还需要关注投资活动和筹资活动的发生过程及其结果。只有在对营业活动及其结果进行预算管理的基础上，把预算管理的内容延伸到投资活动和筹资活动及其所产生的结果上，才能将企业资源的有效配置与相关的生产经营管理活动有机地结合起来，保证企业财务预算管理目标的顺利实现。

2.财务预算管理是一种全员参与的管理，层次多、链条长

财务预算管理全方位渗透的特点衍生了其全员参与的特点。由于财务预算管理的内容涵盖了营业活动、投资活动、筹资活动的各个方面，所以，财务预算管理并不是有了高层管理者的组织和推动或者有了财务管理人员的参与就能做得好的，它还需要企业全体员工的共同参与，是一种全员参与的管理。财务预算只不过是一个管理的载体，预算机制的良好运行需要企业全员参与和支持，特别是中层和基层管理者对预算管理的参与和支持尤为重要。这就要求企业管理者在实施财务预算管理之前首先要对全体员工进行必要的预算管理教育，使他们都能认识到财务预算管理的重要性，都能掌握财务预算管理的一些必备知识，激励员工主动地参与和支持财务预算管理机制的运行，为财务预算管理创造一个良好的精神环境或文化环境。当然，由于企业内部的组织分工不同，不同管理层的员工在财务预算管理过程中所担当的角色和所起的作用也是不同的。此外，企业组织结构的多层性和

链状结构还决定了财务预算管理的多层性和链条性，特别是在大型企业或集团公司，财务预算管理层次多、链条长的特点表现得尤为明显。

3.财务预算管理是一种全过程监控的管理，过程长、监控难

从管理的过程来看，财务预算管理包括财务预算的编制、财务预算的执行，财务预算的调整、财务预算的监控、财务预算的考评、财务预算的奖惩等环节。其中，财务预算监控并不仅仅是对预算执行环节的监控，它还包括对预算编制环节、预算调整环节、预算考评环节和预算奖惩环节的监控，即对整个财务预算管理过程的全程监控，其监控的过程长，监控的主体和客体都比较复杂，因而监控起来难度大。单一对预算编制环节进行监控，会使其他的管理环节由于失控而问题百出，最终影响到财务预算管理成效的发挥。对预算编制环节的监控，主要是为了保证预算编制的准确性；对预算执行环节的监控，主要是为了保证预算执行到位；对预算调整环节的监控，主要是为了保证预算调整合理；对预算考评环节的监控，主要是为了保证预算考评客观公正；对预算奖惩环节的监控，主要是为了保证预算奖惩合理得当。

4.财务预算管理是一种全量化实施的管理，指标烦琐、利益敏感、关系复杂

财务预算既可以用价值形式表示，也可以用实物等多种数量形式表示，它侧重于数量，注重的是数学逻辑，是一种全量化实施的管理，这种量化既包括目标的量化，也包括权、责、利的量化。财务预算是一项主要用数量形式来反映企业未来某一特定时期的有关生产经营活动、现金收支、资金需求、成本控制以及财务状况等各方面的详细计划。预算管理即是依据企业编制的以数量形式为主的定量描述，全方位地加强对企业生产经营活动的控制，使之有序运行。财务预算过程中涉及的指标烦琐，既有财务指标，也有非财务指标，这就要求预算管理人员在工作中要耐心、细致。

# 第二章 财务预算管理体制

## 第一节 财务预算与组织再造

企业的组织结构犹如人体的骨架，企业中各项组织管理活动都要在这个框架的基础上运行，管理者通过种种管理方式，有效地协调组织结构中的各个单元，达到企业物流、资金流和信息流的有效流通，实现企业最终目标—企业价值最大化。财务预算管理这种管理方法的出现是为了解决 20 世纪初出现的拥有多个部门的大型企业管理协调难的问题。随着企业组织经营环境的日趋复杂化，企业组织必须根据环境的变化来调整或者改变自身的结构，以适应财务预算管理的需要。

### 一、企业组织结构

组织是有一定目的、结构，互相协作，并与外界相联系的人群集合体。组织可以是营利性的机构，如联想集团、海尔集团等企业性组织，也可以是非营利性的机构，如我国的全日制大学、政府部门、事业单位等。本书所说的组织是指营利性的企业组织。

组织结构是指一个组织内各构成要素及其之间的相互关系，它描述了组织的框架体系。组织结构主要涉及企业部门构成、基本的岗位设置、权责关系、业务流程、管理流程及企业内部协调与控制机制。企业组织结构是实现企业宗旨的平台，组织结构直接影响着企业内部组织行为的效果和效率，从而影响着企业目标的实现。

企业有多种组织结构类型的选择，而在选择适当的结构之前，企业管理者应当弄清楚一些基本问题，如：什么是分工的最佳基础，是职能、产品还是地区？专业化分工的程度有多高？各项任务之间的关联性如何？不同专业分工之间实现协调和结合的最佳方式是什么？等等。企业对上述基本问题的回答又受企业自身具体性质的影响，其中，一个主要影响因素是企业战略。有研究结果表明，不同的战略通常需要不同的组织结构。一般来讲，产品市场有限和操作比较简单的企业往往采用职能型组织结构，但战略的变化往往导致企业组织结构的变化。此外，企业的生产过程和技术以及企业的规模和文化也会对组织结构产生显著的影响。下面介绍几种典型的组织结构类型：

## （一）职能型结构

职能型结构是企业最常见的组织结构形态，它是一种以职能为导向的组织结构形式，其本质是将企业的全部任务分解成分任务，并交与相应部门完成。例如，一个生产制造型企业必须采购原材料、加工并销售产品。生产对象在这三个环节中流动，每个环节由专门的部门完成，以提高效率。采用这种组织结构的企业一般是中小型企业，或者是仅生产一种或几种产品的企业。

职能型结构的主要优点是：适应了大生产分工合作的要求，提高了专业化的管理水平，同时降低了设备和职能人员的重复性，减轻了高层管理者的责任压力，使其能专心致力于最主要的决策工作。职能型结构的缺点是：各职能部门往往会片面追求本部门的利益，部门之间缺乏交流合作，且矛盾冲突会增多，这又会增加最高层管理者协调、统领全局的难度，加大完成任务的压力。另外，由于受各职能部门狭窄的专业知识的限制，职能型结构难以培养出"多面手"级的管理通才。

## （二）事业部型结构

事业部型结构，也称分部型结构，它是指组织面对不确定的环境，按照产品、类别、市场用户、地域以及流程等不同的业务单位分别成立若干个事业部，从产品的设计、原料采购、成本核算、产品制造，一直到产品销售，均由事业部及所属工厂负责，分权管理的一种分权式结构类型。事业部型结构必须具备三个基本的要素：独立的市场、独立的利益、独立的自主权，并执行"集中政策，分散经营"的管理原则。

事业部型组织结构，最早是由美国通用汽车公司总裁斯隆于1924年提出的，这是一种高度（层）集权下的分权管理体制。它适用于规模庞大、品种繁多、技术复杂的大型企业，是国外较大的联合公司所采用的一种组织形式。近几年来，我国一些大型企业集团或公司也引进了这种组织结构形式。在事业部型结构的企业里，企业总部只保留人事决策、预算控制和监督大权，并通过利润等指标对事业部进行控制；也有的事业部只负责指挥和组织生产，不负责采购和销售，实行生产和供销分立，但这种事业部正在被产品事业部所取代；还有的事业部则按区域来划分。本书只简单地介绍产品事业部和区域事业部的结构。

1.产品事业部

产品部门化主要是以企业所生产的产品为基础，将与生产某一产品有关的活动，完全置于同一产品部门内；再在产品部门内细分职能部门，进行生产该产品的工作。

产品部门化的优点是：有利于采用专业化设备，并能使个人的技术和专业化知识得到最大限度的发挥；每一个产品部都是一个利润中心，有助于比较不同部门对企业的贡献；在同一产品部门内，相关的职能活动协调比较容易；容易适应企业的扩展与业务多元化要求。其缺点是：需要更多的"多面手"级的人才去管理各个产品部门，而这类人才往往不易得到；每一个产品分部都有一定的独立权力，高层管理人员有时会难以控制；部门中某些职能管理机构的重整会导致管理费用的增加，同时也增加了总部对"多面手"级人才的监督成本。

2.区域事业部

对于在地理上分散的企业来说，按地域划分部门是一种比较普遍的方法。其原则是把某个地域内的业务工作集中起来，委派一位经理来主管其事。随着经济活动范围的日趋广阔，企业，特别是大型企业，越来越需要跨越地域的限制去开拓外部的市场。而不同的文化环境，造就出不同的劳动价值观，企业根据地域的不同划设管理部门，为的是更好地针对各地的特殊环境条件实现业务活动的开展。

区域事业部的主要优点是：可以把权责下放到地区管理部门，鼓励地区管理部门参与决策和经营；地区管理者还可以直接面对本地市场的需求灵活决策；通过在当地招聘职能部门人员，既可以缓解当地的就业压力，争取宽松的经营环境，又可以充分利用当地有效的资源进行市场开拓，同时减少了许多外派成本和不确定性风险。其主要缺点是：企业所需的能够赴各个区域的地区主管比较稀缺，且比较难控制；各地区可能会因存在职能机构设置重叠而导致管理成本过高的问题。

（三）矩阵型结构

矩阵型组织结构是由纵横两套管理系统组成的矩形组织结构，一套是纵向的职能管理系统；另一套是为完成某项任务而组成的横向项目系统，横向和纵向的职权具有平衡对等性。矩阵型结构打破了统一指挥的传统原则，它有多重指挥线。当组织面临较高的环境不确定，组织目标需要同时反映纵向和横向双重需求时，矩阵型结构应该是一种理想的组织形式。

矩阵结构的优点是：十分机动、灵活，可随项目的开发与结束进行组织或解散；由于这种结构是根据项目组织的，任务清楚，目的明确，各方面有专长的人都是有备而来，因此，在新的工作小组里，能有效沟通、融合，能把自己的工作同整体工作联系在一起，为攻克难关，解决问题而献计献策，促进了项目的实现；加强了不同部门之间的配合和信息交流，可以有效地克服各部门之间互相脱节的弱点。其缺点是：项目负责人的责任大于权力，因为参加项目的人员都来自不同部门，隶属关系仍在原单位，只是为"会战"而来，所以项目负责人对他们管理上困难，没有足够的激励与约束手段，这种人员上的双重管理是矩阵结构的先天缺陷；由于项目组成人员来自各个职能部门，当任务完成以后，仍要回原单位，因而容易产生临时观念，对工作有一定影响。

矩阵结构适用于一些重大攻关项目。企业可用来完成涉及面广的、临时性的、复杂的重大工程项目或管理改革任务。特别适用于以开发与实验为主的单位，如科学研究单位，尤其是应用性研究单位等。

### （四）动态网络型结构

动态网络型结构是一种以项目为中心，通过与其他组织建立研发、生产制造、营销等业务合同网，有效发挥核心业务专长的协作型组织形式。动态网络型组织结构是基于信息技术的日新月异以及更为激烈的市场竞争而发展起来的一种临时性组织。它通过以市场的组合方式替代了传统的纵向层级组织，实现了组织内在核心优势与市场外部资源优势的动态有机结合，因而更具敏捷性和快速应变能力，可视为组织结构扁平化趋势的一个极端例子。

动态网络型组织结构的优点是：组织结构具有更大的灵活性和柔性，以项目为中心的合作可以更好地结合市场需求来整合各项资源，而且容易操作；组织结构简单、精炼，由于组织中大多数活动都实现了外包，而这些活动更多的是靠电子商务来协调处理，因此效率也更高了。其缺点是：可控性太差，这种组织的有效运作是靠与独立的供应商广泛而密切的合作来实现的，一旦组织所依赖的外部资源出现了问题，组织将陷于非常被动的境地；外部合作组织都是临时的，随时将面临解体的危险；由于项目是临时的，员工随时都有被解雇的可能，因而员工的组织忠诚度也比较低。

动态网络型组织有时也被称为"虚拟组织"。为了获取持续性的竞争优势，组织往往需要通过建立广泛的战略联盟来保持相对稳定的联合经营。近几年来，随着电子商务的发展，更多的知识型企业依靠 Internet 等信息技术手段，并以代为加工、代为设计等网络合作方式取得了快速响应市场变化的经营绩效。

自 20 世纪 80 年代以来，信息传输手段和知识在管理中的基础作用的加强对企业组织形式产生了巨大影响。延续了近百年的垂直一体化层级结构被逐渐地淡化，取而代之的是扁平的、以"作业""流程"为中心的，由合作小组组成的动态结构。

## 二、企业组织再造

组织再造，也称组织变革、组织改革，它是为组织发展提供达到目的的一种手段。组织发展，也就是组织随着客观环境的变化而相应地采取自我完善和自我更新的活动过程，它包括合理地确定战略目标，设计组织结构和各种规章制度，充分地运用组织的人、财、物资源，以达到进一步增强组织的活力来提高组织效益的目的。发展是目的，变革是手段，任何一个组织要想开发自己的潜能，增强活力，提高效益，就必然要变革。组织变革的具体目标有：完善组织结构；优化组织管理功能；构建和谐的组织社会心理气氛；提高组织效能。

（一）组织结构再造过程

有人认为，企业中的组织再造是一项"软任务"，即有时候组织结构不改变，仿佛企业也能运转下去，但如果要等到企业无法运转时，再进行企业组织结构的再造就为时已晚了。那么，怎样才能有效地实施组织结构的再造呢？组织体系的再造与流程的再造是相辅相成的。

首先，真正了解顾客需求，把顾客导向作为变革的核心；其次，明确核心流程，把适应核心流程作为变革依据；再次，精心设计组织结构与制度；最后，实施组织再造，要在组织的所有层面上进行文化变革，每一位员工都要接受新的组织理念。

（二）组织再造方法

组织再造通常有以下两种方法：

1.改良式的优化

这种方法以关心客户的需求和满意度为目标，以组织的业务流程为改造对象和中心，对现有的业务流程进行循序改进，利用先进的制造技术、信息技术以及现代化的管理手段，最大限度地实现管理上的职能集成和技术上的功能集成，以打破传统的职能型组织结构，建立全新的流程型组织结构，从而实现企业经营在成本、质量、服务、速度等方面的进步。这种方法的优点是组织再造过程中的阻力较小，易于实施；缺点是缺乏总体规划、头痛医头、脚痛医脚，带有权宜之计的性质。优化组织结构的方式包括：

（1）合并有关部门。企业在优化组织结构时可以适当合并一些关系密切的部门。传统意义上的企业组织结构主要是按职能部门划分的，在现代即时生产与零库存管理的要求下，各部门的关系需要重新定位。如生产部门与销售部门的关系，生产多少产品，必须根据销售的多少来定，否则生产多了便是浪费。因此，可以考虑合并生产与销售部门，合并之后能够缩小两者在工作中的矛盾，使其形成共同的利益。

（2）减少中间管理层次，使组织尽量扁平化。企业因中间管理层次过多造成的内部信息传递速度过慢、时间过长等因素是影响企业快速反应和决策速度的重要原因。在企业中建立计算机管理信息系统（MIS）、企业资源计划系统及网络系统，为企业组织结构扁平化再造提供了条件。

2.革命式的再造

革命式的再造，强调对事物追根溯源，对既定的现存事物不是进行肤浅的改变或调整修补，而是抛弃所有的陈规陋习及忽视一切规定的结构与过程，创造发明全新的完成工作的组织体系。它是对企业组织结构进行重新构造，而不是对企业进行改良、增强或调整，目的是使企业业绩有显著的增长，极大的飞跃。这种方法十分重视根本的再思考和彻底的再设计，这意味着这种再造追求的不是一般意义上的业绩提升或略有改善、稍有好转等，而是业绩的显著增长。这种方法往往适用于极端的情况，除非是非常时期（如企业经营状况严重恶化），否则一定要慎用，因为它会给企业带来非常大的冲击。

## 三、财务预算与组织再造

### （一）财务预算与组织结构

企业的组织结构是实现企业经营战略目标的基础和保证，也是财务预算管理得以实施的载体，财务预算必须依附于一定的企业组织结构才能进行开展。预算管理者通过种种运作方式，动用组织结构中不同部门的不同活动的组合，使系统中人流、物流和信息流正常流通，并最终实现企业的经营目标。组织结构好比人身体内的骨架，在企业管理中起到支撑的作用，而管理的过程犹如人体的运动过程及各种状态。

财务预算管理与传统的层级制组织结构有着密切的联系。从钱德勒对美国企业的历史研究中可以得出这样的结论：现代多部门、多层次的企业组织形式与现代管理方法可以说是互相成就、共同发展起来的。以预算管理方法为例，它起源于20世纪初，是为了满足逐渐发展壮大起来的拥有多个部门的大型企业管理协调的需要而产生的。财务预算管理方法在满足组织管理需要的同时，还促进了组织结构本身的完善和变革：1.企业的高层管理者自然地摆脱了日常经营事务及这方面的责任，能够集中精力于审核和批准分支企业设立，评估分支企业的绩效，在分析的基础上制定价格政策和企业的其他总政策。2.为了更好地执行预算，协调短期的生产和分配，出现了专门的从事各种协调工作的中层经理人员，如"项目经理""市场规划经理"等，他们促进了资金、信息在整个企业的流动。这样，出于预算实施的需要，层级制的形式和内容都得到了发展和完善。

同样，层级制的组织形式也不可避免地决定了财务预算管理的特点：1.随着层级的增多，组织面临的一个主要问题是下级的行为失控，因此，预算作为事中执行依据和事后评价依据的控制功能被强调。2.层级的塔形结构决定了预算的编制程序始终突破不了自上而下、自下而上以及先自下而上然后自上而下的纵向思维，从而使财务预算管理容易忽略组织内部的横向交流，在如今组织被强调为合作网络时，其弊端是可想而知的。3.层级制是基于对多产品、多职能部门的管理需要产生的，因而与层级制相适应的财务预算管理的重点内容始终是以生产预算为主的职能预算，预算的起点多是最具综合性的财务指标。由此可以得出，尽管近百年来，财务预算管理在技术方法上进行了多种创新，如零基预算、滚动预算等新的预算方法相继出现，但它仍然是以传统的层级制为基础的。

企业作为一个组织客体，必须不断调整自身结构，在发展过程中不断适应种种环境变化的需要。相应地，以组织结构为基础的预算管理方法也应做出相应的调整。组织结构变革的方向就是建立在企业业务流程重组基础上的组织结构，强调以"流程导向"替代原有的"职能导向"的企业组织形式。其基本内涵是以企业长期发展战略需要为出发点，以价值增值流程的再设计为中心，强调打破传统的职能部门界限，提倡组织改进、员工授权、顾客导向及正确地运用信息技术，建立合理的业务流程，从而达到企业动态适应竞争加剧和环境变化的目的的一系列管理活动。

### （二）财务预算组织体系

企业组织结构，尤其是企业管理组织结构，是构成实施财务预算管理的管理组织和执行组织基础。没有企业管理组织结构，也就无从说起预算责任中心建立、目标责任分解落实、预算的业绩评价、协调以及预算的考核。传统的预算管理相应地忽视了组织结构本身也就是增进企业效率的变量，在既定的组织框架内研究资源流动的效率，没有关注流程、作业的合理性。传统的组织结构所造就的业务流程已无法适应当今市场的变化和个性化的消费需求，在许多企业里，预算组织与编制流程和业务规划流程是各自独立的，不少经理人为了完成其预算目标而不择手段，几乎顾不得其他事务，这种行为不利于企业总体目标的实现。现在，这二者必须被结合起来成为一个统一的系统，从而使预算能够促进，而不是阻碍战略计划的实施。流程组织及其对战略的关注对传统的以层级组织为基础的财务预算管理体系提出了挑战。如何适应新的组织形式的管理要求，用一种以流程为导向、以作业为基本单位来构建新的预算组织，成为预算组织构建的新问题。

财务预算管理要求企业建立快速反应的组织结构，这种组织结构使预算各责任主体直接面向市场，其经营业绩直接接受市场的评判，使得预算的控制和考核更具有证明力和说服力，预算执行更加有效。企业自身的组织结构是预算组织的基础，企业应当根据自己企业规模大小、行业特征等实际情况，对组织结构进行适当变革，使之更加适应现代生产管理的要求，适应财务预算管理的要求。

预算目标的实现必须建立在完善的预算组织的基础上，预算组织因企业组织结构的不同而不同，但其都应当由预算管理组织和预算执行组织两个层面组成。

1.预算管理组织—预算管理委员会

预算管理组织机构是指负责预算的编制、审定、协调、调整和反馈的机构和人员，它是各项财务预算管理职能的执行主体。我国的学术界普遍认为：预算管理组织应当专门设立预算管理委员会，由其来负责预算的一切管理事宜。企业本身是一个整体，在这个整体中，各职能部门是相对独立的，它们各自担负着不同的工作任务。各职能部门从本部门角度出发提出的设想和需求，有时与其他部门的工作相冲突，有些则可能根本行不通。通过设置专门的预算管理机构—预算管理委员会来协调这些关系，能够有效地平衡各部门的工作计划，使各部门相互配合，从而使目标利润的实现成为可能。

预算管理委员会是专门为财务预算管理而设置的机构，是在公司董事会或公司经营者（总经理）直接领导下的专司预算管理事务的常设权力机构，其下设预算编制机构、预算监控机构、预算协调机构和预算反馈组织，预算管理的组织、协调工作将由该委员会全面负责。预算管理委员会应由企业最高领导亲自挂帅，使之真正成为财务预算管理的最高权力机构。预算管理委员会成员可由各部门主要领导成员组成。至少，负责财务、供、产、销、技术、劳动人事等部门的主要领导必须是预算管理委员会的成员。委员会的大小取决于企业的规模、预算所涉及的人数、预算过程中内部单位的参与程度及总经理的管理风格等。通常，预算目标的确定、预算审批和下达、预算调整、内部仲裁等需要集权的预算决策和调控职能，均由预算管理委员会承担。从本质上讲，预算管理委员会是预算的综合审定机构，是企业内部全面预算管理的最高权力机构。

（1）预算编制机构。预算编制机构包括与预算编制基础资料供给和预算编制相关的机构。预算是企业全部经营业务的一个全面性计划，涉及企业供、产、销等各个方面，编制预算所需的各项基础资料也需要由各有关部门分别提供。这些部门便构成了编制预算基础资料供给机构。编制预算基础资料由上述部门来提供，正式预算是以这些基础资料为依据来进行编制，但不是将各部门的预算进行简单汇总，而需要将各种预算与企业目标协调一致、综合平衡，最终编制形成总预算，分解落实到各有关部门，并需要一定的专业技能。因此，正式预算的编制还需要专门机构来承担。由于编制预算与财务部门和计划部门的关系最为密切，且预算指标多以财务形式来表现，因此，预算编制机构多由财务部门和计划部门兼任，但应由专人负责，以保证预算编制的速度和质量。

（2）预算监控机构。预算监控机构是实施预算监控职能的机构。由于预算监控的对象是预算的执行过程，而预算的过程又涉及企业的各个环节、各个部门、全体成员，因此预算监控应该是全面的、系统的，单独由一个部门来承担显然不太合适，可以采取一级管一级的办法来层层铺开，有效的监控应该借助各部门、各成员的共同努力，它是预算执行者之间的自我监控和相互监控的结合。

（3）预算协调机构。预算协调既体现在预算编制过程中，又在预算执行过程中发挥着日常管理的作用。预算协调也涉及企业的各个方面，如各项资源内部的协调、各项资源之间的协调、各部门内部的行为协调、各部门之间的协调等。因此，预算协调机构不一定是专门的独立机构，企业各部门均应该着眼于全局整体利益，自觉承担预算协调职能。预算的总协调权在预算管理委员会。

（4）预算反馈组织。预算反馈组织是全面预算管理组织的重要组成部分，预算的规划和控制职能都离不开反馈，预算编制机构、预算监控机构、预算协调机构发挥作用的前提是要有完善的反馈组织作后盾。预算反馈组织即预算信息流组织，也是预算执行过程的报告体系，是预算执行情况的自下而上的层层汇集和向上报告过程。预算反馈组织因预算执行组织的设立而不同，有什么样的预算执行组织就会有与之相适应的信息流组织。

2.预算执行组织

预算执行组织是以企业的组织结构为基础，本着高效、经济、权责分明的原则建立的，是各层责任预算的执行主体，即预算执行过程中的责任中心，它是组织内部具有一定权限，并能承担相应经济责任的内部单位。确定责任中心是全面预算管理的一项基础工作。责任中心是企业内部成本、利润、投资的发生单位，这些内部单位被要求完成特定的职责，其责任人被赋予了一定的权力，以便对该责任区进行有效的控制。臃肿的机构不但会增加管理成本，降低管理效率，而且会影响预算管理应有作用的发挥。在一个企业内，一个责任中心可大可小，它可以是一个销售部门、一条专门的生产线、一座仓库、一台机床、一个车间、一个班组、一个个人，也可以是分公司、事业部，甚至是整个企业。

# 第二节　财务预算与流程再造

## 一、流程再造（Business Process Reengineering，简称 BPR）

1.流程再造的基本概念

1990 年，美国麻省理工学院 Hammer 教授发表于《哈佛商业评论》的《再造：不是自动化，而是重新开始》和 Davenport 博士、Short 博士发表于《斯隆管理评论》的《新工业工程：信息技术和企业流程再设计》两篇文章，揭开了流程再造的序幕。1993 年，伴随着 Hammer 和 Champy 的专著《再造企业—企业革命的宣言》的出版，企业流程再造革命掀起了高潮，BPR 迅速成为美国企业界的流行语，且很快波及西方企业界，并风靡全世界。

Hammer 和 Champy 在其著作《再造企业—企业革命的宣言》中对流程的定义为："流程是系列的特定工作，有一个起点，有一个终点，有明确的输入资源与输出成果。"他们将流程再造定义为：对企业现有业务流程（business process）进行根本性的（Fundamental）再思考和彻底性的（Radical）再设计，以期获得在成本、质量、服务和速度等方面显著的（Dramatic）改善。在这个定义中，"流程""根本性""彻底性"和"显著的"是应该关注的四个核心内容。以下对其逐一说明：

（1）流程。在传统的企业组织中，流程被零散地分割到许多部门中，基本上是无影无踪，完全未加管理。可是在这四个关键词中，流程是最为关键的词，尤其要以业务流程为中心。这是因为：首先，业务流程是一组活动，而不是一个单独的活动；其次，整个业务流程中的各项活动各有特点，不允许随意安排，它们之间相互关联、结构严密；再者，业务流程中所有的活动必须在一起进行，向着同一个目标，完成不同阶段工作的人必须围绕着一个目标把所有的活动联系起来，而不是独立完成，只关注自己的业务，不管目标的完成情况；最后，业务流程本身不是最终目的，其目的是把所有的活动整合起来，形成一个有机整体，它要超越每个活动实现的单个目标，始终盯着最终目标。

（2）根本性。它表明 BPR 所关注的是企业核心问题，通过对这些根本性问题的仔细思考，企业可以摒弃传统的分工思想和本位观念，根据企业的业务流程，重新思考"应该做什么"。

（3）彻底性。它意味着对事物追根溯源，对既定的现存事物不是进行肤浅的改变或调整修补，而是抛弃所有的陈规陋习及忽视一切规定的结构与过程，创造发明全新的完成工作的方法；它是在对企业的目标和流程进行根本性思考的基础上，以信息流为核心，对企业进行全面的创新，从根本上解决企业"如何做"的问题。

（4）显著性。它意味着 BPR 追求的不是一般意义上的业绩提升或略有改善、稍有好转等，而是要企业业绩有显著的增长、极大的飞跃。

业务流程再造的基本内涵是以企业长期发展战略需要为出发点，以价值增值流程的再设计为中心，强调打破传统的职能部门界限，提倡组织改进、员工授权、顾客导向及正确地运用信息技术，建立合理的业务流程，以达到企业动态适应竞争加剧和环境变化的目的的一系列管理活动。

经过十多年的实践和理论发展，流程再造的范畴由只专注于业务层面，逐渐扩展到企业战略层面；由偏重技术运用，发展到软硬件兼顾；由只进行企业内部流程再造，扩展到对供应链资源乃至客户资源的整合。目前，众多企业应用了信息技术（IT），但只是作为提高工作效率和自动化程度的手段，而对作业过程则不做任何适应性改变，限制了提高企业整体绩效的空间。海尔集团的首席执行官张瑞敏先生曾形象地举过这样的例子：原来没有流程再造的时候，就好比是到医院去看病，你到这个窗口划价，那个窗口交钱，再去第三个窗口拿药。对于窗口里头的人，非常简单，只划价或只拿药。但对于这个拿药的人来讲，就非常麻烦，要分别在多个窗口排队。现在改了，窗口里的人既要给他划价，又要给他算钱，还要给他拿药，那么这个岗位人员的素质就要求很高。但对于医院的顾客来说，速度快了，服务好了，同时医院的差别竞争优势提高了。这就是再造理论在现实生活中的鲜活案例。

2.企业流程再造的原则

从理论上讲，所有企业再造的最终目的都是提升顾客在价值链上的价值分配，重新设计新流程替代原有流程，就是运用新的组织结构和管理方式更好地为顾客提供所需要的产品和服务，且增加其价值增值的程度。反映到具体的流程设计上，就是尽一切可能减少流程中的非增值活动，调整流程中的核心增值活动。

Hammer 教授在其开篇之作《再造：不是自动化，而是重新开始》文中为流程再造总结了八条原则：（1）要围绕结果进行组织，而不是围绕任务进行组织。企业应当围绕某个目标或结果，而不是单个的任务来设计流程中的工作。（2）要让利用流程结果的人执行流程。基于计算机的数据和专门技能越来越普及，部门、事业部和个人可以自行完成更多的工作。因此那些用来协调流程执行者和流程使用者的机制可以取消。（3）要将信息处理工作归入产生该信息的实际工作流程。（4）要将分散各处的资源视为集中的资源。企业可以利用数据库、电信网络和标准化处理系统，在获得规模和合作的益处同时，保持灵活性和优良的服务。（5）要将平行的活动连接起来，而不是合并它们的结果。将平行职能连接起来，并在活动进行中，而不是在完成之后，对其进行协调。（6）要将开展工作的地方设定为决策点，并在流程中形成控制。让开展工作的人员决策，把控制系统嵌入流程之中。（7）要从源头获取信息。当信息传递难以实现时，人们只得重复收集信息。如今，当我们收集到一份信息时，可以把它储存到在线数据库里，供所有需要它的人查阅。（8）要获得领导层的支持。流程再造要获得成功必须具备一个条件：领导层真正富有远见。除非领导层支持该工作，并能经受住企业内的冷嘲热讽，否则，人们不会认真对待流程再造。为了赢得安于现状的人的支持，领导层必须表现出投入和坚持——可能再带一点狂热。

3.流程再造的幅度、广度和深度

流程再造主要有三个方面，即幅度、广度和深度。

（1）流程再造的幅度。它是指再造手段的激烈程度。变动的幅度因组织而不同，有的采用渐进方式，有的进行局部的流程改进、优化，有的则重新设计作业流程。采取何种方式，需视组织内部结构与各部门关系而定。

（2）流程再造的广度。它是指再造的范围，其大小从部门内、部门间，到企业之间。这里要强调的是：1990 年以前，运用信息技术进行流程再造多局限于某个部门之内；而1990 年之后，扩大至部门之间，但仍在同一企业内部；1995 年之后，由于电子商务盛行，促使流程再造的范围进一步扩展至企业之间。

（3）流程再造的深度。它有两个层面：一是流程再造仅涉及技术与步骤的改变；更深一层是指企业结构与文化的改变与适应。深度是很重要的概念，通常，流程再造仅注重技术与步骤的改变。但这些改变只是表面上作业程序的改变。而除此以外，尚有其他影响组织营运绩效的因素也需要考虑，如员工考核标准及其价值观等。这些涉及组织深层的变量若不能一并改变或改革的深度不够，则流程再造不易成功。因此，流程再造只有在较宽的范围内进行，而且渗透到企业文化的层面，才能取得较好的效果。宽度是取得再造成功的前提，深度是再造成功的保障。

4.流程再造的步骤

战略决策者们要进行流程再造的实践，就必须了解流程再造的步骤，包括各阶段的工作、任务以及完成某项工作所进行的活动和应用的方法、技术等。流程再造的步骤一般分为以下几个阶段：

第一阶段：战略决策。这一阶段的主要工作有：树立企业愿景；选择实施流程再造的时机；获得管理层的支持；运用信息技术进行流程再造；结合企业战略，确定流程再造的项目。

第二阶段：再造计划。这一阶段主要是让组织成员心里有所准备，了解即将进行的改变。为了让企业成员心里有所准备，负责再造的单位需与受影响的相关人员沟通，使其了解并认同改变的必要性。

第三阶段：流程诊断。此阶段包括两部分：一是记录原有的流程；二是分析原有的流程。前者记录流程涉及活动、资源、控制机制、作业制定、信息流动的方向等。而后者探讨流程的病源、改进流程的效率。

第四阶段：重新设计。分析原有流程之后，接下来就是重新设计流程。重点如下：（1）设计新流程。新流程不仅是应用新科技，同时也要重视企业社会面的改革。（2）设计新的人事结构和组织结构。新流程可能会对原有的组织结构造成冲击，原本讲求分层负责、部门壁垒分明的传统组织结构被横向整合的新组织形态所替代。（3）设计新的信息系统。新的信息系统的设计以具有弹性及经济性为主。（4）推出新流程原型。

第五阶段：重新构建。这个阶段主要有两个方面：一是发展及构建新信息系统，以有效完成新流程的目标；二是重建人事与组织，该阶段的重点在于如何顺利推进新的组织架构。

第六阶段：评估成效。在实施新流程后，评估得失与效率是十分重要的。因为流程再造是一个持续不断的过程、评估项目包括新流程的表现、信息系统表现以及生产效率等。

企业流程再造采用的主要方法是调整企业的部门和岗位、采用并行作业、决策权下放到现场、组建项目小组、使用计算机管理系统等，这些方法在现在的实际工作中经常使用，企业流程再造时将这些方法集中起来，纳入一项系统的变革之中，使企业能在全新观念的指导下迅速地产生出集合效应。

## 二、财务预算与流程再造的关系

财务预算管理与流程再造相结合，可以充分发挥出管理科学不可比拟的生命力。流程再造在财务预算管理中起到非常重要的作用。流程分析与优化是实现预算管理目标的一项基础性工作，可以为预算管理营造宽松的管理环境和先进的企业文化。它是在预算管理理念和体系的指导下对工作流程进行彻底的分析，找出已经觉察到的问题和潜在的问题，对这些问题进行分析讨论，找出解决或优化的方法并切实地实施。不断收集反馈、进行总结、提出新方案，这样循环向前，从而减少障碍、优化流程、提高效率，更有利于预算目标乃至战略目标的实现。

预算管理在流程再造中同样起到非常重要的作用。一方面，预算是实施流程再造的财力保障与支持。在新的信息技术铺天盖地地推广时，过多的项目在争夺有限的资源。预算有前瞻性，有纠偏补救措施，可以有效合理地分配资源。如拥有充足的预算更有利于流程再造项目的启动，提升优化业务流程的过程应得到持续的资金支持。另一方面，能否有利于实现预算目标是检验流程再造效果的有力手段，不能单纯地为了再造而再造。再造应有实际的效能体现出来，预算目标就是一种有效的检验手段。

企业经营面对激烈的挑战，热门的管理思潮也要跟着改变，当经营挑战日新月异之际，财务预算管理与流程再造之间的关系又如何呢？

财务预算管理与企业流程再造的完美结合，将使预算管理更加科学、有效和先进，同时可以发挥出管理科学不可比拟的生命力。企业流程再造与财务预算管理的关系有以下几个方面：

1.财务预算管理与流程再造是两套相对独立的管理新思潮。流程再造强调的是配合主营业务优化内部流程，在顺畅的流程中提高效率、降低成本、增加顾客的满意度。预算管理追求的是合理配置财务资源，预算管理是使资源获得最佳获利率和生产率的一种管理机制。

2.流程再造的每一个环节均要以财务预算为规划，有利于预算目标乃至战略目标实现的再造是有效的、必要的、可行的，否则会被认为是非增值的再造，因而不能单纯为了再造而再造。流程再造要充分考虑到预算管理的要求，在对企业组织结构、人员配置、人力资源开发进行流程再造时要充分考虑到在预算管理体系中的相关要求。

3.流程再造与财务预算管理应相互融合、相互作用、互动运行。要在预算管理中强调流程再造，寻求最佳的资源配置方式；在流程再造中强调预算理念，优化核心流程，降低运营成本。两者有效对接可以共同发挥出协同效应。

4.财务预算管理是企业财务管理乃至企业综合管理的一个核心组成部分，是优化企业配置资源的重要手段，也是寻求最佳经营效益和最大获利能力的重要方法，其最终目标是与主营业务的业务流程一起创造价值，因此，在一定程度上，财务预算管理能对业务流程起到导向性的作用。

5.流程再造为实施财务预算管理创造了宽松的管理氛围和先进的企业文化。通过流程再造的重塑作用，进一步优化了流程，大大提高了企业的运营效率，整合了不必要的环节、程序和部门，为实现财务预算管理目标铲除了障碍，在预算执行过程中提供了有力的保障支持系统。例如，财务管理处通过实施流程再造，把整理单据的工作设专人办理，加快了出口收汇核销和出口退税的进度，使出口退税款提前到位，填补了资金缺口，节省了资金成本，为企业创造了价值，从这个环节上来说实现了部分的预算目标。

## 三、基于流程的作业方式再造

唯一永恒的东西就是变革，今天的企业组织尤其需要且无法回避变革这一事实。哈默博士曾形象地阐释流程再造为"重新开始"，也就是说"打破鸡蛋才能做蛋卷"。当今企业面对全球化的浪潮，生存环境变化莫测，企业之间的竞争日益激烈，特别是信息技术的发展，使得新技术的发展变化速度日益加快。为了使落实企业战略目标的财务预算管理能顺利进行，企业必须进行根本性的、彻底的、迅速的改造才能适应全新的社会技术系统和全新的作业方式。

对于企业来说，企业作业方式的再造是企业全面再造中的一项重点和关键工作。企业作业方式再造从重新设计作业流程入手。企业进行作业方式再造应该有明确的目标：有助于彻底消除无效预算，降低企业运营成本，进一步实现预算目标；实现工作流程的顺畅化、简约化、合理化、最优化；显著加快对市场、对顾客、对外部环境的响应速度，提高企业内外部顾客满意的程度；把组织内部无效的或非增值的活动压缩到最少；企业核心竞争力大幅度提升。

### （一）传统作业方式存在的问题

1.分工过细

一项产品或服务的提交，要经过若干个部门、环节的处理，整个过程运作时间长、成本高。企业经营处于迟缓状态，在快速多变的市场环境中处于被动。在职能型组织结构管理体制下，各个责任中心往往会精心构思自己的行为，使自己的预算目标凌驾于整个企业总预算目标之上。这种分散主义或利益分歧，或许能够实现自己局部利益的提高，但却弱化了整个企业组织的功效，不利于总预算目标的实现。

2.组织机构臃肿，助长官僚作风

企业内部诸多的管理人员作为各部门、各环节的协调器和监控器，是必不可少的。但现在有的企业管理人员越来越多，管理费用居高不下。组织机构的臃肿，助长了官僚作风的出现。这些对企业实现预算管理目标来讲，都是不利的。

3.员工技能单一，适应性差

过细的分工增加了员工工作的单调性，无法学到新的知识，没有刺激，致使工作和服务质量下降，员工缺乏积极性、主动性、责任感差。过细的专业分工导致人们把重心放在个别作业效率的提升上，而忽视了整个组织的使命；职能部门间的利益分歧往往会促使个体的短期利益凌驾于发展组织目标之上。

4.无人负责整个经营过程，缺乏全心全意为顾客服务的意识。各个部门按照专业职能划分，每个部门犹如"铁路警察"，只负责自己的一段。结果是各个部门只关心自己的工作，"顾客是上帝"变成了只是营销人员的信条，企业的其他员工不关心生产或提供的服务是否能真正满足顾客的需求。

### （二）问题解决的思路——基于流程的作业方式再造

传统的作业方式是从劳动分工理论演化而来的，企业为了提高作业效率，创造更多的价值，采用劳动分工制度，强调分工精细化和专业化，从而形成了一系列在科学技术推动下的生产自动化、产品标准化。企业广泛运用先进的 CAM（计算机辅助制造）、JIT（准时生产制）、ISO9000（质量认证）技术。但受传统作业方式的制约，企业对部门之间的协作、顾客的真正需求、市场机会的把握缺乏足够的理解，从而忽视甚至损害了企业的整体利益。

基于流程的作业方式再造从全新的视角，多方位、多角度审视作业方式，将全新的作业理念、作业组织、作业信息、作业技术融为一体，对企业进行变革、创新、重组，在全新的作业方式下建立起一个崭新的工作平台，有利于企业预算目标的实现。

再先进的作业方式都会被淘汰，所以一定要不断摒弃陈旧的作业方式，把传统作业方式进行重新整合。企业的流程，就是企业完成其业务获得利润的过程。以顾客利益为中心、以员工为中心、以效率和效益为中心是企业整个业务流程的核心，整个业务流程就是围绕这 3 个目标进行的。

流程再造提出了与以前解决思路完全不同的思路：站在企业外面，先看看企业运作的流程哪些是关键，并使之尽量简捷有效，必须扬弃枝节（当然还包括可有可无的人）；过程如果不合理，就重新设计企业流程；再看看企业是否以流程作为企业运作核心，如果不是，将企业再造成围绕流程的新型企业。

流程再造就是企业规模化以后，先由组织过程重新出发，从根本上思考每一个活动的贡献价值；然后运用现代的资讯科技手段，最大限度地实现技术上的功能集成，以打破传统的职能型结构，建立全新的过程型结构，从而实现企业经营在成本、质量、服务和速度等方面的显著性改善。结果是把组织内部的非增值活动压缩到最少，使全体活动都以顾客需要、市场需求的满足而存在。"作业再造"就是使"流程最优"。

在传统企业中，组成企业的基本结构是职能相对单一的部门，由这些部门分别完成不同的任务，这些任务构成每一个流程的片段，没有专人对具体的流程负责。流程成为片段式的任务流，任务和任务间的脱节和冲突司空见惯；在以流程为中心的企业，企业的基本组成单位是不同的流程，不存在刚性的部门，每个流程都由专门的流程主持人负责控制，由各类专业人员组成的团队负责实施，流程成为一种可以真实地观察、控制和调整的过程。

不同的工业企业有不同的作业流程，所属行业不同，作业流程也会有很大的差别，但是一般都包括物料采购流程、产品生产流程、产品销售流程等。

1.物料采购流程

采购是指企业采办生产经营上所需材料的一项物流业务活动。企业采购是现今市场经济条件下一种最重要的占主流地位的采购。企业的生产是以采购作为前提条件的，没有采购，生产就不能进行。

随着企业内外部环境的变化，影响采购的各种发展趋势对企业的采购战略提出了挑战。为了以尽量少的采购成本完成采购任务，必须对采购流程进行必要的再造。熟悉采购标准，制定合适的采购作业流程是企业生产采购绩效的第一步。

2.产品生产流程

用户对产品个性化的需要，一方面促使企业加快生产产品开发速度；另一方面也促使企业改革其生产流程，以适应客户定制化生产的要求。如服装生产企业，必须适应消费者对快速变化的时尚的追求。

3.产品销售流程

对于销售类的流程进行再造，改进点主要集中在为订单审核、货物发运等环节减压，将非正常销售业务的处理纳入规范管理。

# 第三节　财务预算与权责配置

在财务预算管理中，要求做到权责利相结合，即权力、责任、利益均统一于责任承担者一体，责任者既是权力的拥有者也是责任的承担者和利益的享受者。

1.预算责任主体的权责配置原则

财务预算的各级管理组织和执行组织作为责任预算的执行主体，它必须建立在相应的权责利分割的基础上。由于权责利之间具有内在的相互促进和约束作用，权责明确、权责相当和责任可控就构成了建立预算责任主体的基本原则。

（1）权责明确。为了充分发挥企业内部各级责任主体的主观能动性，必须根据各预算责任主体的具体活动内容，明确规定其应承担的经济责任，使企业形成一个从上到下人人有责的多层责任网络。然而，经济责任的承担还需要有相应的权力相支撑，所以应该根据各级预算责任主体的生产经营活动的范围和特点，给予其明确的权力。权力不明，必然导致管理的不力：人人争权夺利，个个拈轻怕重；责任不明，必然导致结果的混乱：人人争功劳，个个推责任。如此，便失去了财务预算的规划作用。

（2）权责相当。有什么样的权力就应该承担什么样的责任；有什么样的责任就应该赋予其什么样的权力。有责无权、责大权小，责任都无法落实；有权无责、权大责小，又会滥用职权，这两方面都是应该避免的。只有将权责利有机地结合起来，预算责任主体才能真正具有"生命力"。

（3）责任可控。责任预算能否得以成功实施的基本要素之一就是各责任预算主体的责任范围界定是否遵循了可控原则。可以控制，才能承担责任；不能控制，就不能对其负责。可控原则的运用将使权责范围更加明确，使责任考评不会流于形式。可控与不可控的划分是制定、执行责任预算的基本要求，也是建立预算责任网络的基本标准。在此，所谓可控应该是功能可控，它是建立在作业分析基础上的全面、真正可控，亦即应尽可能使企业各项业务活动均纳入责任中心，使之全部责任化。

2.预算管理组织的权责

（1）董事会

作为企业最高决策机构的董事会，它居于企业整个预算组织体系的核心领导地位，掌握着企业各项预算的终审权以及涉及资本性支出、企业并购等重大资本预算的最后批准权，同时对预算的日常执行情况与执行结果拥有监督、检查权。

（2）预算管理委员会

预算管理委员会的主要职责和权限如下：①预算政策（草案）、预算程序（草案）的制定，将企业总目标分解，拟订预算总目标以及预算编制的基本要求；②将各级部门提出的预算草案进行审查，并提交董事会审核批准；③对已获批准的预算下达执行与组织实施；④各项责任预算的监督；⑤根据需要，调整甚至修订预算；⑥在预算编制、执行过程中发现责任单位间有彼此抵触现象时，予以必要的协调；⑦收集、研究、分析有关预算与执行的业绩报告，制定相关控制政策和奖罚制度；⑧仲裁有关预算纠纷。

从本质上讲，预算管理委员会是预算的综合审定机构，是企业内部全面预算管理的最高权力机构。当然，其审定后的预算还要报董事会批准。

3.预算执行组织的权责

预算执行组织是各层责任预算的执行主体，即预算执行过程中的责任中心，包括成本中心、利润中心和投资中心。责任中心是一个权责利结合的实体。它意味着每个责任中心都要对一定的预算指标承担完成的责任；同时，赋予责任中心与其所承担责任的范围和大小相适应的权力，并规定出相应的业绩考核标准和利益分配标准。

各责任中心权、责、利三者的关系是：赋予各责任中心相应的管理权力，是其能够顺利履行责任的前提条件；各责任中心承担的责任是实现企业总预算目标、提高企业经济效益的重要保证，是衡量各责任中心工作成果的标准；而根据各责任中心的责任履行情况给予适当奖惩，又是调动其积极性、提高企业经济效益的动力。在权、责、利三者关系中，"权"是落实完成责任的前提条件，"责"是核心，"利"是激励与约束因素。明确各个责任中心的权责利关系，并非各行其是或各守"山头"，而是使之能够更好地进行分工与合作。

下面分别对成本中心、利润中心和投资中心的权责进行介绍：

（1）成本中心

成本中心是指只发生成本（费用）而不取得收入的责任中心，它是最低层次的预算责任单位。任何只发生成本、不形成收入的责任领域都可以确定为成本中心，如各职能部门和各具体作业中心、工段、班组、个人等。

成本中心的权力相对于利润中心和投资中心来说要小许多，其权力的大小受企业高层管理者决策的影响。高层管理者下放给成本中心什么权力，则成本中心就拥有什么样的权力。如广告费、研究实验费等，若上级授权成本中心自己决定其开支大小，则这项决定权就是该成本中心的权力。

依据前面介绍的可控原则，在确定成本中心的责任时，主要应当考虑和区分可控成本和不可控成本。所谓可控成本是指某特定的责任中心能够预知其发生，且能控制和调节前期耗用量的成本。不具备此条件的则是不可控成本。判别成本是否可控，依据的标准为：①可以预计。即成本中心能够通过事先调查知道将要发生什么性质的成本以及在何时发生；②可以计量。即成本中心能够对发生的成本进行计量；③可以控制。即成本中心能够通过自身的行为控制和调节成本；④可以落实责任。即成本中心能够将有关成本的控制责任分解落实，并进行考核评价。

成本可控与否是相对于特定的预算责任单位而言的：此责任单位的不可控成本是彼责任单位的可控成本；高层次责任单位的可控成本未必是低层次责任单位的可控成本，但低层次责任单位的可控成本必定是高层次责任单位的可控成本。对于不可控成本，既然责任单位无法对其控制，因而也就无法对其负责。所以，成本中心的责任预算应该只限于该中心的可控成本。

（2）利润中心

利润中心属于中层预算责任单位。能否成为利润中心的衡量标准是该责任单位有无收入及利润，凡是能够获取收入，形成利润的责任单位均可作为利润中心。利润中心可以分为自然利润中心和人为利润中心两类。

①自然利润中心是指可以直接对外销售产品并取得实际收入的利润中心。这种利润中心本身直接面向市场，具有产品销售权、价格制定权、材料采购权和生产决策权。它虽然

是企业内的一个部门，但其功能同独立企业相近。最典型的形式就是公司内的事业部，每个事业部均有销售、生产、采购的机能，有很大的独立性，能独立地控制成本、取得收入。

②人为利润中心是指只对内流转产品，视同产品销售而取得内部销售收入的利润中心。这种利润中心一般不直接对外销售产品，只对本企业内部各责任中心提供产品（或劳务）。

利润中心的成本与收入，对利润中心来说都必须是可控的，以可控收入减去可控成本才是利润中心的可控利润，即责任利润。利润中心只需要对责任利润负责，对其进行预算考核的重要指标也是责任利润。

（3）投资中心

投资中心是最高层次的预算责任单位，它是需要对其投资效果负责的责任中心，适用于对资产具有经营决策权和投资决策权的独立经营单位。投资中心既要对成本、收入、利润预算负责，而且必须要对其投资报酬率或资产利润率预算负责，或者说它实质上是企业全面预算的执行人。正因为如此，只有具备经营决策权和投资决策权的独立经营单位才能成为投资中心。一个独立经营的常规企业，就是一个投资中心。投资中心的具体责任人应该是以厂长、总经理为代表的企业最高决策层，投资中心的预算目标就是企业的总预算目标。

在权责利三者中，利益，包括物质利益与精神利益是最核心的内容，是激励与约束机制生成的关键，克服目标逆向选择问题是预算控制与利益协调的重点。解决的思路可以从这样几个方面来考虑：①掌握预算控制制度的适当性，使预算具有一定的灵活性和弹性；②构筑一个相互支持、相互连接的指标控制网络，每一项指标都应当以有助于预算工作效率的提高和整体预算目标实现的方式体现在责任预算当中；③对于那些与企业核心主导业务联系密切，分部之间不能独立形成经营核算单位的，就不宜硬性实行独立核算；④在权、责、利对称关系的确立上，除了要遵循企业治理结构的基本特征外，应当强调目标与责任决定权力，而不是相反。

总之，预算各执行组织构成一个严密的系统，从最高层次的主管，到各个责任单位全部纳入预算体系中，应明确各管理层几个业务部门对预算的权责，相互配合工作，从而保证预算管理工作的卓有成效。

# 第四节　财务预算与团队协作

"团结就是力量"，这是一首大家都非常熟悉的歌曲，如果从现代企业管理的角度，把它改成"合作就是力量"也非常恰当。在一个组织之中，如果没有团队合作精神，个人的计划再精彩，可能也难以圆满实现。中国有句俗语叫"一个篱笆三个桩，一个好汉三个帮"，说的就是这个道理。如今，在预算管理中，企业也必须十分注重团队协作。

# 一、团队概述

## （一）团队的含义

一个人不构成团队，两个以上的个人的集合体也未必是团队。同在车站等车或码头候船的乘客、电影院里的观众、排队在超市买东西的顾客等，都称不上团队。

团队是由两个或两个以上的人组成的，通过人们彼此之间的相互影响、相互作用，在行为上有共同规范的一种介于组织与个人之间的组织形态。其重要特点是团队内，成员在心理上有一定联系，彼此之间发生相互影响。那些萍水相逢，偶然汇合在一起的一群人，虽然在时间、空间上有某些共同的特点，但他们之间在心理上没有什么相互影响、相互作用，因而称不上团队。

## （二）形成团队的基本要素

### 1.成员们有着共同的目标

为完成共同目标，成员之间彼此合作，这是构成和维持团队的基本条件。事实上，也正是这些共同的目标，才确定了团队的性质。团队必须先有目标，才有团队。更重要的是，团队的目标赋予团队一种高于团队成员个人总和的认同感。这种认同感为如何解决个人利益和团队利益的碰撞提供了有意义的标准，使得一些威胁性的冲突有可能顺利地转变为建设性的冲突，也正因为有团队目标的存在，团队中的每个人都知道个人的坐标在哪儿，团队的坐标应在哪儿；否则黑白颠倒，轻重不分，团队将面临灭顶之灾，也失去了其存在的价值。此外，也正因为团队目标的存在，才使得团队成员在遇到紧急情况、面临失败风险等情况下全身心地投入，统一思想，形成合力；除了团队，没有个人能够做到这一点，因为这些事件是对他们整体的挑战。

### 2.团队成员具有责任心

所有真正的团队，其成员都要共同分担他们在达到共同目的中的责任。世界上没有任何一个团队中的成员是不承担责任的，如果大家都不承担责任，实现共同的目标无疑是一个空中楼阁。试想一下，"老板让我负责"和"我们自己负责"之间微妙而重要的区别：前者可能导致后者；但是没有后者，就不会有团队。"我们自己负责"，这么一句简单的话，却道出了一个核心问题，那就是我们自己对团队的承诺，以及团队对我们的信任。事实上，当我们为了一个共同的目标走到一起来的时候，也就不可避免地要承担起对团队的责任来。

### 3.各成员之间相互依赖

从行为心理上来说，成员之间在行为心理上相互作用、直接接触，彼此相互影响，彼此意识到团队中的其他个体，相互之间形成了一种默契和关心。不论何时，不论需要怎样的支持，成员之间都互相给予，而且他们也总是彼此协作，共同完成所需完成的各项工作。

4.各成员具有团队意识

团队成员具有归属感，情感上有一种认同感，意识到"我是这一团队中的人""我是这一群体中的一员"。每个人都有发自内心地感到有团队中他人的陪伴是件乐事，彼此心里放松，工作愉快，所以说，团队意识和归属感，形成了团队的深刻意义。

（三）团队的显著特征

一个处于良效运转的团队必须具备一些显著的特征，而正是由于有了这些特征，一个群体组织才能称之为团队。团队的显著特征有以下几点：

1.有清晰的目标

团队对于所要达到的目标要有清楚的了解，并坚信这一目标包含着重大的意义和价值。而且这些目标的重要性还激励着团队成员把个人目标升华到团队目标中去。在有效的团队中，成员愿意为团队目标做出承诺，清楚地知道希望他们做什么工作，以及他们怎样共同工作到最后完成任务。

2.有一致的承诺

对成功团队的研究发现，团队成员对他们的群体具有认同感，他们把自己属于该群体的身份看作是自我的一个重要方面。因此，承诺一致的特征表现为对团队目标的奉献精神，愿意为实现这个目标而调动和发挥自己的最大潜能。

3.有良好的沟通

团队成员通过畅通的渠道交换信息，包括各种言语和非言语信息。此外，管理层与团队之间健康的信息反馈也是搞好沟通的重要特征，这有助于管理者指导团队成员行动，消除误解。

4.有相互的信任

成员间相互信任是团队的显著特征，就是说，每个人对其他人的行为和能力都深信不疑。只有信任他人的人才能换来他人的信任，不信任只能导致不信任。所以要想维持团队内的相互信任，还需要引起管理层足够的重视。组织文化和管理层的行为对形成相互信任的团队内氛围很有影响。

5.有相关的技能

团队成员具备实现理想目标所必需的技术和能力，而且他们之间有能够良好合作的个性品质，从而能够出色地完成任务。有精湛技术能力的人并不一定就有处理团队内关系的高超技巧，团队的成员往往兼而有之相关的技能。

6.有恰当的领导

有效的领导能够让团队成员跟随自己共同渡过最艰难的时期，因为他能为团队指明前途所在。他们向成员阐明变革的可能性，鼓舞团队成员自信心，帮助他们更充分地了解自己的潜力。优秀的领导者不一定非得指示或控制，高效团队领导者往往担任的是教练和后盾的角色，他们对团队提供指导和支持，但并不试图去控制它。

## 二、财务预算管理需要团队协作精神

财务预算管理既然是一种制度整合，就不是靠某个部门独立去完成，它强调全员参与，就像乐队要演奏一首曲子，需要每位乐手的共同努力和协作。我们知道，在预算的编制、执行等过程中，企业上下、各级责任中心和职能部门的员工都参与了预算管理过程，所涉及的人员众多。财务预算不只是企业预算管理委员会和预算管理办公室、财务部门的预算，因此，全体职工都应自觉参与到企业预算中去，多动脑筋，多提意见，集思广益，查漏补缺，使预算处于动态，也就是说财务预算管理必须要真正做到全员参与。

在预算管理过程中，企业的预算目标经过层层分解，最终落实到各级责任单位。对于各级责任单位而言，要想完成本责任单位的预算目标，仅仅靠单打独斗或靠本单位负责人的努力是很难完成的，因为个人的力量毕竟是有限的。因此，各级责任单位必须充分依靠本单位的每一位员工，发挥团队协作精神，只有依靠大家的力量才可能圆满完成预算目标。对于整个企业而言，也要讲究团队协作。各级责任预算主体是具有一定权力并承担相应责任的利益关系人，他们自然而然地以自身利益为最大目标。一般而言，双方的利益目标具有一致性，要在局部利益最大的同时实现整体利益的最大。然而局部利益和整体利益分别代表了两个层次的利益，因此他们不可避免地存在矛盾，有可能为实现局部利益最大而损害整体利益最大。如销售中心只重销售而不重资金的回收，生产中心只重产出数量而不重成本的节约和质量的提高等。因此，各级责任单位在完成自己单位预算的同时，必须着眼于企业的总预算目标，不能埋头苦干，只顾自己能否完成目标而忽视了企业整体的目标，要顾及其他责任单位的工作。缺少了相互协作，单打独斗，画地为牢，很可能搞得企业没有生气，成为一盘散沙，只有发扬团队协作精神，整个企业的预算目标才能达到最优。

团队协作精神在一个企业的表现形式及发扬力度，乃是现今衡量其综合管理水平的重要标志之一。实施财务预算管理，则会使企业各部门之间协调配合、企业上下协同一心和形成企业文化成为可能。

## 三、在预算管理中如何建立团队协作精神

团队的精神和力量是企业可持续发展的内在动力，但如果团队中的员工不能有效合作，经常出现协作不力、沟通不善的现象，将会破坏员工间的相互学习和共同工作，从而影响

企业预算目标的实现。

要建立团队协作精神，应该做好以下几方面的工作：

1.建立共同愿景与目标

共同愿景是团队成员共同愿望的景象，是团队成员个人愿景的综合体现。个人愿景的产生是共同愿景得以建立的前提。共同愿景能使具有个性差异的团队成员凝聚在一起，朝着一个共同的目标迈进。目标是把人们凝聚在一起的重要基础，对目标的认同和共识，才会形成坚强的团队，才能鼓舞人们团结奋进的斗志。在预算管理中，团队共同的目标应该说是很明确的，那就是完成本责任单位预算目标。

2.树立全局观念和整体意识

一个团队、一个系统最终追求的是整体的合力、凝聚力和最佳的整体效益，所以，必须树立以大局为重的全局观念，不斤斤计较个人利益和局部利益，自觉地为增强团队整体利益做出贡献。

3.良好的沟通和协调

沟通主要是通过信息和思想上的交流达到认识上的一致，协调是取得行动的一致，两者都是形成团队的重要条件。上下级之间、各部门之间、团队成员与团队成员之间，认识和意见不一致是经常的事，彼此产生误会也时有所见，因而沟通工作对于培养团队精神来说是经常的、大量的。协调则包括工作关系的协调、利益关系的协调、人事关系的协调等诸多方面。企业领导要运用有效的管理方式，搞好各级责任单位之间的协调，把各方面关系理顺，提高工作效率，确保企业财务预算目标的完成。

4.给予团队成员同等的机会

高绩效团队能够给员工分配不同的角色，而在团队内部也必须有良好的同等机会提供给以下成员：（1）具有技术专长的成员；（2）善于解决冲突及处理人际关系的成员；（3）具有解决问题和决策能力的成员。同等机会不能仅局限于报酬、工作晋升这些方面，还应包括同等的培训机会、塑造个人形象等诸多方面。

5.完善制度与机制

合理的制度与机制建设主要包括：团队纪律、上级对下级的合理授权；团队的激励与约束；建立公平考核、健全升迁制度。如果过分地把团队协作不力归结于人的意识问题，会将组织置于"道德风险"之中，这种约束无疑非常脆弱，从而会将组织置于很高的"风险"之中。团队并不是"松散""虚拟"的代名词，团队的目标、工作场所布置、员工的绩效考核、团队成员岗位职责的划分和工作规范等，都应该形成规范化的机制文本，不折不扣地得到落实。没有有效的制度和规范，就会出现无序和混乱，也就不会产生井然有序、纪律严明、凝聚力强的团队。

6.增强领导者自身的影响力

领导者由于其地位和责任而被赋予一定的权力，但仅凭权力发号施令，以权压人，是形不成凝聚力的；更重要的是靠其威望、影响力，令人心服，才会形成一股魅力和吸引力。企业以及各级责任单位的领导都要增强自身的威望，这种威望，一是取决于领导者的人格、品德和思想修养；二是取决于领导者的知识和才干；三是取决于领导者能否严于律己；四是取决于领导者能否公平、公正待人，与本团队成员同甘共苦、同舟共济，等等。

7.打造学习型团队，鼓励团队成员不断学习

古语说得好"活到老，学到老"。在这个不断变化的时代，每时每刻都有新事物不断涌现出来，要想立于不败之地，学习是个不二法则。企业预算目标能否实现，企业能否成功，主要看其是否比竞争对手学习得更快。因此，应该在团队中形成良好的学习氛围，使团队中的成员在学习中不断提高、完善自己，在更高层次上实现自我，这样，团队本身得到了不断地完善和超越，才有利于预算目标的顺利实现。

# 第三章 财务预算编制方法与过程

## 第一节 固定预算法和弹性预算法

### 一、固定预算法

#### （一）固定预算法的含义和特征

固定预算法是一种传统的编制预算的方法，最早的固定预算是政府机关的经费预算，随后，工商企业在编制成本预算和利润预算时也引入了这种预算方法。

固定预算法简称固定预算，是指根据预算期内正常的、预计可实现的某一业务量水平编制预算的方法。固定预算法的基本特征是：在编制预算时，不考虑预算期内经营业务水平可能发生的变动，只按照预算期内唯一不变的预计可实现的正常业务量水平为基础来确定相关数据，并将实际结果与按预算期内预定的某一共同的业务水平为基础确定的预算数进行比较，据以进行控制和考核。

#### （二）固定预算的基本编制方法

编制固定预算时，首先测算预算内可实现的正常业务量水平，如预计产销量，并以这一业务水平为基础确定相关数据，据以编制固定预算。

#### （三）固定预算法的优缺点和适用范围

固定预算法在编制预算过程中，只依据某一经营活动水平确定相关数据，简单易行，工作量少，但也存在适应性较弱、可比性较差的弱点。

预算人员在长期的实践中发现，尽管运用了许多科学的方法，但由于市场情况瞬息万变，企业内部的生产经营活动也时有意外的调整和变动，未来业务量水平经常发生波动，以致企业难以完全准确地预测市场需求，实际结果和预算结果存在一定程度的偏差。然而，固定预算不论预算期内实际业务量水平是否发生波动，都只按预定的某一业务量水平作为编制预算的依据，当实际业务量与编制预算所依据的预计业务量发生较大差异时，就会因业务量基础不同而失去可比性,有关指标的实际数无法与以相应业务量为基础确定的预算数进行比较,使预算无法适应实际业务水平的变化,降低甚至失去了预算控制和考核作用,扭曲和误导对企业预算的业绩考核和评价。

一般来说,固定预算法由于它的稳定性和工作量较少,在日常预算工作中运用最广泛。它主要适用于固定费用预算和数额比较稳定的预算项目,多用于业务量水平较为稳定的企业和非营利组织相关预算的编制。

## 二、弹性预算法

为了适应企业生产规模和不同经营业务量水平的变化,真实、准确地反映某一特定生产规模和业务量水平上应该发生的费用开支或应该取得的收入和利润,企业预算应该适应不同业务量的变化,即使预算期内的实际业务量水平同预计业务量不一样,也能找到同实际业务量相适应的预算额。

### (一)弹性预算法的含义和特征

弹性预算法简称弹性预算,又称变动预算或滑动预算,是在固定预算基础上发展起来的一种预算方法。它是指企业根据成本、业务量、利润之间的依存关系,以预算期可预见的各种业务量水平为基础编制的预算。即在考虑预算期内企业生产经营活动可能发生变动的基础上,按照可预见的各种生产经营活动水平分别确定相关数据,并对实际结果与按预算期内预定的相应业务水平为基础确定的预算数进行比较,据以进行控制和考核。

与固定预算相比较,弹性预算显著的特点是以预算期可预见的各种业务量水平为基础编制的预算,使预算能适应生产经营活动的各种业务量的变化。

### (二)弹性预算的基本编制方法

1.编制弹性预算的准备工作

弹性预算是在按照成本(费用)习性分类的基础上,根据本利之间的依存关系编制的预算。在编制预算前应做好如下准备工作:

(1)选择(或确定)相关经营业务量水平的计量标准。如产销量、材料消耗量、直接人工小时、机器小时等。业务量计量单位应根据企业的具体情况进行选择。通常情况下,制造单产品或零件的部门,可以选用产品的实物数量(如产销量);制造多种产品或零件的部门,可以选用直接人工小时或机器小时,即以手工操作为主的车间应选用人工工时,而机械化程度较高的车间应选用机器小时;修理部门可选用直接修理工时。

(2)确定预算期可预见的经营活动水平的范围,并预计预算期可能实现的各种业务量水平。业务量水平的范围即弹性预算适用的业务量变动区间,应根据企业或部门的业务量变化情况而定，一般是实际业务量不会超越的范围。业务量范围一般可以历史上最高业务量和最低业务量为其上下限，也可定在正常生产能力的70%~110%之间，各种可能的业务量水平之间的间隔通常为5%或10%。

2.弹性预算法的具体应用

弹性预算法主要用于收入预算、成本预算和利润预算的编制。现举例说明成本弹性预算和利润弹性预算的具体编制方法：

（1）成本弹性预算的编制。成本弹性预算的具体编制方法主要有公式法和列表法2种。

①成本弹性预算的公式法。公式法是依据成本习性的原理，将全部成本区分为变动成本和固定成本，变动成本主要根据业务量控制，固定成本则根据总额控制，用成本公式"y=a+bx"近似地表示预算数的方法。在编制弹性成本预算时，在预算中列出固定成本和单位变动成本，利用公式计算任意业务量的预算成本。其成本预算公式为：

预计总成本=固定成本预算数+$\sum$（单位变动成本预算数×预计业务量）

在成本性态分析的基础上，成本总额包括固定成本和变动成本两部分，即任何成本项目都可近似地表示为"y=a+bx"，其中，y表示某项成本总额，a表示该项成本中的固定成本，b表示该项成本中的单位变动成本，表示业务量。

在公式法下，只要确定某项成本中的固定成本a和单位变动成本b，就可以推算出该项成本在相关业务量范围内任何业务量水平的预算金额，并用此预算金额对成本支出进行控制和考核。因此，公式法下的成本弹性预算只需要列出成本项目中的固定成本和单位变动成本，而不必列出业务量水平和相应的预算金额。

采用公式法编制预算不需反映业务量水平，在一定业务量范围内不受业务量波动的影响，编制预算的工作量较小；但在进行预算控制和考核时不能直接查出特定业务量下的总成本预算额，需要根据实际业务量临时计算预算数，而且还需按细目分解成本，比较烦琐，工作量较大。

②成本弹性预算的列表法。列表法是在确定的业务量范围内，划分若干个不同的水平，然后通过列表的方式，分别计算不同业务量水平下的各项预算成本，并汇总费用预算总额，编制成本费用弹性预算的方法。

采用列表法编制预算能直接查出特定业务量下的总成本预算额，便于预算的控制和考核。但因预算编制工作量较大，选择业务量的间距越小，工作量越大。事实上，即使选择较小的间距，也不能囊括业务量范围内的所有业务量水平，它与因素法比较，适用面较窄。

（2）利润弹性预算的编制。利润弹性预算是根据成本、业务量和利润之间的依存关系，以成本弹性预算为基础，以预算期内多种可能实现的销售净收入为出发点编制的，适应多种业务量变化的利润预算。

利润预算的主要内容包括销售量、销售价格、单位变动成本、边际贡献和固定成本总额，以预算期内多种可能实现的销售净收入扣减相应的成本，分别确定不同销售水平可能实现的利润或发生的亏损。其利润预算公式如下：

边际贡献总额=销售收入-变动成本总额=销售量×销售单价-销售量×单位变动成本
营业利润=边际贡献总额-固定成本总额

利润弹性预算的编制主要有因素法和百分比法两种方法。

①利润弹性预算的因素法。因素法是指在量本利分析的基础上，根据受业务量变动影响的有关收入、成本等因素与利润的关系，通过列表的方式，反映不同业务量水平下的利润水平，汇总编制利润弹性预算的方法。

因素法适合于单一品种的利润弹性预算的编制。编制预算时，如果产品的售价随市场供求而变动，也可对不同的售价进行弹性处理，编制不同价格下的利润弹性预算。同样，在成本水平不同的情况下，还可编制不同单位变动成本、不同固定成本水平下的利润预算，从而组合成一个完整的利润弹性预算体系。

②利润弹性预算的百分比法。百分比法即销售百分比法，又称比重法。它是通过确定受业务量变动影响的有关收入、成本的销售百分比，列表反映不同的销售收入百分比下利润水平的预算方法。

采用百分比法时，应确定产品的销售百分比和相应的变动成本率、贡献毛益率，生产多种产品的企业还应计算出加权平均变动成本率和贡献毛益率，变动成本率和贡献毛益率之和等于1。

百分比法主要适用于产品品种繁多的企业。在品种繁多的企业，由于固定成本在各产品之间的分配比较繁杂，而且分配标准的选择也会人为地导致分配结果的误差，因此，没有必要也不可能对每一种产品都逐一编制弹性预算，而应采用综合的方法即百分比法，对全部经营商品或按商品大类编制预算。但由于各种产品的价格、单位变动成本以及销售结构的变动都会影响企业的利润，百分比法未能反映这些内容，所以运用百分比法编制预算较为粗略。因此，运用百分比法的前提条件是销售收入必须在相关范围内变动，使成本水平（单位变动成本和固定成本总额）保持一定的稳定性。

一般情况下，如果企业产品的品种不多，首先应将固定成本在各种产品之间进行分配，再按因素法编制预算，对各种产品分别进行考核；如果品种繁多，但有几种主要产品的企业，则可先按百分比法编制预算，再将固定成本在主要产品之间分配，采用因素法分别编制各主要产品的利润预算，在总额控制的基础上再对每种主要产品进行考核分析。

## （三）弹性预算的优缺点和适用范围

与固定预算法相比，弹性预算的优点主要体现在以下两方面：

1.弹性预算具有一定的伸缩性，机动性强，适用范围广。弹性预算能以弹性方式反映预算期内可预见的多种业务量水平下的预算数，适应预算期内生产经营活动的各种变化，能够根据实际业务量进行机动调整，扩大了预算的适用范围。

2.弹性预算具有较强的可比性。在弹性预算法下，如果预算期实际业务量与预计正常业务量不一致，可以将实际指标与实际业务量相应的预算指标进行比较，从而使预算执行情况的评价与考核建立在更加客观和可比的基础上，便于更好地发挥预算的控制作用。

弹性预算一般适用于与预算执行单位业务量有关的成本（费用）、利润等预算项目。由于未来业务量的变动会影响到成本费用和利润等各个方面，从理论上讲，弹性预算适用于全面预算中所有与业务量有关的各种预算，但在实务中，收入、利润一般按概率的方法进行风险分析预算，而直接材料、直接人工可按标准成本制度进行标准预算，只有制造费用、销售费用及管理费用等间接费用应用弹性预算的频率较高。

# 第二节　定基预算法和零基预算法

## 一、定基预算法

1.定基预算法的含义和特征

定基预算法简称定基预算，又称调整预算法、增量预算法，是指在编制预算时，以基期成本费用水平为基础，结合预算期业务量水平及有关成本影响因素的变化和有关降低成本的措施，通过调整原有成本费用项目的内容和金额而形成预算的方法。

定基预算认为企业现有的业务活动必须继续进行才能使企业正常经营，因此，所有为现行经营业务发生的各项成本费用项目都是合理的，预算期的各项成本费用应在现有费用的基础上进行调整。

2.定基预算的基本编制方法

在按定基预算法编制预算时，以基期同项目的预算指标值为基础，按比例进行增减，调整推算预算期的该类预算指标，即：

$$预算指标值=基期的预算数 \times （1 \pm 预算期指标变动率）$$

3.定基预算法的优缺点和适用范围

定基预算法以过去经验为基础，认为过去存在的即是合理的，主张不需要在预算内容上做较大改进，而是因循沿袭以前存在的预算项目，只需对需要增减的费用项目在内容和金额上进行调整。这种传统的预算方法比较简便，但存在一定的缺陷：

（1）不利于有效节约成本费用。采用定基预算法编制预算时，往往不加分析地保留或接受原有成本项目，可能会导致原来不合理的费用开支继续存在下去，从而形成不必要开支的合理化，而且年复一年，这些不合理因素将会像滚雪球一样越滚越大，造成预算先天性的浪费，使预算脱离甚至完全背离实际，失去预算的先进性，从而失去预算的意义。

（2）不利于调动各部门降低成本费用的积极性。预算人员采用定基预算法时，往往凭主观臆断对成本费用项目平均削减或只增不减，使预算演变为一种随意而简单的工作，不能引起各部门足够的重视，同时受到历史条条框框的限制，无法发挥积极性和创造力。

（3）不利于企业未来的发展。定基预算着重于现存费用项目的预算，而忽略对企业未来发展有利和确实需要开支的项目，将一些对企业未来发展有利的管理创新思想和方法扼杀于孕育和襁褓中。

定基预算法一般只适用于那些不太重要而且发生变动的概率很小的项目预算中。

## 二、零基预算法

1.零基预算法的含义和特征

零基预算法全称为"以零为基础编制计划和预算的方法"，简称零基预算，又称零底预算。最早起源于美国，而现代零基预算是美国得克萨斯仪器公司的人事控制经理彼得·派尔在20世纪70年代提出的一种较为有效管理间接费用的方法。卡特任美国总统后，在1979年要求联邦政府全面实行零基预算，此法风靡全美，随后在西方国家广泛应用。

零基预算是指在编制成本费用预算时，对于所有的预算收支均以"零"为基底，不考虑其以往情况和现有的费用开支水平，而是从实际需要出发，从根本上研究分析每项费用开支的必要性、合理性，各项收入的可行性，以及各项收支数额的大小，逐项审议决策从而予以确定收支水平的预算。零基预算法认为资源分配应当建立在全面比较和科学分析基础上，即所谓的"理性主义"；同时强调参与性管理，即应充分调动各部门管理人员，由下而上逐级建立预算。与传统的定基预算方法比较，零基预算具有如下特点：

（1）编制预算的基础不同。定基预算以现有的各种费用项目的实际开支数为基础，考虑预算期经营业务的变化，做适当的增减调整后确定；零基预算不是以现有费用水平为基础，而是一切以零为起点，根据预算期经营活动的重要性和可供分配资金的数量确定。

（2）预算编制分析的对象不同。定基预算只考虑预算期的变化，维持过去的费用项目和开支水平，只对预算期的变化进行成本效益分析；零基预算要求对预算期内一切经营业务活动及支出都要进行成本效益分析。

（3）预算的着重点不同。定基预算着重于基期金额上的增减，零基预算则着眼于实际业务需要，按费用的必要性和重要程度分配使用资金。

2.零基预算的基本编制方法

零基预算法在编制预算时，首先对每项业务所需的人力、物力、财力进行成本效益分析，确定各费用项目存在的必要性；然后按项目的轻重缓急，安排企业预算期各项预算经费。具体操作流程如下：

（1）建立"决策单元"，拟定部门预算方案。决策单元是零基预算的基本单位，是零基预算的基本组成部分，它可以是一个项目、一项工程或下属机构。

（2）建立项目的"决策包"（方案）。企业内部各部门根据预算期的战略目标，逐项分析进行某项经营业务的目的，不从事该项活动会产生的影响，寻找完成该经营活动的最佳途径，从实际需要出发，不考虑这些费用以往是否发生以及发生数额的大小，详细提出各项业务所需要的费用项目及其开支数额，拟定部门预算方案。

（3）确立资金配置层次。预算委员会对各部门提出的预算方案进行成本效益分析。首先，将每项费用的预计收益和成本进行对比分析，权衡利害得失，分析经营业务发生的必要性，将费用划分为可避免和不可避免费用两类，从根本上剔除一些可避免发生的项目。其次将必要的、不可避免发生的费用项目划分为不可延缓费用项目和可延缓费用项目两类，根据轻重缓急的原则，按重要程度、影响程度分为不同等级，并依级次排列。

（4）将预算期可动用资金依次分配，落实使用。其中不可延缓项目必须充分供应资金，可延缓项目则可考虑推迟执行，当期只需满足部分资金的需要。既要保证重点预算项目资金，又要使预算期内各项生产经营活动得以均衡协调地发展。

3.零基预算法的优缺点和适用范围

零基预算是控制间接费用较为有效的方法，美国斯坦福大学曾经运用零基预算有效地削减了公共服务补助支出和多余人员的数量及其薪资支出就是一个成功的例子。与定基预算相比，定基预算就像一幅已完成的画卷，只能在已有的构图下润色；而零基预算就像一幅洁白的画布，让预算者的思维可以天马行空，勾画未来最美的蓝图，使预算者的才智淋漓尽致地发挥。其优势体现在：

（1）能充分发挥各级管理人员的积极性、主动性和创造性。编制零基预算要求全员参与，预算编制以零为起点，没有过去条条框框的限制，不受现行预算的束缚，促使各预算部门精打细算，量力而行，合理有效地进行资源分配。

（2）更有效地节约成本费用。零基预算不是对过去的简单增减和修补，而是通过成本效益分析重新规划和设计，保证将有限的资金用在刀刃上，提高资金使用效率。

（3）零基预算从实际需要出发确定费用项目及支出数额，能切合当期的实际情况，使预算更能充分发挥其控制实际支出的作用。

（4）以企业的战略目标为出发点确定必须费用开支项目，有利于企业长远目标的实现。

零基预算也并非完美无缺，与定基预算法相比较，零基预算也存在一定的缺陷，表现为预算的编制十分复杂，要求决策者对企业现状和市场进行大量的调查研究，对浩如烟海的方案的资金使用效果和投入产出关系进行定量分析，准确排序，势必耗费大量的人力、物力和财力，这给零基预算的编制和推广带来了一定的困难。企业通常要隔若干年才编制一次零基预算，以后的几年只略做适当的调整，这样既简化了预算工作量，又有效地节约费用开支。同时，由于零基预算采用先自下而上的编制模式，由生产经营第一线的员工以他们的思维方式提出预算方案，没有站在更高层次从全局的角度出发去规划和设想，对整个企业面临需要解决的问题认识不深，这样的预算容易造成狭隘的观念。

零基预算特别适用于产出较难辨认的服务性部门费用预算的编制。一般适用于不经常发生的或者预算编制基础变化较大的预算项目，如对外投资、对外捐赠等。

在实践中，虽然人们普遍认为零基预算比传统的增量预算要好，但它并没有得到有效的应用。由于预算编制人员仍掌握着以前所从事工作方面的知识和信息，形成了较为稳定的思维方式和习惯，因此编制预算时很可能依样画葫芦，只对基期预算的变动进行调整，绕道而行后又回归增量预算的轨道。但在企业的中高层管理人员经常变动或者项目发生变动的情况下，以及存在大量战略变动和高度不确定性的条件下，零基预算是非常有效的。

# 第三节　静态预算法和动态预算法

## 一、静态预算法

### （一）静态预算法的含义和特征

静态预算法简称静态预算，又称定期预算，是指在编制预算时，以固定的会计期间（日历年度）作为预算期的编制方法。其特点是预算期与会计年度一致，不同会计年度的预算期是间断的，不同会计年度的预算是相互独立的。

### （二）静态预算的基本编制方法

采用静态预算法编制预算时，一般以一个会计年度作为固定的预算期，首先反映年度预算，其次再细分为季度预算、月度预算，即预算应按年分季度、分月编制。

### （三）静态预算法的优缺点和适用范围

静态预算法的主要优点是预算期稳定且与会计期间保持一致，有利于对预算执行情况进行考核和评价；预算编制的工作量较小。但这一传统的预算方法存在着以下的不足：首先，静态预算连续性较差，预算管理工作受预算期间限制，在预算执行后期，因预算的间断使企业失去长远目标，而把视野局限于眼前利益，不符合企业持续经营的要求，不利于企业的长远发展；其二，由于预算的刚性，定期预算不适宜经常性的修订和调整，即使在执行前期预算时发现预算和实际执行情况发生偏差，也不能随时地、及时地进行调整和修订，使预算失去其现金性，难以发挥其控制和考评的作用，一旦企业各种经营活动在预算期内发生重大变化需要调整时，也必然带来繁杂的工作量；其三，由于静态预算一般于预算期前两三个月提前编制，导致预算编制时对预算后期的把握不够准确，预算偏离实际的可能性较大，缺乏远期指导性。

## 二、动态预算法

### （一）动态预算法的含义和特征

动态预算法简称动态预算，又称滚动预算、永续预算或连续预算，是指在基期预算的基础上，每执行完 1 个季度（或月份）的预算立即在期末增列一个新的季度（或月份）的预算，使预算永远保持 4 个季度（或 12 个月）。其基本特点是预算期是连续不断的，并始终保持一定期限，在某期预算执行后，根据前期的实际执行情况和预算指标进行对比分析，找出实际和预算的偏差及其原因，并结合执行中发生的新情况重新修订预算，然后续增一期预算，如此逐期向后滚动，使预算能够连续不断地规划企业未来的生产经营活动。

### （二）动态预算的基本编制方式

编制动态预算时可采用逐月滚动、逐季滚动和混合滚动 3 种方式。

1.逐月滚动方式

逐月滚动方式是指按年分月编制和执行预算，每月调整一次预算，并以月为单位增列后续预算的方法。

逐月滚动方式编制的预算精确度较高，但由于按年分月编制完整详细预算时还需逐月调整预算，工作量较大。

2.逐季滚动方式

逐季滚动方式是指按年份季度编制和执行预算，每季度调整一次预算，并以季度为单位增列后续预算的方法。

逐月滚动方式编制的预算只需分季度调整和增列预算，工作量较小，但精确度较差。

3.逐季分月滚动方式

逐季分月滚动预算的编制采用"长预算、短安排"的方式。由于人们对预算期不同阶段的把握程度不同，通常对近期的把握较为准确，而对远期的变化往往始料不及，为了减少预算的偏差，同时减少编制预算的工作量，在编制预算时，应远略近详，近期预算精度应较高，内容较详细而完整；而远期预算一般较为粗简，只匡算预算总数。

逐季分月滚动方式是指首先按年份季度粗略编制预算，季度预算执行前再按月详细完整地编制该季度预算，每季度调整一次预算，并以季度为单位增列后续预算的方法。

### （三）动态预算法的优缺点和适用范围

与传统的静态预算法比较，采用动态预算方法编制预算，可以使预算人员更好地把握现在和未来，从而正确指导企业生产经营活动。其一，动态预算使管理人员始终能够从动态的角度把握企业近期的预算目标和远期的战略规划，确保预算管理稳定而有序地进行；其二，使预算工作和日常管理工作紧密结合。管理人员在预算执行过程中经常性地对预算资料进行分析研究、调整和修订，对企业经营活动的认识不断深化，能正确指导企业生产经营活动；其三，各期预算执行前，须根据前期预算的执行情况进行变动因素分析，及时调整和修订近期预算，使预算更加切合实际，还能够充分发挥预算的指导和控制作用；其四，动态预算在时间上不受日历年度限制，不会造成预算的人为间断，能够连续不断地规划未来的经营活动。其主要缺点是工作量较大。

由于动态预算不以固定的日历年度为预算期，预算跨年度连续延伸，运用时必须有一个与之相适应的条件和环境，如生产指标、材料供应时间必须打破以自然年度一年一度安排的常规管理方式的限制，才能使动态预算得以广泛运用。可以说，只要条件和环境能够满足，动态预算法的适用范围是很广的。

# 第四节　概率预算

## 一、概率预算法的含义和特征

概率预算法简称概率预算，它是指在预算期经营业务水平变动较大的情况下，充分估计其可能变动的范围，并按各种可预见的经营业务水平在该范围内出现的可能性大小，确定每一经营业务水平出现的概率，再按概率的大小计算各经营业务水平的期望值，据此确定不同业务量水平下的预算数。

概率预算实际上是一种修正的弹性预算。弹性预算法在编制预算时考虑了预算期各种可预见的经营水平，但没有考虑其在可变范围出现的可能性的大小，也没有考虑不同业务量水平下相关价格和成本的变化，而概率预算则将各相关可能出现的概率大小进行加权平均，计算有关指标在预算期内的期望值，从而形成概率预算。

## 二、概率预算的基本编制方法

编制概率预算时，如果销售量的变动与价格和成本的变动没有直接联系，应根据各自的概率分别计算相关范围内不同业务量、价格、单位变动成本的期望值，据以计算确定相应的利润预算数；如果销售量的变动与价格和成本的变动有密切的联系，即业务量变化会引起相关价格和成本的变动，就应计算不同业务量、价格和成本的联合概率，再按联合概率确定预算指标的期望值。

1.业务量变化与相关价格和成本的变动无直接联系情况下的编制步骤

（1）确定业务量相关范围内各种不同变量的变动水平，并近似地估计其出现的概率。

（2）计算各种变量的期望值，即以概率为权数的加权平均数。其计算公式如下：

期望销售量=∑某一可能的销售量×该销售量出现的概率

期望销售单价=∑某一可能的销售单价×该销售单价出现的概率

期望单位变动成本=∑某一可能的单位变动成本×该单位变动成本出现的概率

（3）按期望销售量计算相关的收入、成本和利润期望预算数。

利润期望值=（期望销售单价–期望单位变动成本）×期望销售量–固定成本

2.业务量变动与相关价格和成本的变动有密切关系情况下的编制步骤

（1）估计不同业务量水平及其相应价格、成本可能出现的状态和概率，分别计算各种状态下的利润。其计算公式如下：

利润总额=（预计销售单价–预计单位变动成本）×预计销售量–预计固定成本

（2）计算各种组合状态的联合概率。其计算公式如下：

联合概率=∑某销售水平的概率×相应价格的概率×相应成本的概率

（3）计算各种组合状态预算指标的期望值。其计算公式如下：

利润期望值=∑某种可能的利润总额×联合概率

## 三、概率预算法的优缺点和适用范围

概率预算法在编制预算时，根据产品销售数量、销售价格和单位变动成本的可预见的变化及其概率分布情况，计算预算指标的期望值，使预算更符合客观实际情况，但预算编制工作量较大，准确地确定各因素变化的范围和概率也比较困难。因此，该方法适合于市场供需变动或产销量变动较大的情况。

# 第五节　编制财务预算前的准备与动员

财务预算管理是企业物流、资金流、信息流以及人力资源配置的有机整合的链式量化管理，涉及并渗透企业生产经营活动的全方位、全过程，触及面大，层次多，关系纵横交错，对目标利润的实现影响深远。财务预算管理的全面铺开，需要有一个良好的运行空间和坚实的基础平台，因此，在编制财务预算和实施财务预算管理前，必须做好体制、机制和文化等一系列的动员和准备工作。

# 一、建立多层次的财务预算管理组织网络体系

财务预算管理组织是各项预算管理职能的执行主体，是财务预算管理机制运行的载体和基础环境，是实施企业财务预算管理的必要前提，预算管理目标的实现必须建立在完善的预算组织上。企业必须完善法人治理结构，具体明确企业内部的股东大会（权力机构）、董事会（决策机构）、监事会（监督机构）和经理层（执行机构）的权责关系和运行机制，在此基础上，构建一个高效的、严密的、权威的、多层次的财务预算管理组织机构。财务预算管理组织网络体系由预算管理组织网络和预算责任组织网络两个层面构成，在预算管理过程中起着主导作用。

## （一）预算管理组织网络

预算管理组织网络是指以股东大会、董事会、监事会、总经理层四个法定机构作为预算管理的基本组织框架，下设预算管理委员会和相应的各种辅助职能机构。在我国，应由企业法人代表对企业财务预算的管理工作负总责，企业董事会或经理办公室可以根据情况设立"财务预算委员会"或指定财务管理部门，作为预算管理组织网络的控制中心，它需负责总预算和处理财务预算管理事宜，并在其下属单位、部门建立多级预算中心，使预算实事求是，严格牵制，达到精细管理、良性运作的目的，以增强预算管理的群众性，保证预算的真实和可靠。

1.成立财务预算管理委员会（或企业财务管理部门）作为一级预算中心，行使整体预算领导职责

财务预算管理委员会是企业预算管理的最高权力机构，在预算管理组织网络中居于领导核心地位，它受董事会领导，对董事会负责。委员会主任通常由董事长或总经理出任，吸纳企业内各相关部门的主管，如主管销售、生产、财务的副总经理或重要部门负责人等。委员会的大小取决于企业内部规模、内部单位的预算参与程度及高层管理人员的管理风格等，其主要职能是拟定企业和主要经营部门财务预算的目标、政策，制定财务预算管理的具体措施和方法，审议、平衡财务预算方案，组织下达财务预算，协调和解决财务预算编制和执行中的问题，监控预算的实施并在预算期末评价经营成果，审批预算期内对预算的重大调整。

财务预算管理委员会下设预算专职部门（也称财务预算办公室），通常由财务部承担，

可分为预算编制机构、预算监控机构、预算协调机构和预算考评机构，专门负责对各预算部门编制上报的预算草案进行审查、协调、汇总与综合平衡，并对预算执行全过程进行控制、差异分析和业绩考评。

2.建立以各职能部门为主二级预算中心，制定本系统资金预算

企业内部生产、投资物资、人力资源、市场营销等职能部门主要负责人参与企业财务预算委员会的工作，并对本部门财务预算执行结果承担责任，负责本部门业务涉及的财务预算的编制执行、分析、控制等工作。

3.建立以各基层单位为主的三级预算管理中心，负责本生产单位预算编报及执行

企业所属基层单位是企业主要的财务预算执行单位，应设置预算员，在企业财务管理部门的指导下，负责本单位现金流量、经营成果和各项成本费用预算的编制控制、分析工作，接受企业的检查、考核。其主要负责人对本单位财务预算的执行结果承担责任。

4.建立以各车间、班组为主的四级预算中心，按上级分解下达的预算目标

设置预算岗位以各车间、班组为主的四级预算中心是预算管理组织网络的执行终端，应按上级分解下达的预算目标设置预算岗位，努力完成预算目标，并对该预算岗位的预算执行结果承担责任。

### （二）预算责任组织网络

预算责任组织网络是企业预算执行组织，即各级预算责任执行主体，是以企业组织机构为基础重组起来的高效、经济、权责分明的预算责任主体，由成本中心、利润中心和投资中心组成。企业应根据各环节、各部门在单位预算总目标实现过程中的作用和职责，分层设置适合自身特色的责任组织网络，明确各管理层次的预算职责，使预算管理工作有效运转。预算责任组织网络一般有两种不同的形式。

1.直线型预算责任组织网络

在高度集权的体制下，一般采用直线职能组织机构，企业可在此基础上，从自身的规模和产品特点出发，考虑企业内外部环境的变化和生产管理方式，强化财务预算管理组织职能，构建直线型预算责任组织网络。该组织网络是以整个企业作为投资中心，由总经理对企业的收入、成本、利润和投资全面负责，所属各部门、分公司及基层预算单位均为成本中心，只对各自的责任成本负责。该网络结构下，企业应将预算目标分解为各成本中心的责任预算，各成本中心的责任人对其责任区域应承担的责任成本负责，基层成本中心定期将成本发生情况逐级向上级成本中心汇报，直至最高层次的投资中心，再由投资中心定期向预算管理委员会汇报。

2.事业部型预算责任网络

在实施专业职能管理系统化的企业，应设置计划、生产技术、销售、财务、设备、劳

动物流等专业职能管理机构，实行专业经济责任制，建立体现分工协作关系的事业部型预算责任组织网络。事业部型预算责任组织网络是指企业将投资决策权和经营管理权下放，以各事业部作为投资中心，而下属分公司则成为利润中心，对责任区域应承担的收入、成本和利润负责。分公司下属的基层预算单位均为成本中心，对各自的责任成本负责。该组织网络下，企业应将预算目标分解为各责任中心的责任预算，各基层成本中心定期、逐级地将成本发生情况向上级成本中心汇报，直至利润中心；再由利润中心将各成本中心的责任成本和利润中心的收入汇总，上报上级投资中心；最后各投资中心将责任预算完成情况汇总上报总公司，由总公司的预算管理专职部门处理后定期向预算管理委员会汇报。

## 二、完善现代企业制度，构筑预算管理制度体系

预算管理制度体系是企业预算管理工作的"根本大法"，对财务预算的实行起着指导、约束和控制的作用。企业财务预算管理的有效实施，关键在于在预算的执行过程中加强和提高预算的控制和约束力度，而预算管理制度体系的健全和执行，则是预算控制力和约束力提升的保证和重要途径。健全的预算管理制度体系可由以下几个方面组成：

### （一）财务会计制度

企业财务预算的编制、预算指标的制定都是以企业过去发生的生产经营活动为背景、相关历史资料为基础、未来的发展变化趋势为前提的，而在预算执行过程中的控制和考评都需要与经济业务的实际完成情况进行差异分析。因此，财务预算管理的实施必须依赖企业良好的会计基础和公允的财务报告，这就需要有一套行之有效的健全的财务会计制度。企业还可通过实行责任会计，把企业内部各职能部门和基层单位划分为成本费用中心、利润中心和投资中心等责任单位，从而完善会计核算体系。

### （二）生产管理制度

生产管理制度是一种对生产过程进行全面管理的制度。严格的生产管理制度使企业生产安全、有序、高效，为预算体系的运行提供了可靠的保障。如果没有严格的生产管理制度，生产过程就会失去控制，造成人力、物力和财力资源浪费，预算目标的实现就会失去根基和保障，因此，必须建立严格的生产管理制度，优化和规范生产过程，推动生产发展，保证预算目标的实现。

### （三）质量管理制度

产品质量和成本密切相关，一方面，为保证和提高产品质量、控制工序质量而采取的措施会导致各项费用的发生；另一方面，因质量未达到标准而造成各项损失。各部门为了实现预算目标，努力寻求和挖掘成本节约的潜力，如果没有把好质量关，就有可能因为产

品成本的降低而导致质量下降，就会使企业利润下降和信誉缺失，给企业带来负面影响。只有建立和实施质量管理制度，通过严格的质量标准控制产品质量，在提高产品质量的同时降低质量成本，才能进行正常的预算管理。质量管理制度通常应包括两方面：一是工作质量标准，即生产经营活动和技术管理业务标准，包括对生产过程中的每一道工序、每一项作业都建立的生产程序标准、作业标准、质量标准、检查考核标准；二是产品质量标准，即产品的可靠性、耐用性、经济性、安全性等方面的特性规定。工作质量标准的严格执行，是产品质量达到标准的保证。

### （四）评价激励制度

激励机制是指在组织系统中，激励主体通过激励因素、手段与激励客体相互作用的关系的总和，是激励内在关系结构、运行方式和发展演变规律的总和。制定科学合理的激励制度是确保企业预算管理系统长期有效运行的重要条件。明确的激励机制，可以让预算执行者在预算执行之前就明确其业绩与奖励之间的密切关系，使个体目标与企业预算整体目标紧密结合，从而自觉地调整约束自己的行为，努力工作，提高工作效率，全面完成企业预算指标。因此，在企业预算管理工作中，应确立以人为本的管理观念，建立有效的企业激励与约束机制，以全面提高预算工作的效率和效果。

#### 1.业绩评价制度

企业的业绩评价制度是一个包括战略和战术背景、财务和非财务指标管理者和各级员工的综合制度体系。目前，在企业中使用较多的是平衡计分卡系统。平衡计分卡系统包括财务、顾客、内部业务、创新与学习四个方面的业务指标，从行为结果、顾客满意度、内部程序和组织创新等不同的角度进行测评。主要的业绩评价指标有：财务评价指标，如收益率、增长率、现金流量；顾客评价指标，如顾客满意程度市场占有份额；内部业务指标，如产品质量周转率；学习创新指标，如新产品上市时间、产品成熟过程所需的时间。

#### 2.奖惩激励制度

评价和激励是相联系的，评价之后必须有相应的奖惩激励制度与之衔接，才能够实现建立评价和激励制度的目标，引导员工自觉约束自己的行为，激励他们努力工作。企业应构建一个立体化、多方面的奖惩激励制度，物质奖励和精神奖励双管齐下，让员工体会到成就的快乐。

在企业预算管理过程中，如果激励制度不完善，考评后没有配套的奖惩措施，缺乏应有的激励机制，就可能会使考评和奖惩措施落实错位，造成激励不足或不合理，使考评工作流于形式，预算指标丧失约束作用，甚至会使整个预算工作失去应有的功效。

### （五）多层次的预算管理制度

**1.制定预算管理规则和办法**

通常情况下，企业应制定《预算管理规则》，明确规定预算的分类、要求、合同管理、产品购销、经营开支、非生产性开支、分厂技改、大中修理开支的权限、各基层单位可以该规则为准，制定适合本部门的《预算管理办法》，具体指导各自的预算管理工作。

**2.编制预算手册**

预算手册应详细载明谁应对提供的各种形式的信息负责、何时要求提供信息、向谁提供信息以及信息提供采用的形式，并定期与财务部核对。

**3.公司建立预算执行情况定期分析报告制度**

各预算责任部门应及时检查和分析预算执行情况，定期将预算执行情况分析报告送交预算专职部门（财务部），预算专职部门（财务部）分析每期预算执行情况并提出对策和建议，提交预算管理委员会，由预算管理委员会最终审议。

预算管理制度体系的完善，还应体现在它能使这些条条框框内化为员工们内心的愿望和激励，自觉自愿地去遵守执行，从而使预算管理制度发挥其最大的效用。

## 三、制定具有前瞻性的切实可行的预算目标

企业战略目标是财务预算管理的出发点和立足点，没有战略目标，全面预算就会失去方向，失去存在的价值和意义。预算目标是企业战略目标的分解和细化，预算管理是实现长期发展战略的基石，是保证企业战略意图得以实现的有效手段和工具。预算目标的制定应以企业战略为依托，符合企业的整体战略部署，并应与企业的资源分配密切挂钩，以确保预算目标的先进性和前瞻性。同时，由于企业生存和发展的内外部环境错综复杂，制约经营成果和收益水平的许多因素是不可预见的，所以企业预算目标应符合实际，留有余地，给经营者预算执行者一定的自主空间，以调动经营者的积极性和创造力。

预算目标的制定必须经过科学系统的决策程序，采用先进的研究分析方法。企业通常可设置专门的战略研究规划部门，由专家负责组织内外部研究力量，通过分析企业所处的生存环境，包括国家宏观政策、行业发展趋势、竞争对手状况等内容，进行市场调研和企业资源分析，协助董事会制定企业营销、产品研发、投资、筹资等方面的策略及发展规划和预算目标。

## 四、规范基础管理工作

基础管理工作是财务预算管理的基本条件，是财务预算实施的平台，必须规范各项基础管理工作，建立企业历史数据库，为企业财务预算目标的确定、预算的编制、控制和考

核提供依据。基础管理工作主要包括：

1.建立和健全业务操作标准，完善业务管理工作程序与基础。

2.做好定额管理工作。各职能部门应密切配合，根据企业预算期的生产发展、经营管理水平的目标，结合目前的生产能力和管理现状，制定统一的产品代码、材料代码以及产品定额手册，制定各种先进合理的消耗定额和费用开支标准，包括原材料、燃料动力、劳动工时、设备利用、物资储备、定额流动资金占用、费用开支等。

3.做好会计基础工作，及时提供会计信息。财会部门应对已发生的经济业务进行真实无误的、详细的反映，形成完整无缺的、规范的原始记录，并提供系统有效的会计数据。在此基础上，企业应建立高效的内部会计信息支持系统和传递系统完善的财务会计信息分析系统、灵敏的会计反馈系统、市场变动反馈系统、财务预警系统和预算自调节系统、权威性的预算决算与考评系统等。

4.编制预算大纲，对预算编制工作提出指导意见。在编制预算之前，应编制一份预算大纲，以指导各部门的预算编制工作。预算大纲通常是在企业最高管理层的领导和协调下，由预算专职部门（财务部）会同其他相关职能部门编制。预算大纲应阐述公司对于预算编制的要求，其内容主要包括上一预算年度预算执行情况的回顾和分析、预算年度宏观经济分析及行业态势分析集团中长期规划提要和下一预算年度经营指标预测本年度预算编制的基本要求和方法等。预算编制的基本要求和方法包括预算期间、预算编制的组织形式、预算编制的内容和范围、预算编制的方法、预算编制的进度安排、表格填写的要求和软件使用指南等内容。预算大纲经预算管理委员会审核并提交最高管理层审定，并由财务部召开预算布置大会下达。

## 五、企业高层管理者的认同和支持

财务预算管理是企业管理工作的核心，涉及企业生产经营活动的全过程，高层领导必须直接参与，把预算管理工作作为企业的一项全面管理工程，在思想上予以重视，行动上予以支持。首先，董事会、总经理直接介入预算管理的授权、预算的审批机制等具体环节，对预算方案做出考评和决策。其次，预算管理的整个过程也要求具有权威性的、团结合作的领导层来加以推动，并合理妥善协调矛盾，解决纠纷，保证企业生产经营活动有序、稳定、高效地进行。因此，必须要有一个具有一定知识结构的和管理水平的领导梯队，由董事长或总经理出任预算委员会主任，吸纳企业内各相关部门的主管，如主管销售、生产、财务的副总经理或重要部门负责人参加，支持、指导、参与预算管理工作。

## 六、培植良好的企业文化，缔造高素质的员工队伍

企业文化是在企业的生产经营过程中，各部门和员工之间由于沟通协作关系逐渐形成

的一种普遍行为规则和信条，它会在全体员工中形成一种感染力、凝聚力和向心力，使全体员工能较好地理解和认同预算管理的新思想、新理念，自觉自愿地直接或间接地参与到预算管理的过程，积极主动地做好各项工作，并极大限度地发挥他们的创造力，为预算管理出谋献策，为实现预算目标而努力奋斗。

财务预算管理涉及面广，覆盖企业生产经营活动的每一个环节、每一个层面，因此必须依靠全体员工，以员工为预算机制运行载体，做到人人头上有指标，个个肩上有任务。企业应通过讲座、培训、会议等形式，宣传全面预算管理的重要性和必要性，营造浓厚的氛围，使员工转变思想观念，在预算工作中对自己进行角色定位，明确自己的责任，履行自己的职责。同时，由于预算工作以横向到边，纵向到底的方式渗透生产经营活动的各个方面、各个角落，因此，预算编制人员和执行人员需要掌握本岗位的生产技术和管理水平，取得生产经营的第一手资料，还应树立预算管理的理念，具备一定的预算管理知识。因此，还需通过各种形式培养大批既懂企业管理、又懂信息技术生产过程的复合型人才，为财务预算的全面铺开做好人力资源的准备。

## 七、建设 ERP 财务集中管理系统

建立 ERP 系统，特别是财务集中管理系统，是实现预算管理尤其是预算执行监控的有效和必要手段。ERP 系统融入了供需链管理、精益生产、敏捷制造、价值链、约束理论、全面质量管理等现代管理创新思想和手段，通过信息技术和产品的应用，打通企业采购、制造销售、核算、服务各环节，通过网络信息集成系统，使企业生产经营活动各环节实现数据共享，用统一的标准和科学的统筹促进企业内部效率最大化，缺少集团财务集中管理系统，将对集团公司预算编制、执行监控、分析考核等管理环节中大量信息和数据的收集分析造成影响，信息的及时性和完整性无法保证。

# 第四章  预算的分类

## 第一节  短期经营预算

### 一、销售预算

（一）销售预算的地位和作用

在现代市场经济条件下，企业是根据"以销定产"进行生产与经营的。因此，以销售预测为基础的销售预算是其他预算的起点，只有把销售预算搞好了，此后的生产预算才有可靠的基础，从而进一步影响成本、费用及存货的预算，而且销售收入是企业现金收入的最主要的来源，所以，销售预测的准确程度对整个全面预算的科学合理性起着至关重要的作用。

（二）销售预算的编制

销售或营业预算是预算期内预算执行单位通过销售各种产品或者提供各种劳务可能实现的销售量或者业务量及其收入的预算，主要依据年度目标利润、预测的市场销量或劳务需求及提供的产品结构以及市场价格编制。

销售预算是关于预算期的销售量和销售收入的规划，它是以销售为核心的预算管理模式下预算体系的起点。它需要全体员工的参与，高层管理人员、市场分析人员及财务人员在其中起着更为重要的作用。他们的专业知识和判断能力对销售预测的合理性有极大的影响。

销售预算的主要内容是销售量、销售单价和销售收入。销售量主要是根据市场预测或销货合同并结合企业生产经营能力来确定的，单价是通过价格决策确定的，销售收入是两者的乘积，在销售预算中计算得出。

销售预算编制的一个关键环节是预算期对销售情况的预测。只有得出了比较合理的销售量，再辅以企业对市场供需情况及竞争状态的分析并结合长期战略确定的价格，才能得出一定期间的销售收入。

销售预测的基本方法按其性质划分,有定性预测法和定量预测法。

1.定性预测法

定性预测法是在预测人员具有丰富的实践经验和广泛的专业知识基础上,根据其对事物的分析和主观判断能力对预测对象的性质和发展趋势做出推断的预测方法,如判断分析法和调查关联法。这种方法主要是在企业所掌握的数据资料不完备、不准确的情况下使用,通过对经济形势、国内外科学技术发展水平、市场动态、产品特点和竞争对手等情况资料的分析与研究,对本企业产品的未来销售情况做出质的判断。

(1)判断分析法

主要是依据熟悉市场未来变化的专家的丰富实践经验和综合判断能力,在对预测期的销售情况进行综合分析研究以后所做出的产品销售趋势的判断。参加预测的专家既可以是企业内部人员,如销售部门经理和销售人员,也可以是企业外部人员,如有关推销商和经济分析家。它有三种具体方式。

①意见汇集法。也称主观判断法,它是由企业内部熟悉销售业务、对市场发展变化趋势比较敏感的领导人、主管人员和业务人员根据其多年的实践经验集思广益,分析各种不同意见并对之进行综合分析后所做的判断与预测。这是因为企业内部由于业务范围和分工的不同,有关人员对职责范围内的业务及市场环境比较熟悉,但对问题理解的广度和深度却受一定的限制,因此,需要内部各专业人员的交流与互补才能得出全面客观的销售判断。

②德尔菲法。又称专家调查法,它是一种客观判断法。由美国兰德公司在20世纪40年代首先倡导使用。它主要是采用通信的方式,向熟悉市场并有专业知识的有关专家发出预测问题调查问卷,以收集和征询专家们的意见,然后经过多次反复、综合、整理、归纳专家的意见以后,再做出判断与预测。采用这种方法要注意,各专家之间尽量不要互相交流,以使个人能根据自己的经验、观点和方法进行预测,避免相互干扰影响。同时要注意不能忽视少数人的意见。

③专家小组法。这也是一种客观判断法,它是由企业组织各有关专家组成预测小组,通过召开座谈会的形式,进行充分广泛的调查研究和讨论,然后运用专家小组的集体研究成果做出最后的预测与判断。与德尔菲法"背靠背"预测形式不同的是,这一方法是由专家小组面对面地进行集体讨论和研究。这样可以相互启发与补充,但仍要注意的是,专家要畅所欲言,不要受干扰而改变自己的意见。

(2)调查关联法

它是通过对某种产品在市场上的供需情况的调查,了解各因素对该产品市场销售的影响情况,并据以推测这种产品市场销售量的一种分析方法。在这种方法下,预测的基础是市场调查所得资料情况，然后再根据产品销售的具体特点和调查所得资料情况，采用具体的方法进行预测。通常市场调查的内容包括对产品本身的调查、对消费者情况的调查、对经济发展情况的调查、对市场竞争情况的调查。有了这些调查资料后，可采取关联指标预测法和抽样预测法进行预测。

①关联指标预测法。它是根据市场上两种或两种以上产品的正相关或者负相关的密切关联关系，即产品之间是替代品还是互补品，并通过一种产品的需求量来推断另一种产品的需求量，以此做出的预测。

比如眼镜片和镜框，这是一对互补品，对一种的需求增加会引起另一种需求的上升。假设根据市场调查显示，2009年某地区镜片需求量是镜框的两倍，2009年该地区镜框产量是200 000副，计划2010年增产40%，而某镜片生产企业在该地区的市场占有率是60%，试对该企业在该地区的镜片销量做出预测。计算如下：

$$200\,000 \times（1+40\%）\times 2 \times 60\%=336\,000$$

②抽样预测法。它是根据随机原则，从市场上抽取一定的样本，并根据样本情况来推断整个市场对某种产品需求量的一种预测方法。

2.定量预测法

定量预测法主要是根据有关历史资料，运用现代数学方法对历史资料进行分析与整理，并通过建立预测模型来对产品的市场销售趋势进行研究并做出推测的预测方法。如历史资料引申法和回归分析法。这类方法是在拥有尽可能多的数据资料的前提下运用，以便能通过对数据类型的分析，确定具体适用的预测方法，对产品的市场需求做出量的估计。

（1）历史资料引申法

也称趋势分析法，它是根据企业历年的销售资料，按照事件发生的先后顺序进行排列的一系列销售数据，应用一定的数学方法进行加工处理并建立相应的数学模型，充分解释有关变量之间的规律性联系并做出相应的预测结论。根据所采用的计算方法的不同，分为简单平均法、移动平均法等。

①简单平均法是计算以往若干期的销售量或者销售额的简单算术平均数，作为预测期的销售预测值。其计算公式是：

$$Y = \frac{\sum X}{N}$$

其中，Y是预测期的销售预测值，N是观察期的个数，X表示观察期内各期的实际销售值。

②移动平均法是计算以往若干时期销售值的移动平均数，作为对未来的销售预测数。这里所谓的"移动"就是指预测所用的历史资料要随预测期的推移而递延。分为简单移动

平均法和加权移动平均法及指数平滑法。

A.简单移动平均法。这是一种采用简单的不加权的移动平均数进行预测的方法。其计算公式是：

$$Y = \frac{\sum X_t}{N}(t=1,2,3,...,\ n)$$

其中，N代表确定的移动期数，X代表每期的历史销售值。其含义与算术平均法是不一样的，尽管我们用的表示方法一样。

简单移动平均法在计算上也比较简单，只需确定合理的预算间隔期数，然后利用历史资料数据平均即可求出每一预测期的销售值。它同样可以使历史资料的差异平均化。与简单平均法不同的是，它在历史资料的选择上一般尽量选择接近预测期的数据，从而使预测数据更接近实际。这种方法适用于销售略有波动的产品。

B.加权移动平均法。这是一种在简单移动平均法的基础上对所用历史资料分别确定的不同权数进行加权以后，计算出加权平均数，作为预计销售数的一种预测方法。一般来说，越是近期的数据资料，其权重越大；越是远期的数据资料，其权重越小。当各期销售情况变动幅度较大时，权重之间由近及远的级差也要大一些；反之则可以小一些。其计算公式可简单表示如下：

$$Y = \frac{\sum kX_t}{\sum k}(t=1,2,3,...,\ n)$$

其中，k代表各期的权数（它可以取小数以使$\sum k=1$，从而简化运算，也可以取其他任意数），$X_t$仍然代表各历史数据，Y是预测期的预测值。

加权平均法既考虑了近期销售的发展趋势，又对之采用不同的权数进行加权，因而消除了差异的平均化，从而使预测数据与实际更为相符。

C.指数平滑法。这是加权移动平均法的一种特殊形式。它是通过导入平滑系数，对本期的实际销售数和本期的预计销售数进行加权平均计算以后，作为下期销售预计数的一种预测方法。

（2）回归分析法

这里所指的回归分析法是将回归方程的原理运用于销售预测，即通过对影响销售变动的各个因素的分析，确定影响销售变动的最主要因素，然后根据所确定的主要因素与销售数之间的因果关系建立回归方程，并据以推测未来的销售变动趋势。目前较常用的是直线回归法。

3.定性预测法与定量预测法的关系

在实际中，定性预测法和定量预测法不是决然分开的，往往是相辅相成的。由于经济生活的复杂性,并非所有的影响因素都可以通过定量法进行分析,某些因素只有定性的特征(例如政治经济形势变化、政策法规的制定、消费倾向的变化等);同时,定量分析也有其自身的局限性,任何数学方法都不能概括所有复杂的经济情况变化,如果不结合预测期间的政治、经济、市场及政策法规的变化情况进行分析,必然会使预测结果脱离客观实际。因此,我们必须根据具体情况,把定量分析和定性分析结合起来运用,才能做出正确的预测,收到良好的效果。

### (三)销售预算

在企业根据自身具体情况进行销售预测后,就可以编制销售预算情况表了。如果企业仅能根据历史资料做出销售量的预测,则还需从自身战略及市场的竞争供需等方面制定合理的价格,从而做出销售额的预测。

## 二、生产预算

生产预算是从事工业生产的预算执行单位在预算期内所要达到的生产规模及其品种结构的预算,主要是在销售预算的基础上,依据各种产品的生产能力、各项材料及人工的消耗定额及其物价水平和期末存货状况编制。为了实现有效管理,还应当进一步编制直接人工预算、直接材料预算、制造费用预算。

生产预算是在销售预算的基础上,考虑期初、期末产品存货的需要而编制的生产量预算。如果是多环节生产的产品,往往还需要编制每一环节的半成品预算。

如果产品没有市场,即使生产出来,也只能是永远的"存货"。所以,在现代竞争激烈的市场经济条件下,企业要保持其竞争优势和获利能力,一般必须以销定产,根据多方面考察,分析可能的销售量来组织生产,也就是根据销售预算来编制生产预算和其他预算。

生产预算可以揭示企业生产与销售和存货间的协调关系,明确企业生产活动的总进程。但是单纯的生产预算还不能充分揭示具体的生产活动内容,还必须进一步确定相关的直接材料、直接人工和制造费用预算,但在编制这些预算之前,必须编制生产预算,然后根据生产预算编制相应的成本费用预算。

### (一)生产预算

生产预算是在销售预算的基础上编制的,其主要内容包括销售量、期初期末存货和生产量。生产预算在编制时是比较复杂的,产量受到生产能力的限制,存货数量受到仓库容量的限制,因此只能在此范围内安排企业的各期生产量和库存量。另外,季节性产品受到发展周期的影响,在有的季度产品的销量会很大,可以用赶工的方法来增加产量,为此还要多付加班费。但是如果企业预计未来有较大的销量,提前在淡季生产,会由于增加存货而多付资金利息及其他相关成本。因此，遇到这种情况时，企业应权衡利弊，选择成本最低的方案。

企业生产产品需要一定的资源投入，在生产出来之后还要卖向市场，因此，产量预算的编制需要企业生产部门会同储运、财务部门共同完成。

企业必须努力生产足够的产品，以满足销售预算中预计的销售量，并提供年末预期正常的存货数量，当然还需要考虑本年末的期末存货，也就是预算年度的期初存货量。

### （二）直接材料预算

直接材料在产品生产过程和最终的成本核算中占据重要的地位，直接材料的预算就是以产量预算为基础，关于企业生产产品所需直接材料的使用、购买情况的预算，是在生产预算的基础上考虑原材料存货水平后编制的。

在实际工作中，经常把直接材料预算分为使用预算和采购预算两部分。这是因为，直接材料的采购和使用是由不同部门进行的，因此，其预算编制也应该由各自负责的部门进行。直接材料的使用预算通常由生产部门编制，采购预算通常由采购部门根据生产部门的需要进行编制。因此，如果两种预算联合编制的话，提供的信息会很混乱，而且企业需要的原材料不止一种，每种产品生产也需要不同的原料投入，如果联合编制预算，庞大杂乱的信息量很可能使具体操作人员的使用非常困难。因此，还是应该分开编制预算。

1.直接材料耗用预算

当产品产量确定以后，就可以根据工艺流程和产品设计确定产品消耗定额，估算需要的直接材料；当产品是由多种原料共同生产时，应该先确定主要原料的使用量，再根据主料和辅料的搭配投入比例计算出辅助材料的使用数量。直接材料的耗用预算一般由生产部门编制。预计材料耗用量=预计生产量×单位产品材料耗用量。公式中的单位产品材料耗用量可根据标准材料耗用量或定额耗用量来确定。

2.直接材料采购预算

生产部门对直接材料耗用预算编制完成之后，采购部门就可以进行直接材料的采购预算了。材料的采购量必须能满足预计的使用量，并且在预算期末有合适的材料库存，以保证今后的生产也能够顺利进行，防止超储积压和供应不足的问题，这两种情况的出现对企业来说都是不利的。超储积压会严重占用企业资金，造成资金浪费；供应不足也会影响企业生产的正常进行，甚至失去优先抢占市场的大好时机。

在直接材料采购预算中存在以下等价关系：

预计采购量=预计生产需用量+预计期末材料存货−预算期初的材料存货

预计采购总成本=预计采购量×预计采购单价

需要强调的是，采购部门在编制直接采购预算的时候，要在满足生产部门的生产需要、协调企业整体利益的前提下，考虑部门的具体情况，尽量缩减成本，这就涉及以尽量少的成本保证一定数量的原料供应而必须进行材料购买和储存的规划与控制问题。

### （三）直接人工预算

直接人工预算也是由生产预算推导出来的，通常由生产部门编制。它是用来确定预算期生产车间人工工时消耗水平、人工成本水平及相关因素的预算。它与直接材料预算相同，都是从产品产量预算开始，以必需的产量倒推出达到这些产量所需要的直接人工工时，确定小时工资率和直接人工成本。

与直接材料预算中考虑材料的正常损耗相同的是，直接人工预算中也要考虑工人劳动时间里的一些不构成最终产品的时间，比如工人工作时间内正常的休息、吃饭，检修机器等。正如价值链管理中所说的非增值作业耗费的时间一样，企业要根据实际生产情况确定适当的非增值时间比例，对这些非增值时间进行控制并在预算中体现，还要在预算执行过程中监督调整，以充分合理高效地利用人力资源。

### （四）制造费用预算

制造费用预算是从事工业生产的预算执行单位在预算期内为完成生产预算所需各种间接费用的预算，主要在生产预算基础上，按照费用项目及其上年预算执行情况，根据预算期降低成本、费用的要求而编制。

制造费用预算是指除直接材料和直接人工预算以外的其他一切生产费用的预算，大部分都不是直接用于产品生产的费用，而是间接用于产品生产的费用，比如车间辅助人员的工资以及车间厂房的折旧费、修理费、水电费等。所以，制造费用预算就是除了直接材料和直接人工以外的产品成本的计划，主要由生产部门编制。制造费用也可以根据成本习性分为变动制造费用和固定制造费用。因此，其预算也要分成两部分来编制。

变动制造费用的预算是以生产预算为基础来编制的。如果有完善的标准成本资料，用单位产品的标准成本与预算产量相乘，即可以得到相应的预算金额；如果没有标准成本资料，就需要逐项来预计完成计划产量需要的各项制造费用。同时也可以根据以前年度预算资料合理预计本年度的制造费用总额，然后除以一定的标准总额（如生产总工时、工人工资总额等），就可以得出预计的变动制造费用分配率，再与预计某产品分配标准数额相乘，就可以求出预计变动制造费用数额了。

$$变动制造费用=预计生产量 \times 单位工时 \times 标准变动费用率$$

固定制造费用的预算，需要逐项进行预计，它通常与本年产量无关，按每季度实际需要支付额进行预计，然后求出全年数。

为了编制以后的现金预算，需要预计现金支出，制造费用中，除折旧费用外都必须支付现金，所以每一季度在制造费用数额扣除折旧费用后就可以求出"现金支付的费用"。

## 三、存货预算

### （一）存货概述及编制意义

存货是指企业在生产经营过程中为销售或耗用储备的物资。它在企业流动资产中占有较大的比重，包括各种原材料、燃料、包装物、低值易耗品、在产品、外购商品、协作件、自制半成品、产成品等。因此一般来说，存货预算应该既包括产成品库存预算，也包括除产成品之外的其他各种存货的预算。我们在生产预算中的材料预算里，对直接材料预算以及在材料存货总量一定的情况下成本控制的问题，已有较详细的介绍，在这里我们就不再探讨了。但我们要明确，存货预算与生产预算存在交叉关系，编制生产预算，要根据销售量和预计存货量确定生产量，而确定生产量也必须考虑到预计材料量，因为生产如果不能及时得到原料供应，是难以进行的。

这里所讲的存货预算其实就是期末产成品存货预算，在生产预算里已经用到这个数据。关于材料存货，在直接材料预算里也已经涉及。

其实存货预算和直接材料、直接人工等预算一样都是属于生产预算的内容，我们在这里单独作为一节介绍存货预算，就是让大家明白存货预算对整个预算环节至关重要，是一个重要的纽带，在预算编制中不能忽略企业存货的预算。

### （二）存货的规划

现代市场经济瞬息万变，总会存在许多不确定因素和突发事件，企业的生产和销售不可能做到"同步同量"，因此需要设置一定的存货，以保证能在发生意外需求时按时供货，并可均衡生产，节省赶工的额外支出。但期末存货量也不是越多越好，过多的存货说明企业产品销路不畅或者生产部门的生产预算没有根据销售预算而盲目制定，不管哪种情况，都会影响企业资金流动和周转，给企业带来损失。因此应对存货进行合理的规划。

存货的规划工作包括两项基本因素：购买数量和购买时间。这两个因素关系到四种成本：采购成本、订货成本、储存成本和缺货成本，详见表4-1。

表 4-1　四种成本的描述及说明

| 成本项目 | 相关说明 |
|---|---|
| 采购成本 | 由购买存货而发生的买价（购买价格或发票价格）和运杂费（运输费用和装卸费用）构成的成本，一般属于与决策无关的成本 |
| 订货成本 | 固定订货成本，是指为了维持一定的采购能力而发生的各期金额比较稳定的成本，如采购部门的一般性费用 |
| | 变动订货成本，是指随订货次数的变动而正比例变动的成本，如采购业务费等 |
| 储存成本 | 固定储存成本，是指总额稳定，与存货数量的多少及储存时间长短无关的成本，如仓库保管人员的工资 |
| | 变动储存成本，是指总额大小取决于存货数量的多少及储存时间长短的成本，如仓库租金等 |
| 缺货成本 | 由于存货数量不能及时满足生产和销售的需要而给企业带来的损失，缺货成本大多属于机会成本 |

进行存货规划和控制就是要找到一个经济订货批量，主要协调储存成本和订货成本的数额，使最终成本最小，如图 4-1 所示。

经济订货批量的公式如下：

$$Q = \sqrt{\frac{2AP}{C}}$$

式中：

A 表示某种存货全年需要量；

P 表示每批订货成本；

Q 表示经济订货批量；

C 表示单位存货年储存成本。

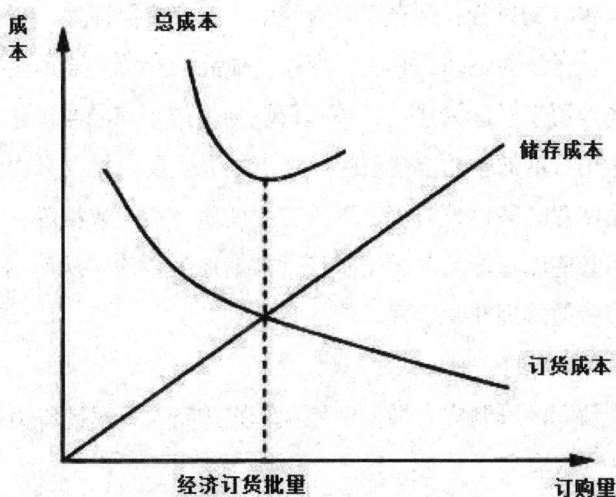

图 4-1　存货规划和控制

### （三）存货的预算管理

1.存货预算管理的意义

在现代瞬息万变的市场经济环境中，企业必须有一定的库存产品，才能迅速有效地应对市场变化和满足顾客对本企业产品的需求。因此，企业必须对自身各种产品的需求情况和生产什么、在何时何地生产、生产多少以及以多大的成本来规划库存量等做出合理的预计。实施库存产品预算管理的意义表现在：

（1）可以把库存产品和库存产品占用资金额控制在恰当的范围内；

（2）可以降低或者节省由于库存过多而引起的储存费用的增加；

（3）可以减少库存产品受损、被盗的风险；

（4）可以及时为顾客提供产品和服务；

（5）可以减少占地，从而节省为建设仓库而进行的投资。

企业储备必要合理的产成品，有利于企业产品的销售，但一定数量的库存肯定要占用一部分资金使这部分资金不能投资于别处，从而形成机会成本，严重的超储积压就会严重影响企业资金的流动性；但是为了保证生产的顺利进行，还必须保持一定的存货，以避免缺货造成的损失，失去市场和良好的信誉。通过存货预算管理，就是要使企业既保持一定的库存，又要使存货成本降至最低，从而使财务资金占用控制在一个合理的水平，这也是企业财务管理的一个重要内容。

超储积压给企业带来的损失有直接损失和间接损失两种。直接经济损失包括以下三个方面：企业库存产成品过多，首先是占用企业资金，影响企业资金周转速度，同时企业必须为占用的资金向银行支付贷款利息，而这种由于库存超储损失的资金被转嫁到产成品中，导致产品成本上升、竞争力下降；其次，库存产成品的存放是要占用一定场地的，如果一个企业中大量的场地用于仓库的建设，势必影响到生产车间的改扩建；再次，超额库存也会增大报关维修费用，增加企业成本。间接经济损失主要包括两方面：一是有形的经济损失，是指由于产品储存时间过长或管理不善，而变质、毁损或报废；二是无形损失，是指由于技术进步而使某些库存产品落后于时代，被新产品替代，从而不得不降价退出市场。因此，加强企业存货的管理非常重要。

2.产品存货预算编制的一般方法

企业产品存货预算的编制应当根据销售预算来进行，根据销售预算的详略程度不同来编制。其编制方法一般有以下几种：

（1）库存宽裕度编制法

这种方法主要应用于企业能够根据历史资料按月设定各种产品的销售计划的情况，在这种情况下对各种产品预算应保持多大程度的库存宽裕度进行衡量，并以此为依据确定库存方案；但是对于随季节性而变动的产品，则要进一步权衡为维持产品生产应有多大程度的库存平均数。

库存宽裕度的大小，是由企业特征、市场情况、生产经营情况、产品特征等决定的，因此，必须进行综合考虑才能得出科学合理的预算，不能泛泛而谈。而管理人员的职业素质及专业判断能力同样也是很重要的。

Welsch 曾列举了库存宽裕度的五种具体编制法，可供参考：

①以每月应该供应的数量来确定。例如，某种产品的各月月初库存量可依靠销售计划的 3 个月移动平均数来确定。

②以最高限度来确定。例如，某种产品的库存量以不超过 3000 单位为限。

③以最高限度和最低限度来确定。同上面一样，只不过是在规定最高限量的同时又规定了最低限量。

④以特定数量来确定。按与历史销量的一定数量关系来确定。

⑤以盘存资产的周转率来确定。根据历史情况了解某种存货的周转率，就可以此确定合理的库存，保证存货正常流转。

（2）库存总额编制法

这种方法主要应用于生产与销售多种产品，营业额变动幅度较大，企业生产的多种产品之间营业额差异也较大的企业。

这种方法主要根据库存产品与营业额之间应维持的基本关系，来确定库存预算编制的基础。例如，某种产品应维持每年 5 次的资产周转率，编制这种产品的库存预算时，就应把它们视为一个整体，以上述资产周转率作为库存预算编制的基础，据以测算出该类各种产品的库存总额。产品库存预算要与该产品的营业额联系起来确定，并使用销售管理控制各种产品的库存量，以便整个库存与标准资产周转率保持一致。存货管理者要定期检查各种库存产品，并要关注市场需求变化、竞争情况的变化、经济生产量的变化，等等，以便在控制预算执行时对其进行及时修正，从而保证生产过程和销售过程的有效衔接。

因此，我们可以看出，无论存货预算还是其他的预算，方法都不是统一的。往往需要定性和定量相结合，不断反复、综合、归纳，还需预算人员的专业判断能力和经验，这样一个合理科学的预算才能出炉。

# 四、成本、费用预算

## （一）成本预算

成本预算根据行业的不同，可分为产品成本预算和营业成本预算。我们主要以工业生产部门为模型，强调产品成本预算。

产品成本预算是从事工业生产的预算执行单位在预算期内生产产品所需的生产成本、单位成本和销售成本的预算，主要依据生产预算、直接材料预算、直接人工预算、制造费用预算等汇总编制。因此，成本预算是对生产预算中的直接材料预算、直接人工预算、制造费用预算的汇总，从而得出产品的总成本和单位成本。

生产预算编制完成之后，企业产品成本的各要素项目都清楚明了。但是还不能全面清楚地了解企业各种产品的总成本情况和单位成本数额，无法从整个企业的供、产销的链条上把握企业的生产经营状况，因此，成本预算是非常重要的。一般来说，成本预算需要由财务部门根据汇总的采购部门、生产部门、管理部门等企业相关部门各自的预算数据整理而成。

营业成本预算是非生产型预算执行单位对预算期内为了实现营业预算而在人力、物力、财力方面进行必要的直接成本预算，主要依据企业有关定额、费用标准、物价水平、上年实际执行情况等资料编制。

## （二）费用预算

期间费用预算是预算期内预算执行单位组织对经营活动必要的管理费用、财务费用、销售（营业）费用等的预算，应当区分变动费用与固定费用，可控费用与不可控费用的性质，根据上年实际费用水平和预算期内的变化因素，结合费用开支标准和企业降低成本、费用的要求，分项目、分责任单位进行编制。其中，科技开发费用以及业务招待费、会议费、宣传广告费等重要项目，应当重点列示。

这里所讲的还主要是与企业日常生产经营有关的销售管理费用，不包括企业从事财务活动所发生的一切费用。所以费用预算也主要包括销售费用和管理费用的预算。

### 1.销售费用预算

销售费用预算是指为了实现销售预算所需支付的费用预算。它以销售预算为基础，分析销售收入、销售利润和销售费用的关系，力求实现销售费用的最有效利用。在安排销售费用时，要利用本量利分析法，使费用的支出能获取更多的收益。在草拟销售费用预算时，要先对过去的销售费用进行分析，考察过去销售费用支出的必要性和效果。销售费用预算应和销售预算相配合，应按品种、按地区、按用途进行编制。同时，销售预算不仅要反映预算期间预计的销售量所需要的相应费用支出，而且还要考虑企业进行的市场营销活动，比如广告、促销等推广手段。需要管理层注意的是，广告、促销等产品推广活动是与企业的战略目标相关联的，为了在较长的时间内保持并增加企业的市场份额，相关市场推广的支出在企业的日常经营中也是必不可少的。因此，预算人员在编制销售费用预算时，需要综合考虑所有会影响销售费用的因素，以合理的方式确定销售费用预算额。

2.管理费用预算

管理费用是搞好一般管理业务所必需的费用，随着企业规模的扩大，企业的管理职能对其正常运营有着更为重要的作用，因此，用于经营管理企业的费用开支也必定会不断加大。在编制管理费用预算时，要分析企业的业务状况、经营业绩及经济形势，要做到费用合理化，同时在对以往费用开支的分析中，要清楚哪些是必要的、会给企业带来增值的费用，而又有哪些是不能使企业增值的支出，从而在预算中减少不必要的开支，提高费用利用率。

在销售费用和管理费用的预算中，由于大多不是变动费用，而是半变动费用或固定费用，因此，预算管理人员的职业判断和经验就更为重要。

### （三）成本、费用预算编制主要方法总结

前面介绍了成本费用预算编制的一般方法。在编制企业成本和费用预算的时候，企业应根据所在的行业特点、企业规模及具体生产经营情况等因素，同时更要考虑企业成本核算的方法，据此确定成本、费用预算编制时的具体方法。比如，直接成本中的单位成本可选用标准成本法、变动成本法、定额成本法等，间接成本可选用作业成本法。

1.标准成本法

标准成本法的应用是比较广泛的。标准成本法并不是一种单纯的成本计算方法，而是将成本计算和成本控制相结合，包括制定标准成本、计算和分析成本差异以及处理成本差异三个环节，它是一个完整的成本系统。根据标准成本所基于环境的不同，可以有三种不同状态的标准成本：理想标准成本、正常标准成本和现实标准成本。

（1）理想标准成本是以现有的生产经营条件处于最优状态为基础确定的最低水平的成本。它的确定通常依据理论上的生产要素耗用量、最理想的生产要素价格和可能实现的最高生产经营能力的利用程度。但是，由于这种成本的制定太过于理想化，因此在实际中很难实现。

（2）正常标准成本是根据正常的生产要素耗用水平、正常的价格水平和正常情况下的生产经营能力的利用程度来制定的。其具体制定方法是，根据过去较长时期实际成本的平均值，剔除其中存在的生产经营活动的异常情况，并考虑未来的变动趋势。因此，这种标准成本可以经过努力来达到，而且只要生产技术和经营管理条件无较大变化，就不必修订，因此，在经济形势比较稳定的条件下适合使用。

（3）现实标准成本也被称为可达到的标准成本，是在现有的生产技术条件和进行有效经营的基础上，根据下一期最可能发生的生产要素耗用量、预计价格和预计的生产经营能力的利用程度而制定的标准成本。这种标准成本可以包含管理当局认为在短期内仍不能完全避免的某些不应有的低效率、失误和超量消耗，最适合在经济形势变化多端的情况下

应用。

在上面的预算编制过程中，基本遵循的是以现实标准成本为基础的标准成本法，但考虑的条件比较简化，无明确的需要，没有必要进行复杂的分析。

2.作业成本法

作业成本预算是基于作业成本法的出现和逐渐成熟而产生的，目前作业成本预算还处于探索发展阶段。

作业基础预算是确定企业在每一个部门的作业所发生的成本，明确作业之间的关系，并运用该信息在预算中规定每一项作业所允许的资源耗费量。作业基础预算也试图判断预算中各部分的执行状况，并说明预算差异的原因。作业基础预算与传统预算不同，作业基础预算是完成各种作业的成本预算。而传统预算是每一个职能部门或支出类别的成本预算。传统预算的重点在于成本的构成要素，如材料、人工、制造费用等，而作业基础预算强调完成各种作业的预计成本。把作业管理纳入预算过程可以大大提高作业成本（ABC）的应用程度，把作业成本纳入预算是一种趋势。运用作业成本法可以明确驱动价值的要素，当企业试图创造价值时，它必须了解使其达到这一目标的要素。

（1）作业成本法。作业成本法，简单地说就是作业消耗资源、产品消耗作业。具体地说，是以作业为基础，建立作业中心进行资源归集，然后将各类成本汇总到制造中心，再根据成本动因将成本分配至成本对象的方法。

（2）作业成本预算法。作业成本预算法是把作业成本法用于预算和控制，基本原则和作业成本法是相似的，是作业成本法的扩展和延伸。当企业生产经营的主要作业已经确定下来，预算中的成本也分派给了每项作业之后，那么与成本相关的成本动因也就可以决定了。在这个前提下，预算就可以在每个成本动因的预算总成本和预算单位成本动因消耗的成本基础上编制出来。

# 第二节　长期决策预算

## 一、资本支出预算

企业除了要进行日常生产经营之外，还要进行一些投资，以便获取更高的报酬，提高企业的运营能力，扩大企业规模，从而获得未来更好的发展空间。这里所说的投资是指狭义概念上的投资，即长期性的生产资产投资。企业的专门决策预算，主要是指固定资产的投资决策，还有为研发支出资金的决策预算。这些现金支出发生在当期，而在以后若干期受益，为了保证决策正确，即能够使现在的现金支出换回未来期间的现金流入，作为企业管理层应该做出相应的预算，从而不至于决策失误，给企业带来巨大的损失。

资本支出是和收益性支出相对的，它的受益期涉及未来多个会计期间，一般情况下分为两类：一是指固定资产增加、扩建、更新、改造或新产品研究开发等生产性长期资产的投资；二是指购买其他公司股票、政府公债、公司债券和金融债券等金融性资产投资，在通常情况下专指前者。本章所述也是指生产性的长期资产。

### （一）资本预算的概念及步骤

资本预算是企业规划和控制的重点之一，也是全面预算系统中的重要组成部分。资本预算决策就是生产性资产上长期投资方案的选择，即通常所指的长期投资决策。由于其涉及的时间长，风险大，需要通过预算进行管理，因此又称资本预算，俗称项目的可行性研究。考虑到这部分内容既是财务管理的重点内容，也是预算管理的主要内容，因此本章提纲挈领地对资本预算的内容进行讲解。资本预算是一个综合性的工程，一般由以下几个步骤组成：

1.确定决策目标；

2.提出各种可选择的方案；

3.估算各种投资方案预期的现金流量；

4.估计预期现金流量的风险程度；

5.根据择优标准，对各种投资方案进行比较选优；

6.项目实施后，要不断进行评估和控制及事后审计。

所以，资本支出预算就是对上述步骤在未来期间做一个全面考虑，并把相应指标量化，供管理人员进行决策。在资本支出预算的编制中，一个有效的决策程序对企业是非常重要的，而大多数企业都会对资本支出预算进行层层考核，以保证决策的准确无误。而且资本支出预算编制时的评价和专业水平需要到什么层次，是由企业的规模及资本支出的规模和甄选标准决定的：资本支出量越大，需要甄选的层次越多，越需要更专业、更标准的程序。

### （二）资本预算的特点

企业每年都要进行一定的固定资产投资，这些资金的投入将影响企业的将来。良好的资本预算可以促进企业的发展，增强企业的活力和竞争能力，但是不恰当的资本预算，会使企业面临困境，甚至导致破产。因此，资本预算是非常重要的，企业要把握资本预算的以下特点，充分发挥其有利优势，把资本预算做好。资本预算一般具有以下特点：

1.资金量大

由于资本预算涉及固定资产、新产品投产和研发等项目，投入的资金量一般很大，如果企业在固定资产上投资太大，会造成投资过剩，从而导致资产收益率下降，获利能力下降；如果在固定资产上投资不足，则可能导致企业设备陈旧，失去竞争能力，生产量不足，失去市场份额。

**2.周期长**

资本支出，其支出的受益期涉及未来的几个会计期间。如果决策一旦失误，将使企业蒙受巨大损失，不但会使企业浪费大量的资金，更重要的是影响企业的战略目标。

**3.风险大**

时间长和投资多这两个特点，自然决定了资本支出的风险大。因此编制资本预算时要充分考虑各种不确定因素。

**4.时效性强**

资本预算的支出及其所产生的报酬发生在不同的时期，投资时需要一次性地投入大量资金，收益却分布在以后的较长时间内，因此就要考虑货币的时间价值。

**（三）资本预算的作用**

由于资本支出涉及的都是比较大的投资项目或者是大量固定资产的购买，因此对当期的财务状况和未来期间的经营收益都有比较大的影响，同时也会存在很大的风险，所以资本预算的编制目的就是对这些项目进行事前、事中、事后的评价和控制。

**1.对重大资本支出进行事前评价和甄选**

资本支出项目在投入执行之前，必须对其可能产生的现金流入和现金流出进行评价，要充分考虑各投资项目的获利情况和风险程度，在企业可使用的资金总量一定的前提下，在企业可以承受的风险程度一定的基础上，选择未来收益和风险程度相称的一个或几个项目。资本支出预算可以概括总结这些评价和甄选情况，为管理人员提供资料。

**2.在预算执行过程中进行跟踪和控制**

有些资本支出的资金投入很可能不是一次性的，同时在项目执行过程中也会出现许多意外情况，所以在资本支出预算的执行过程中，必须依照预算中制定的标准，同时考虑情况的变化，对项目进行控制，以保证项目的最终完成。

**3.资本支出项目完成后进行评价与对比**

资本支出项目完成后需要对其成功与否进行评价与对比，这样资本支出预算中的数据就成为对比的基础，即通过实际实现的各指标和预算中指标的比较，可以为该项目的最后评定提供依据，同时为以后进行相关或类似的资本支出积累资料。

**（四）资本支出预算的相关要素**

资本预算的关键环节是投资项目评价，评估所使用的方法就是折现现金流量法。主要涉及现金流量、时间价值、投资风险报酬和资本成本等决策要素。现分述如下：

1.资本预算中现金流量的估算

资本预算编制的基础就是预测投资项目的现金流量，这也是资本预算决策最重要和最困难的环节。所谓现金流量，在投资项目决策中是指一个项目引起的企业现金支出和现金收入增加的数额，这里的"现金"是广义上的现金，它不仅包括各种货币资金，而且包括项目需要投入企业拥有的各种非货币资源的变现价值。项目现金流量的确定必须遵循实际现金流原则和相关原则：根据第一个原则，现金流必须按它们实际发生的时间测量，即在此期间内实际收到或支出的现金；根据第二个原则，必须是与决策相关的现金流，是指由于企业采纳投资项目而引起的现金流入和现金流出的变化，因此，投资项目的现金流量是增量现金流量。同时要注意，资本预算中的现金流量与财务会计现金流量表中的现金流量是不同的，在此，现金流量仅指由于某一项因长期投资方案而引起的在未来一定时期内预计发生的现金流入量与现金流出量。

（1）现金流量的构成

现金流量的构成包括现金流入量、现金流出量、现金净流量。

①现金流入量。现金流入量（cash inflows）是指某项目在投资与具体实施过程中所能获得的全部现金流入。通常包括项目投产后每年的经营现金收入、固定资产出售、报废或转让的收入及项目结束时垫支流动资金的回收额等。

②现金流出量。现金流出量（cash outflows）是指投资项目实施过程中的全部现金支出，包括初始固定资产投资额、项目运营期间内除折旧以外的全部运营成本费用与税金。

③现金净流量。现金净流量（net cash flows，NCF）是指在相应的一定期间内的现金流入量与现金流出量的差额，通常以年为单位，称为"年净现金流量"，即 $NCF_t=CI_t-CO_t$。现金净流量有助于把同一时点上的现金流量统一折算，既容易理解，计算也简便。

（2）现金净流量按照项目时间顺序的分类

按照项目的时间顺序，投资的现金净流量又可分为初始现金净流量、经营现金净流量、终结现金净流量。

①初始现金净流量。初始现金净流量即项目投资建设时引起的现金流量，又称初始投资。

一般在对原有项目进行更新改造时，原有固定资产的变价收入是作为原始投资的减项的，因为投资期发生的现金净流量多为负值。原始投资一般也是发生在项目前期，较大的项目分几年投资，这样根据时间价值的财务原则，对分期投资的现金净流量也应该考虑时间价值，进行统一折现。

②经营现金净流量。这是指项目建成投入使用后的整个生命期内，由于生产经营活动

而发生的现金流入和现金流出量,在进行资本预算时,一般是按年计算经营现金净流量的,这里的现金流入一般是指营业现金收入,现金流出是指营业现金支出和缴纳的税金。经营现金净流量与会计利润有一定的关系,但又不完全等同。

每年现金净流量(NCF)=每年营业收入−每年付现成本−所得税

=每年营业收入−(每年营业成本−折旧费用)−所得税

=每年营业收入−每年营业成本+折旧费用−所得税

=(每年营业收入−每年营业成本−所得税)+折旧费用

=税后营业净利+折旧费用

=每年营业收入(1−t)+每年付现成本(1−t)+折旧费用×t

应注意的是,税后营业净利应该是不包括利息费用在内的税后净利,与财务报表分析中税后经营净利是同一项目,以税后经营净利加上折旧费用所计算的现金流量通常称为实体现金流。

③终结现金净流量。这是指投资项目完结时所发生的现金流量。项目生命期末,除了最后一年的经营现金净流量外,还要计算期末回收现金流量。期末回收现金流量是指项目生命期结束时发生的各项现金回收,主要包括:固定资产的残值收入或变价收入、初始营运资本的回收额、停止使用的土地的变价收入、与资产出售和处理有关的税收变化等。

2.现金流量估算中应注意的问题

第一,为了具有统一的比较基础,现金流量应该建立在税后的基础上,因此所有预期的现金流量都应该换算成税后现金流量。

第二,资本预算的现金流量应该是增量现金流量(incremental cash flows)。在评估一个投资项目时,我们所关心的仅仅是由于这个投资项目所引起的现金流入流出量,即接受或拒绝该项目时企业总现金流量所发生的变动,也即增量现金流量。那些由于采纳某个项目引起的现金收入和现金支出的增加额是该项目的相关现金流入和现金流出。

为了正确估算投资方案的增量现金流量,应该注意以下问题:

(1)沉没成本。沉没成本是指在过去已经发生而现在无法收回或不能得到补偿的成本,这种成本不是增量现金流量,不影响将来的成本,与投资项目无关,属于决策无关成本。

(2)机会成本。在投资方案的选择中,如果资源有限,那么选择了一种方案,必然就要放弃选择其他方案的机会,其他机会可能获得的收益就成为执行中选方案的一种代价或者说成本。因此,所谓机会成本,是指在若干被选方案中由于选取某一方案而放弃其他方案所失去的其他投资方案所能带来的经济利益。机会成本不是企业的实际支出,在会计账簿上也没有反映,但它属于决策相关成本,应在资本预算时予以考虑。因为它关系到企业所作决策从经济学角度来看是否真正地合理有效，是否充分地利用了企业现有资源。例如，如果某企业有一栋闲置的厂房，现在成为马上投资的项目的一部分，而原来打算出售可得税后净收益400万元，那么这400万元就成为新的投资项目的机会成本，是要作为现金支出来减少该项目的现金流量的。

（3）对企业原有产品或部门的影响。企业投资项目的选择不能脱离企业全局规划单独考虑，必须要对项目投入运营后可能对其他部门产生的影响予以充分考虑，是会抢占其他部门产品的原有市场呢，还是会与其他部门相得益彰，从而使企业整体效应得到较以前更大程度的发挥。因此在决策时，需要考虑的是，对企业来说，进行某项目会对现金流量带来什么影响，也就是说要考虑增量现金流量。比如说，如果一个企业准备推广的一种新产品会对企业现有产品形成竞争，那么在对是否推广该产品做出决策时，仅仅考虑该产品的预计销售额产生的现金流量是不够的，必须把新产品推广可能引起现有产品销量的减少也作为相关成本予以考虑，这样的话就会减少新产品的预计销售额或者现金流量。比较合理的方法就是把两种产品看作一个整体，采用增量分析法，分析整体的增量现金净流量。

（4）净营运资本变化的影响。所谓净营运资本的变化，是指流动资产增量与流动负债增量之间的差额。一般情况下，企业通过投资能够扩大生产规模，而生产的扩大则会引起存货的增加，相应地企业的销售额也会增加，从而使应收账款也增加，为了满足存货和应收账款的增加，企业必须筹措新的资金；另一方面，由于企业业务量的增加，应付账款和其他应计负债也会随之增加，这就会降低企业从外部筹集资金的实际需要量。如果企业投入的新的投资项目的建立，会使流动资产的增量大于流动负债的增量，就意味着企业需要追加对流动资产的投资，需要筹集更多的资金，也就意味着净营运资本的增加。

（5）要区分相关成本和不相关成本。这是指与特定决策有关的、在分析评价时必须加以考虑的成本，如机会成本、未来成本等，与此相反的是，与特定决策无关的、在分析评价时不需要加以考虑的成本是非相关成本，比如沉没成本等。

第三，现金流量估算中应充分考虑通货膨胀因素。当通货膨胀比较严重时，在进行资本预算决策时，必须要考虑通货膨胀对投资项目的影响。一般简单又实用的方法是，在对投资项目估算现金流量时，要对产品销售价格和成本费用项目估计一个通货膨胀率，从而在现金流量的估计中反映出通货膨胀的影响，以保证资本预算决策的正确性。

3.贴现率的选择

资本预算通常以资本成本作为贴现率。所谓资本成本，就是企业取得并运用资本所负担的成本。如果资本是企业借入的资金，资本成本就是借款的税后利率；如果资本是企业自有的资金，则资本成本就是投资者期望的报酬率。企业的资本既有权益资本也有借入资本，即在企业的资本结构中这两种资金来源兼而有之，因此企业的资本成本实际上就是其融资成本的加权平均数，即加权平均的资本。资本成本是投资项目的取舍率，资本成本成为评价项目能否为股东创造价值的标准。当投资项目的收益率超过资本成本时，企业价值将增加，当投资项目的收益率小于资本成本时，企业价值将减少。与实体现金流对称的资本成本应该是加权平均的资本成本。

### （五）资本预算的评估方法

资本预算的评估方法有很多，按照是否考虑货币的时间价值可分为静态指标和动态指标。静态指标主要有静态投资回收期、会计平均报酬率，动态指标有动态投资回收期、净现值法、现值指数法、内含报酬率法等。

1.静态指标

（1）投资回收期

投资回收期（payback period，PP）是指投资引起的现金流入累积到与投资额相等时所需要的时间，通俗地说就是投资还本时间，一般以年为单位，回收期越短，收回投资的速度越快，投资方案所承担的风险就越小，方案就越有利；反之，投资回收期越长，收回投资的速度越慢，投资方案所承担的风险越大。因此，可以根据投资回收期的长短评估有关方案的优劣。

投资回收期法计算简单，并且容易理解，但是它也有很大的缺点：一是没有考虑货币的时间价值，二是忽略了投资回收期后的项目现金流量情况。如果企业是站在战略角度考虑，则会显得投资回收期指标急功近利，有可能损失企业的长远利益。因此投资回收期指标主要用来测定项目的流动性而不是营利性。

（2）平均报酬率

平均报酬率（average accounting return，AAR）是指投资项目生命期内平均的年投资报酬率，也称为平均投资报酬率，其计算公式为：

$$平均报酬率=预期年平均利润/年平均投资额 \times 100\%$$

采用平均报酬率这一指标时，应事先确定一个企业要求达到的年平均报酬。在进行决策时，只有高于这一年平均报酬率目标的方案才能入选。而在多个互斥项目的选择中，则要选择报酬率最高的项目。

平均报酬率这一指标，计算简便，数据易得，容易理解，在实务中使用频率也较高，其缺点同样是忽略了货币的时间价值，忽略了风险因素，而投资收益中不包括折旧，不能完整反映现金流量情况，可能会导致错误决策。所以，一般只用它作为投资项目评价的辅助参考指标。因此静态指标一般只用于项目的初选或者投资后项目间经济利益的比较。

2.动态指标

（1）净现值法

①含义。所谓净现值（net present value，NPV），就是项目所产生的所有现金流入量和现金流出量按照目标利润率或者资本成本贴现后的现值的代数和，也就是指投资项目投入后预期所产生的现金净流量的现值的总和，或者说是投资方案在项目有效期内其未来的期望现金净流量按一定的折现率折算的总现值与初始投资额之间的差额。净现值的计算公式是：

$$NPV = \frac{\sum NCF_t}{(1+i)^t} - I \ (t = 1,2,...,n) = 预期未来时期的总现值 - 初始投资额$$

式中：NPV 表示净现值；

$NCF_t$ 表示第 t 年的净现金流量；

i 表示折现率（资金成本或者企业要求的报酬率）；

n 表示预计使用年限；

I 表示初始投资额。

②利用净现值指标进行评价的标准。使用净现值法评估项目的准则是：对于独立项目，若净现值为正数，说明该投资方案在经济上有利，方案是可行的；若净现值是负数，说明有关方案在经济上是不利的，该投资方案不可行；若净现值为零，则说明接受该项目，获取的投资报酬与融资成本相当。对于互斥项目则应接受净现值较大的项目。

③净现值法的优缺点。从上面的计算可知，使用净现值法得到的评估预测结果与使用投资回收期法得到的结果是不一致的。究竟以哪种结果为准，就取决于投资决策者的具体要求了，若投资者偏爱尽快收回投资，减少风险，则可以选择 A 方案；若投资者偏爱利润最大化，则可以选择 B 方案。但在一般情况下，使用净现值法来评估项目更科学准确一些。

净现值法考虑了货币的时间价值，对方案的评价更合理。但是净现值法在使用时需要企业事先确定一个折现率，因此，确定过程中不免有人为因素的影响，在一定程度上不能客观反映未来报酬的总现值，而且也无法揭示各个方案自身的报酬率到底是多少。另外，净现值法是对两个或多个方案净现值绝对数的比较，没有考虑初始投资的大小，回收期间的长短等因素，因此不能用于独立方案的排序。

（2）现值指数法

①含义。现值指数（profitability index，PI）是投资项目未来报酬的总现值与初始投资额的现值之比，表明该项目单位投资的获利能力，记为 PI。其计算公式为：

现值指数=未来报酬的总现值/初始投资额

②利用现值指数指标进行评价的标准。使用现值指数评估项目的准则是：对于独立项目，若现值大于 1，说明该投资方案在经济上有利，方案是可行的；若现值指数小于 1，说明有关方案在经济上是不利的，该投资方案不可行。

③优缺点。现值指数考虑了货币的时间价值，并且是相对数，反映了单位投资额的效益，与净现值指标相比，对方案的评价更客观，更便于在投资总额不相等时进行不同投资方案之间的比较和排序。但是在对两个互斥方案进行选择时，用现值指数法与净现值法得到的结论可能会不一致，因为净现值法得到的是绝对值，而现值指数法得到的是一个相对的比值，如果两个投资项目规模相差很大时，现值指数法会忽略互斥方案规模上的差异，往往选取投资规模较小的方案，因为它衡量的是单位投资的收益，这和总收益往往会产生矛盾。鉴于企业价值最大化的财务原则，净现值法在此可能更有利于做出正确的决策。另外，现值指数法同样不能揭示项目本身的报酬率到底是多少，其含义也不容易被理解。

（3）内含报酬率法

①含义。内含报酬率（internal rate of return，IRR）又称内部报酬率，是指在投资项目的有效期内使投资项目的净现值等于零的贴现率。

若存在 r 使得上式成立，则 r 即为 $\sum_{t=1}^{t=n} \dfrac{NCF_t}{(1+r)^t} - I = 0$ ，实质为项目的预期报酬率。

②利用内含报酬率指标进行评价的标准。在只有一个备选方案决定方案是否可行时，如果计算出来的内涵报酬率大于或等于企业的资本成本或者必要报酬率，则方案可行，反之则方案不可行；在有多个备选方案需择优采纳时，应选择内含报酬率超过资本成本或必要报酬率最多的项目。

③优缺点。内含报酬率考虑了货币的时间价值，而且揭示了各个投资项目的真实报酬率，克服了净现值和现值指数的一些缺点，其概念也较容易理解。但是这种方法计算起来比较麻烦，特别是年经营现金净流量不相等时，要经过多次测算才能得出结果。内含报酬率应用中使用内含报酬率法进行互斥方案决策时，有时评价结果与净现值法得到的结果不一致时应以净现值为主，因此内含报酬率适用于独立项目的排序，但不适用互斥项目的选择。

3.资本预算方法应用的变化趋势

回收期法曾在 20 世纪 50 年代作为企业资本预算决策的主要方法流行于全世界，但是后来人们发现了回收期法的局限性，就纷纷改用考虑货币时间价值的各种资本预算方法：净现值法、现值指数法、内含报酬率法。随着人们认识的深化，使用这些动态指标进行项目预算的公司越来越多，它们已经在资本预算决策体系中占据主要地位，而原来的静态指标仅作为辅助的资本预算方法使用。

（六）资本预算中的风险调整

在进行资本预算决策时，现金流量均为假定的或者已知的，但事实上，由于经济生活中存在许多不确定因素，任何一个投资项目所产生的现金流量并不是固定不变的，而是具有某种程度的不确定性或者风险，当然这种风险的大小也是因项目而异的。当某项目面临的风险较小，以至于可以忽略这种风险的影响时，这时候可以把资本预算决策当成确定性决策；若某一项目预计的风险很大不容忽视时，这时就必须考虑风险因素的影响，进行相应的调整。调整的方法主要有贴现率风险调整和现金流量风险调整。

1.贴现率风险调整

贴现率风险调整是根据投资项目所承担的风险程度，确定相应的风险报酬率，加入先前确定的资本成本中，构成所要求达到的投资报酬率，作为风险程度调整后的贴现率，并据以进行投资决策分析。因此，按风险程度调整的贴现率 R\* 就等于无风险利率 R 加上与项目相适应的风险报酬率 K，即 R\*=R+K。由此可见，项目的风险越大，则相应的风险贴现率就越大。

按风险调整贴现率有两种方法：一是用资本资产定价模型进行调整；二是按投资类别分别进行调整。

2.现金流量风险调整

由于不确定性因素的存在，会使预计的每年现金流量发生相应的变化，因此也就需要根据风险程度对每年的现金流量进行风险调整。具体的调整方法也有很多，最常用的是确定性等价法（certainty equivalent method）。这种方法就是把确定的各年预计现金流量，按一定的约当系数折算为大体相当于确定的现金流量的数量，然后利用无风险贴现率进行净现值计算和投资决策评价。约当系数又称确定等价因子，是第 t 年确定的现金流量 $NCF_t^*$ 同与之相当的不确定的现金流量的期望值 $NCF_t$ 的比值，通常用 $d_t$ 来表示。即 $NCF_t^* = d_t \times NCF_t$。

在进行评估时，可根据各年现金流量风险的大小，选择不同的约当系数。约当系数的选择范围大体是这样的：现金流量为确定值时，$d_t=1.00$；现金流量的风险很大时，$0 \leq d_t < 0.4$；现金流量风险很小时，$0.8 \leq d_t \leq 1$；现金流量风险一般时，$0.4 \leq d_t < 0.8$。

约当系数的选择因决策者的风险态度不同而不同，那些敢于承担风险的决策者会选用较大的约当系数，而不愿冒险的保守投资者则会选择较小的约当系数。因此，为了避免过多的主观人为因素的影响，有些企业也采用现金流量的标准离差率来确定约当系数。

## （七）资本预算的事后审计

用贴现现金流量方法评价投资方案需要对现金流量进行预测，投资方案的接受与否很大程度上依赖于这些预测。如果这些预测非常不准确，将会导致决策者接受本不该接受的方案或拒绝那些本应该接受的方案。鉴于资本预算程序如此重要，绝大多数组织都会对项目进行系统的跟踪，观察它们如何实现。这个程序也被称为事后审计（或重新评价）。

在事后审计中,管理人员首先要给予项目相关的实际现金流量信息,然后计算该项目的实际净现值或内部收益率,最后将该项目的预测值与实际结果进行比较。如果该项目未实现其预期目标,就要进行调查以确定错误出在何处。有时,事后审计会揭示现金流量预测程序的缺陷。在这种情况下,就应该采取措施以提高未来现金流量分析的准确程度。在贴现现金流量分析中经常发生两种错误:误拒和误受。事后审计是仅对接受的方案进行跟踪的工具,因此,事后审计仅对防范第二种错误有效,而对第一种错误无效。

在进行项目评价时,事后审计不是惩罚性目的。事后审计的目标应是为资本预算人员、项目经理和管理团队提供有用的信息。

## 二、研究与开发预算

### (一)研究与开发预算的内容及特点

1.研究与开发费用

国际会计准则第 09 号《研究与开发费用》中规定:研究活动是指"为预期获得新的科学技术知识和认识而进行的具有创造性和有计划的调查"。其性质是因特定研究支出而形成的,未来经济效益能否实现,不具备足够确定性。开发活动是指"在开始商业生产或使用前,把研究成果或其他知识应用于新的或具有实质性改进的材料装置、产品、工艺系统或服务"。其性质是在某些情况下,企业能够确定获得未来经济利益的可能性。由此可见,研究是一个技术可行性的探索阶段,能否给企业带来经济效益,是不具有确定性的,风险性大,而开发活动是将研究成果应用于实践,将技术转化为产品的阶段,因而带来经济效益的确定性高。研究与开发费用应包括可直接计入研究与开发活动或以一个合理的基础分配计入这些活动的所有费用。具体包括:(1)从事研究与开发活动的人员的薪金、工资和其他与聘用人员有关的费用;(2)用于研究和开发活动中的消耗材料和劳务费用;(3)用于研究和开发的固定资产折旧费用;(4)与研究开发有关的间接费用;(5)其他费用。

2.研究与开发费用的特点

(1)费用支出的未来经济效益具有不确定性。这体现在以下两方面:一是研究与开发活动存在成功与失败的可能性。支出的费用能否取得预定成果是事先无法确定的。二是即使能取得预想的研究成果,但在未来能创造多少经济效益,也是事先难以确定的。

(2)费用支出具有资本性支出性质。这类费用在研究期间是一种预支的费用,数额一般比较大,研究时间也比较长,研究成功后发挥作用的时间也较长。研究与开发费用在本期支出,但其研究成果一般主要在以后各期发挥作用,与以后各期的收益有关。即使研究失败,所支出费用的本来目的也是为了以后各期,因此同样具有资本性支出的特点。

（3）费用支出的预期结果将形成企业的无形资产。研究与开发费用支出的目的是预期的研究成果，并使其在企业的生产经营活动中为企业带来经济效益。研究成果形成一般是以专利权或非专利技术的形式存在，形成了企业的无形资产。

正因为研究与开发费用具有这些特征，因此它对企业当期的收益性支出和资本性支出都有很大的影响，并且很可能影响企业战略方针的确定与执行，所以，企业管理当局越来越重视研究开发费用的预算，以确保企业的研究开发正常运行。

3.研究开发预算的特点

（1）研究与开发决策一般是由生产部门、企业发展战略部门、生产技术部门和科研部门在企业最高管理者的组织下制定出来的，研究开发费的金额是由企业最高管理者依据科研规划决策来确定的。

（2）研究开发费总金额确定之后，每个科研项目如何进行，其费用预算及各个时期的科研应取得什么样的成果都应由项目主要负责人在综合科研规划内予以确定。这也是研究与开发预算的核心内容，即在各个科研、开发项目之间分配总的预算额。从这个角度来说，研究开发预算事实上是一种分摊预算，它与一般的固定预算是不同的，其核心的内容是对预算金额的分配，而不仅仅是对支出金额的固定预算。

（3）研究开发预算与实际支出之间的差异，只是意味着规划政策的遵守程度，并不能说明研究开发费用支出得有效与否。企业进行研究开发的目的是用一定的研究开发费用来尽力实现最大程度的研究开发的成果，而不仅仅是为了控制科研支出规模。

（二）研究与开发预算的编制方法

1.研究与开发预算总额的编制

既然我们确定研究开发预算是分摊预算，那么就要首先确定研究开发费用预算总额。对于研究开发预算总额的确定，企业高层管理者应充分听取研发部门的建议，因为他们对研发情况最熟悉，如果管理者不顾研发实际情况，就会做出错误的预算，从而也影响预算的实现，对企业整体发展是极其不利的。

不同的企业根据其具体情况会有不同的研究开发费用总额的确定方法，最常见的是总额分摊法，它是企业管理阶层依据企业的战略决策决定预算总额，再将其细分到各个研究开发项目的一种预算编制方法。也有的企业采取个别分摊法，即由各项目中心分别决定各研究开发项目，然后加总算出预算总额，最后由管理者调整后进行分摊。下面介绍几种主要的研发预算编制方法：

（1）销售百分比法

在研究开发费用预算总额的编制方法中，销售百分比法用得最多。所谓销售百分比法，就是以销售额乘以一定的百分率计算出研究开发费用预算总额的一种方法。其中销售额一般是指企业的销售总额,而不是销售净额(在销售总额的基础上扣除一定的折扣和折让);对于采用哪一年度的销售额作为计算基础,一般认为采用将来预定年度的销售额要好于当年及次年的销售额计划,原因在于支出研究开发费的年度和开发成功的产品并实现销售的年度有一定的时间差距,所以应以将来预定年度的销售额为基础来计算当年研究开发费用总额,这样才能够更好地体现企业的长期经营计划;研究开发费用比率应选择变动比率,采取固定比率,研发费用就有僵化的危险,单纯的递增或递减比率也不能反映研发的具体情况,因此,企业应每年都要根据长期研究开发计划经由管理阶层充分讨论决定研究开发费用比率,即每一预算年度确定一次。

销售额与研究开发比率确定下来之后,研究开发费用总额也就基本确定下来了,经过认真研究与讨论并广泛征求意见后,研究开发费用总预算额也就最终确定下来了。

(2)以预计利润的一定比率编制

以预计利润作为计提基准将研发项目的投入额度直接与研发项目的盈利能力挂钩,有助于提高研发资金投入的效率。但是,这种依据同样也存在一定的问题,即可能与实际研发项目投入需求有偏差,尤其是当利润较小时,可能无法满足研发需求。比如,对于引入期的产品,需要研发部门的大力配合以提高其产品性能,但是此时企业的利润较低,如果按预计利润编制研发预算,可能很难满足现实的研发需要。另外,预计利润还需要考虑成本因素,因此,该方法使用难度相对较大,准确性也较前者差。

(3)零基预算并根据实际业绩对预算金额加以修正

这一方法可以使研发人员参与预算过程,并通过重点对待那些最重要的研发活动来达到节约财务资源的目的。这种方法不依照历史数据来量化所需投资的规模,可以很好地起到风险控制的效果,但对预算人员的素质要求较高,受较强的主观判断和未来不可预见因素的影响,实施起来非常复杂,最佳等级结构和预算的确定无规律可循。这就要求预算人员对研发的未来支出有较大的把握。

(4)参考竞争对手的水平

这一方式可保证企业在研发资源的投入上不弱于竞争对手,从而有利于企业保持可持续竞争能力,维持企业的市场地位。但是,这种方法的缺陷也很明显,竞争对手与企业自行的研发目标并不总能保持一致,所以,参考竞争对手的水平并不意味着研发预算一定能适合企业的研发活动,这种不适应性也可能导致预算编制效果大大降低。

2.研发预算编制方法的选择

选择研发预算的具体编制方法时,企业应结合内外各方面的因素综合考虑,选择适合自己研发项目的预算依据,并随时根据环境的变化加以适当调整,以便充分发挥研发预算在研发管理中的重要作用。

（1）企业生命周期

就企业发展的生命周期而言，创业期、成长期、成熟期是企业通常要经过的几个阶段。企业在不同的生命周期具有不同的财务指标和研发需求，因此，企业在选择研发预算方法时，要结合企业生命周期予以考虑。

①创业期。处在创业期的企业往往销售额很少，净现金流量为负，新产品开发的成败及未来现金流量的大小也具有较大的不确定性，经营风险和财务风险都很大，企业的主要目标是扩大市场份额，主要战略途径是投资研究开发和技术改进，这使得企业此时的研发需要很大。所以，创业期的企业宜采用零基预算并根据收益状况对预算加以调整，而不宜根据销售额和利润进行研发预算编制。

②成长期。成长期的企业销售收入会大幅增长，但由于对流动资金的需求量增大，企业现金净流量仍然处于入不敷出的状态，财务和经营风险较大。在这种情况下，选择企业预计营业额的一定比率为研发预算编制依据更为合理，因为这样处理不仅符合企业的实际盈利情况，难度较小，而且考虑了市场的需求，同时也能更好地体现企业的长期经营计划，为企业持续提高其竞争力提供全方位的技术支持。

③成熟期。成熟期的企业销售量较大，但是增长速度开始变慢，利润较高，净现金流量很大。企业财务和经营风险大大降低。一般而言，在这种宽松的状况下，对不同预算编制依据的选择具有很大的灵活性，但比较而言以企业预计利润的一定比率为编制依据更合适。鉴于这种状况，为了保证研发资金的足额提取，使研发活动顺利开展，企业应当选择以经营活动现金流为研发预算依据。

（2）企业研发活动的类型

①基础研究。基础研究一般没有特定的商业目的，其研究成果通常是广泛的真理、普遍的原则、理论或定律。其显著成果大多是知识产权，与企业的未来收入没有很明显的直接联系，所以采用预计销售收入百分比法或者是预计利润百分比法都不合适，此时最好采用零基预算方法。编制零基预算时要充分考虑下一预算年度对资金的需求，在执行过程中，一般不再追加新的支出，这样就使年初确定的预算指标真正成为有约束力的刚性指标。

②应用研究。这一类型的研发活动主要包括技术创新的应用研发和可行性实证，在工业企业中一般是与新产品、新技术有关的研究。根据应用研究的特点，我们在进行研发预算时可以依据预计营业额的一定比率编制研发预算，以促进其长期经营计划的实施。

③改进研究。改进研发项目即为市场提供更好的新产品、新工艺和新服务的开发与生产过程，它能使投资在最短的时间内创造利润。正是因为这个特点，在确定其研发预算的编制依据时，我们倾向于预计销售收入的一定百分比或预计利润的一定百分比。前者可以结合企业销售收入的成长，后者则能更好地考虑到企业盈利能力的强弱，

并且重视成本的控制。

另外，在进行研发预算编制时，还要考虑行业因素、产品特点、研发预算的难度和创新性以及历史经验等。企业通过各种因素的综合考虑，可以选择适宜的研发预算编制方法，进一步提高研发管理水平。

3.研究与开发预算总额的分摊

研究开发费用预算总额的分摊既可以按研究开发项目进行，也可以按各研究开发部门进行。

按研究开发项目进行分类，可大体划分为新产品研究项目、产品改良研究项目和工程研究项目，然后再采用一定的分摊标准将预算总金额分配到各个具体研究项目上。

按研究开发部门分类，可以划分为研究开发管理部门预算、研究开发辅助经营预算和研究开发实施部门预算。

无论是哪种分类方法，最后都将预算金额分配到了直接人工、直接材料及相关的费用科目中。为了使研究开发预算更有弹性，在分摊预算总额之前先留出一定的预备经费预算作为预算外支出，由部门或者项目负责人根据需要进行调控。在实务中经常采用这种方法。

关于研究开发预算的编制方法一般采用定性分析，因为它更多地涉及管理人员的主观预测、分析、决策等过程，即使有定量的计算，也只是主观决策的辅助措施，需要结合各个企业的实际情况来确定，没有绝对一致的方法。

（三）研究与开发预算管理过程中应注意的问题

1.研究开发预算活动周期长，项目从开始到最终成功需要很长的一段时间。为了保证实现预期的研究开发目标，研究开发活动通常要在长期的规划指导下持续进行；研究开发费用预算反映的是预算期内的研究开发支出，所以，研究开发费用预算的编制要考虑长期规划的要求，以此为基础编制的各期的研究开发预算才能体现企业的长期战略规划思想。

2.研究开发活动的技术性很强，因此其预算编制要最大限度地考虑研究开发部门的意见，若有必要，还应该请求有关专家或专门机构的援助，为企业提供有用信息和建议。同时，预算的编制有研究开发部门的参加，可以提高相关管理人员和工作人员的预算管理意识，有利于预算目标的有效实现。

3.研究开发费用的支出，应以项目在一定时期内产生的经济效益与支出的比率进行分析、评价和考核。而不能仅仅看支出金额是超支还是节支，要结合效果来考虑。

4.研究开发预算的金额一般来说是相对稳定的，而研发活动的进行具有很大的不确定性，因此在进行研究开发预算时，设定相当的预算经费是必要的，可以在总额预算之外安排，也可以考虑在总额预算中，但必须经过严格的审批程序。这样一种有弹性的预算设计，能够使研究开发活动有一定的灵活性，不会因为出现意外特殊情况使资金无法到位而受阻。

（四）研究与开发预算的实施

随着研究开发项目的进行，每个项目的实际费用都要与预算数额进行比较，对于预算差异要查明原因，明确相关责任人的责任。但对于研发项目的预算差异要具体分析，差异也并不能作为考察科研开发效果的标准。研究开发人员在预算实施中要按科研进行程度定期编制预算执行情况报告，对于差异大的项目应及时报告给负责领导，以便做出迅速反应。

企业管理者在研究开发预算的具体实施过程中，应对以下几个方面予以关注：

1.在实施研究开发项目时，不应让研究开发人员承担与研发无关的管理事务。研究开发的最终目的是提高研究开发的效果，如果让研发人员在研发工作之外还从事其他繁重的事务，势必会耗费其体力和精力，从而使研发活动效率低下，很难保证研究开发活动的成功。对企业来说也是得不偿失。

2.研究开发预算执行过程中不仅要进行金额管理，也要重视数量管理。研发预算通常是以金额形式进行编制的，但在预算执行过程中，为了推动成本管理，也要重视数量方面的管理。对数量标准与实际用量标准进行比较，由于剔除了价格因素，所以能够更明确地发现产生差异的原因，从而进行相应的控制。

3.研究开发费用预算差异分析是有一定的弹性的，需要认真考察，仔细研究，才能得出正确的结论，起到好的作用。研究开发项目费用高、持续时间长、风险大，在实际支出超过研究开发费预算时，项目负责人和预算管理者应仔细讨论预算差异的产生原因，如果是因为研究开发项目的效果增强等合理因素造成的，分析时要有一定的弹性，不能仅仅维持原来的预算标准而否决现在，必要时要对原来的预算进行修正。因此需要管理者具有较高的审批水平，否则研究开发项目就会受到影响。

## 三、筹资预算

筹资是指通过增量的方式筹措权益资本与债务资金，它表现为表内资金来源总量的增加。现在，企业的筹资活动主要体现在可运用的"活性"资金的增加。这种活性具体表现在：表内可运用的资金来源总量的增加；存在着相当数量的表外融资来源；"筹资预算是企业在预算期内需要新借入的长短期借款，经批准发行的债券以及对原有借款、债券还本付息的预算，主要依据企业有关资金需求决策资料、发行债券审批文件、期初借款余额及利率等编制。企业经批准发行股票、配股和增发股票，应当根据股票发行计划、配股计划和增发股票计划等资料单独编制预算。股票发行费用，也应当在筹资预算中分项做出安排。"但应注意，筹资预算具有一定的被动属性，对于非金融企业而言，生产经营活动和投资活动决定了筹资活动，很少或不存在单纯的为筹资而筹资的行为。

## （一）筹资预算的意义和目的

筹资预算是指估计企业未来的融资需求。它是建立在财务预测的基础上的。

财务预测是企业筹资计划的前提，财务预测是为筹资决策服务的，而筹资预算则是财务预测的具体化。企业要对外提供产品和服务，必须要有一定的资产为基础。销售增加时就要相应地增加流动资产，有时为了扩大生产能力还要增加固定资产。为取得扩大销售所需增加的资金，企业就要筹措资金。这些资金一部分来自保留盈余，即内部积累，一部分通过外部筹资取得。一般情况下，销售增长率较高时即使是获利良好的企业，保留盈余也不能满足资金的需要，也必须要对外融资。而要进行对外融资，企业必须预先对自身的财务情况有深入的了解，预先知道自己的财务需求，进行筹资预算，否则就可能发生资金周转的问题。财务预测有助于改善投资决策，根据销售发展前景估计出的筹资需求不一定总能得到满足，这时就要根据筹资量来安排企业的生产和销售以及有关的投资活动，从而使企业的财务活动建立在可行的基础上。

## （二）筹资预算的步骤

筹资预算的基本步骤如下：

1.销售预测

财务预测的起点是销售预测。销售预测不是财务管理的职能，但它是财务预测的基础。在短期经营预算体系中，销售预测是起点，资本预算以销售预测为基础，那么筹资预算也是以销售预测为基础的。因此，销售预测的质量对企业的筹资预算有很大的影响。如果实际销售情况超出预算很多，企业根据先前的销售预测制定的筹资预算所筹集的资金量就不会满足企业生产经营和投资的需要，如此不仅会失去盈利机会和市场份额，而且很可能失去良好的投资机会。相反，销售预测过高，企业据此筹集了过多的资金，会造成企业资产积压和资金闲置，带来很高的机会成本，资产周转率下降，导致权益收益率下降，股价下跌。结合前述的以 ROE 为导向的预算目标，我们认为长期筹资预算中的销售收入必须结合 ROE 的预测来完成，并将 ROE 目标利用传统的本量利模型拓展为预计的销售收入，其公式为：

预计销售收入={[固定成本率+ROE/（1-t）]/（单价-单位变动成本）}×净资产×单价

其中，固定成本率=固定成本/净资产。

2.估计所需要的资产

资产是销售量的函数，可以根据历史数据得出该函数关系，然后根据销售预测结果的预计销售量就可以预测所需的资产总量。同时某些流动负债也是销售量的函数，也就可以预测销售增长带来的负债的自发增长，负债的这种自发增长可以减少外部筹资的数额。

3.估计收入、费用和保留盈余

假设收入和费用是销售的函数，就可以根据销售预测值估计收入和费用，并确定净收益。净收益和企业股利支付率共同决定了企业保留盈余所能提供的内部筹资额。

4.估计所需外部筹资额

根据预计资产总量减去已有的资金来源、负债的自发增长和内部提供的资金来源，便可得出外部筹资额的需求量。

## （三）筹资预算的方法

科学合理地预测企业的资金需要量是筹资预算的基础。因此，企业在编制筹资预算时，要根据销售预测的结果，进一步对需要筹集资金的数额进行预测。资金需要量的预测有很多方法，如定性预测法、趋势预测法、资金习性法、销售百分比法等，也可以利用计算机进行预测。我们这里只介绍两种最常用的方法：销售百分比法和资金习性法（也称回归分析法）。

无论使用哪种方法，资金需要量的预测确定是基于下面两个恒等式进行的：

（1）资产=负债+所有者权益

（2）资产增量=负债增量+所有者权益增量

1.销售百分比法

销售百分比法是根据销售与资产负债表和利润表项目之间的比例关系，预测各项目短期资金需要量的方法。筹资预测销售百分比法首先是假设收入、费用、资产、负债等资产负债表项目和利润表项目与销售收入之间存在稳定的百分比关系，然后根据销售预算的结果—预计销售额，和相应的百分比关系预计资产、负债和所有者权益，最后利用会计等式确定融资需求，是一种简单适用的预测财务报表科目的方法。

方法一：根据销售总额确定融资需求

（1）计算预计资产负债表中敏感性项目分别占销售收入的比重

所谓敏感性项目，是指随销售额的变动也在不断变动的项目。其中敏感性资产包括现金、应收账款、应收票据、存货、固定资产净值等经营资产，使用固定资产净值指标是假定折旧产生的现金直接用于更新资产。敏感性负债包括应付账款、应付费用等经营负债。而短期借款、长期借款等金融负债以及实收资本和留存收益等所有者权益项目均为非敏感性项目。资产负债项目占销售额的百分比也可以根据以前若干年度的平均数确定。注意，这里假定销售百分比法中预测年度非敏感性项目、敏感项目及其与销售的百分比均与基年基本保持不变，在实际中，非敏感项目、敏感项目及其与销售的百分比很有可能会变动，具体表现为：非敏感资产、非敏感负债项目的构成及其数量的增减变动；敏感性资产、敏感性负债项目的构成及其与销售百分比的增减变动。这些变动对资金需要总量和追加外部筹资额都会产生一定的影响，必须相应地进行调整。

（2）根据上面计算出来的比重计算预计销售额下的资产和负债

$$预计敏感资产（负债）=预计销售额×各项目销售百分比$$

（3）预计留存收益增加额及内部可动用的金融资产

留存收益是企业内部的筹资来源，只要公司有盈利并且没有全部用来支付股利，留存收益就会使股东权益自然增长。留存收益可以满足或部分满足企业的融资需求，从而减少外部筹资额度，而留存收益的多少取决于企业净利润的多少和股利支付率的高低。留存收益增加=预计销售额×销售净利率×（1-股利支付率）。可动用的金融资产也是内部可动用的资金，可根据企业的实际状况加以确定，本教材通常设可动用的金融资产为零。

（4）计算外部融资需求：

$$外部融资需求=预计敏感总资产-预计敏感总负债-预计股东权益$$

方法二：根据销售增加量确定融资需求

这种方法本质上与总量法是一样的，只不过计算方式不同。

（1）同上述第一步。计算资产负债表中敏感性项目分别占销售收入的比重

（2）根据产品销售收入预计增量计算各敏感性项目预计增量

（3）根据资金平衡原理确定资金需求量

$$资金需求总量=资金占用增量-资金来源增量=敏感资产增量-敏感负债增量$$

（4）确定企业留存收益增加额

$$内部融资额=留存收益增加额=预计销售收入额×销售净利率×（1-股利支付率）$$

（5）确定外部融资需求量

企业外部融资需求量等于销售增加引起的资金需求总量减去内部积累资金。即：

$$外部融资需求=敏感性资产增量-敏感性负债增量-留存收益增加额$$

通常用公式表示如下：

融资需求=资产增加-负债自然增加-留存收益增加=（资产销售百分比×新增销售额-负债销售百分比×新增销售额）-预计销售净利率×预计销售额×（1-股利支付率）

$$=\frac{A}{S_0}\times\Delta S-\frac{L}{S_0}\times\Delta S-S_1\times P\times(1-d)$$

其中，$A/S_0$ 代表敏感资产销售百分比，$L/S_0$ 代表敏感负债销售百分比，$\Delta S$ 代表预计销售收入的增量，$P$ 代表销售净利率，$d$ 代表预计股利支付率。

2.线性回归分析法—资金习性预测法

线性回归分析法是根据变量的大量实际观察数据，寻求隐藏在偶然性后面的统计规律以确定和分析变量之间相关关系的一种数理统计方法。线性回归分析法在企业财务管理中

应用时假定资金需要量与业务量之间存在线性关系，以此建立数学模型，然后根据历史有关资料，用回归直线方程确定参数，预测资金需要量。在此，按资金需要量与业务量之间的关系对资金进行分类，然后据以进行相关预测，因此又常称为资金习性法。

所谓资金习性，是指资金的变动同产品产销数量变动之间的依存关系。按照资金与产销量之间的变动依存关系，可以把资金分为固定资金、变动资金和半变动资金三种。在管理会计中有成本习性这一概念，根据成本习性，可以将成本分为固定成本、变动成本、混合成本。将二者联系起来考虑，其本质是一致的，有助于我们对资金习性的理解。

所谓不变资金，是指在一定的产销范围内，不随产销量变动而变动的资金，一般包括：为维持营业而占用的最低数额的现金、原材料的保险储备、必要的产成品或商品储备及企业的厂房、机器设备等固定资产占用的资金。

所谓变动资金，是指随着产销量变动而成正比例变动的资金，一般包括直接构成产成品实体的原材料、外购部件等，最低储备以外的现金、存货，应收账款等占用的资金。

所谓半变动资金，是指虽然受产量变化影响但不成比例变动的资金，比如一些辅助材料占用的资金。通过一定的方法可以把半变动资金分解为变动资金和固定资金。

资金习性预测法，就是对资金习性进行分析，将其分为变动资金和不变资金，然后根据资金与产销量之间的数量关系建立数学模型，采用高低点法和回归分析法，根据历史资料预测资金需要量。

预测的基本模型是：$Y=a+bX$

式中：$Y$—资金需要量；

$a$—不变资金；

$b$—单位产销量所需要的变动资金；

$X$—产销量。

采用这种方法的关键是计算出 $a$ 和 $b$，求解 $a$，$b$ 的方法包括高低点法和建立回归分析方程求解的方法，然后据此预测资金需要量。

# 第三节　财务预算、控制、分析及评价

## 一、财务预算

### （一）财务预算概述

#### 1.财务预算的概念

在完成了短期经营预算、长期决策预算的编制之后，就可以进入预算体系的财务预算编制，也即总预算的编制。企业财务预算是在预测和决策的基础上，围绕企业战略目标，对一定时期内企业资金取得和投放、各项收入和支出、企业经营成果及其分配等资金运动所做的具体安排。

财务预算与经营预算、资本预算、筹资预算共同构成企业的全面预算。企业财务预算应当围绕企业的战略要求和发展规划，以经营预算、资本预算为基础，以实现 ROE 为目标，以现金流控制为核心进行编制，并主要以预计财务报表的形式予以充分反映。企业财务预算一般按年度编制，并根据经营预算、资本预算、筹资预算分季度、月份加以落实。

2.财务预算的编制原则

（1）坚持效益优先原则，实行总量平衡，进行全面预算管理；（2）坚持积极稳健原则，确保以收定支，加强财务风险控制；（3）坚持权责对等原则，确保切实可行，围绕经营战略实施。

3.财务预算的依据和内容

（1）财务预算的编制依据

企业编制财务预算应当按照先经营预算、资本预算、筹资预算，后财务预算的流程进行，并按照各预算执行单位所承担经济业务的类型及其责任权限，编制不同形式的财务预算。经营预算是反映预算期内企业可能形成现金收付的生产经营活动（或营业活动）的预算，一般包括销售或营业预算、生产预算、制造费用预算、产品成本预算、营业成本预算、采购预算、期间费用预算等，企业可根据实际情况具体编制。资本预算是企业在预算期内进行资本性投资活动的预算，主要包括固定资产投资预算、权益性资本投资预算和债券投资预算。筹资预算是企业在预算期内需要新借入的长短期借款，经批准发行的债券以及对原有借款、债券还本付息的预算，企业经批准发行股票，配股和增发股票，应当根据股票发行计划，配股计划和增发股票计划等资料需单独编制预算。

（2）财务预算的内容

财务预算是企业在预算期内为规划资金的筹集和分配而编制的有关反映预计现金收支、经营成果和财务状况的预算，主要包括现金预算、预计利润表和预计资产负债表。财务预算是把经营预算、资本预算及筹资预算中的数据进行分析汇总编制的。

现金预算是所有有关现金收支预算的汇总，通常包括现金收入、现金支出、现金多余和不足，以及现金的筹集和运用四个方面的内容。它可以分开编成现金收支预算和信贷预算两种预算。现金预算实质上是其他预算有关现金收支部分的汇总，以及现金收支差额平衡措施的具体计划。现金预算的编制要以其他各项预算为基础。现金预算是企业现金管理的重要工具，有助于企业合理安排和调度资金，降低资金的使用成本。

预计财务报表是财务管理的重要工具，主要包括预计利润表、预计资产负债表等。

预计财务报表的作用与历史报表是不同的。根据企业会计制度的规定，所有企业都要在年终编制当年的财务报表，其主要目的就是向有关报表使用人提供财务信息，而且主要是为外部报表使用人提供财务信息。而预计财务报表主要是为企业内部财务管理服务，是实现控制企业资金、成本和利润总量的重要手段和方法。

预计利润表是在经营预算的基础上按照权责发生制的原则进行编制的，其编制方法与编制一般财务报表中的利润表相同。它揭示的是企业未来的盈利状况，企业管理当局可以据此了解企业的发展趋势，并适时调整其经营战略。

预计资产负债表反映的是企业预算期末各账户的预计余额，管理当局可以据此了解企业在预算期末的财务状况，以便采取积极有效的措施，防止不良财务状况的出现。预计资产负债表的编制是在预算期初资产负债表的基础上，根据经营预算、资本支出预算和现金预算的有关数据进行相应调整编制的。

财务预算主要是由财务部门利用各职能部门传递来的各项经营预算和资本支出预算资料来编制完成的。各种经营预算和资本支出预算最终都是通过财务预算反映出来，即财务预算是各项经营预算、资本支出预算和筹资预算的汇总，主要以现金预算、预计资产负债表和预计利润表等形式反映，这也是它被称为"总预算"的原因。与其相对应，其他的预算也就被称为"分预算"。"总预算"对企业有着非常重要的作用，它可以将企业生产、销售、采购等部门的预算归为一个整体，为企业最高层管理者的决策提供依据，同时也可以用作企业总体经营业绩的评价标准。

## （二）现金预算

### 1.现金预算的概述

（1）现金预算的概念

现金预算是按照现金流量表的主要项目内容编制的反映企业预算期内一切现金收支及其结果的预算。这里所说的现金包括库存现金、银行存款和其他货币资金。现金预算是企业财务预算体系的核心。

现金预算是以生产经营预算、资本预算和筹资预算为基础，是所有有关现金收支的预算的汇总，综合反映了企业在预算期内现金流转的预计情况，主要作为企业资金头寸调控管理的依据。现金预算通常包括现金收入、现金支出、现金多余和不足、资金的筹集和使用四部分。现金流量状况如何，不仅直接关系到企业的获利和竞争能力，而且对企业财务风险状况的大小具有决定性的影响。所以，企业财务部门编制现金预算的目的主要是合理处理企业现金收支业务，保证有足够的现金可以满足企业的经营需要，并且要适时合理地调度资金，对多余现金加以有效利用，以保证企业财务的正常流转。

①现金收入。现金收入包括期初的现金结余数和预算期内预计发生的现金收入。比如

说，企业预算期内预计的现销收入、应收款项回收额、应收票据到期兑现额和票据贴现净额等。

②现金支出。是指预算期内预计发生的现金支出。例如采购原材料支付货款、支付工资、支付部分制造费用、支付销售管理费用及财务费用、偿付应付款项、缴纳税金、购买设备和支付股利等。

③现金多余和不足。在企业预算期间内，现金收支相抵后的余额，若收大于支，则现金多余，除了可以用来偿还银行借款之外，还可以用来进行投资，如各种有价证券；若收小于支，则现金不足，需要设法筹集资金。

④现金融通。它反映企业预算期内因为资金不足，而向银行借款或发放债券以筹集资金，以及还本付息等。

（2）现金预算的作用

①现金预算的编制可以使管理当局预计在预算期内出现的现金的多余或不足情况。这样就可以根据现金多余或不足预计出现的时间和金额，采取相应的应对措施，防患于未然。现金不足，即现金周转出现困难，付现难给企业带来的不利可想而知；现金多余闲置在企业，容易被管理者浪费在奢侈品的购置上，而不进行高收益的投资，从而会给企业带来很高的机会成本。而且，从企业并购理论来看，大量的现金多余还可能引起被并购的危险。这种并购的目的都是为了获得企业的现金，而不是出于改善企业经营的目的，如果企业想对付这种恶意收购，成本是很高的。因此，加强现金预算的管理是很重要的。

②现金预算的编制可以预计在未来时期企业对到期债务的直接偿付能力。企业的负债需要用现金来偿还，如果不能够合理了解未来时期企业的现金短缺情况，就很可能出现无法清偿到期债务的危机，很可能引起债权人的诉讼甚至导致企业破产，对企业的信誉也有很不良的影响。现金预算的编制能在一定程度上解决这个问题。

③现金预算的编制也可以对其他预算提出改进建议。现金预算是有关预算的总结，它可以发现整个企业的现金流动情况，据此可以给相关部门提出改进意见。例如，在编制现金预算过程中，如果发现现金短缺，可以建议销售部门重新安排销售计划或者建议采购部门推迟采购材料计划，以增加现金收入，减少现金支出。

2.现金预算的编制

我们知道现金对企业的正常经营运转是非常重要的，利润虽然能够表明企业的经营成果，但由于其确认原则是权责发生制，因此有些成果是不能为企业很快利用的，仅代表了一个数字而已。所以在了解利润表情况的同时，还必须掌握企业的现金流转状况，才能够保证企业不会出现虽有较高利润但现金流转出现严重困难的情况。而为了了解一定期间的现金流转，就必须在生产经营预算及资本预算的基础上编制现金预算。

（1）编制现金预算需要注意的问题

①权责发生制与收付实现制。会计在确认和计量时应遵循权责发生制，但现金预算的编制应遵循收付实现制，即以实际收到现金的时间确认现金收入，以实际支付现金的时间确认现金支出。

②现金预算提供的是一个预测值，现金预算编制表中提供的所有数据也都是预测值，因此，要保证现金预算的准确合理，前面的基础预算也必须合理。如果前面某一项目的实际发生额与预算出现差异，那么，预计的现金结余或不足也就不会准确，从而无法做出正确的投资或筹资决策。因此，整个预算管理工作都要在企业相关领导的负责与带领下，科学合理地进行。

③利润表与资产负债表。在编制现金预算的时候，不需要考虑某项目是利润表项目还是资产负债表项目，不需考虑其经济性质，只要与现金流量有关的项目都应该包括在现金预算中。

④如果在一个预算期内的现金流入和现金流出发生的时间不一致，就有可能高估或者低估融资需求量。这时，一般以期中为基准编制现金流量表更为合适。

⑤企业之所以会根据现金溢余或者短缺进行投资或者融资，是为了保持一个合理的现金持有量。当企业预计的现金余额与最佳目标现金持有量之间不一致时，需要采用融资策略或归还借款或投资于有价证券等策略来实现目标现金持有状况。每个企业都应该有一个目标现金余额，这样既能保证企业生产经营的需要，又能使企业获得最大收益。这也是现金管理的另一项内容—目标现金余额的确定。无论企业采用什么方式确定最佳现金持有量，都必须根据自身经营的季节性特点和经营规模的变动，及时地进行调整。

（2）现金预算的编制

①编制现金预算应遵循的原则

编制现金预算应遵循的基本原则可用下面的等式来表示：

$$期初现金余额+现金收入-现金支出=期末现金余额$$

现金预算中一般都要显示每一季度的期初期末现金余额，企业在编制现金预算时对期初期末余额的处理可能会有两种情况。

A.企业对每一季度的期末余额没有具体要求，以预算中计算出来的数额为标准，将每一季度的期末余额结转成为下一季度的期初余额，这样预算就需要根据季度依次编制，并且第四季度的期末余额也就是预算年度的期末余额。

B.有些企业为了保证生产经营的安全，会对每一季度的期末余额也就是下一季度的期初余额有一定的要求，这样的话四个季度的预算就可以同时编制。如果预算中某一个季度的期末现金余额没有达到要求，就需要通过上述等式把企业要求的期末余额与实际期末余额的差额补齐。

②现金预算编制过程举例

企业现金预算的编制是以经营预算和资本预算为基础的，前面我们已经进行了销售预算、生产预算及专门决策预算等的编制。这里我们只需把有关现金收支的部分再单独计算列表即可。

A.销售预算。销售或营业预算是预算期内预算执行单位销售各种产品或者提供各种劳务可能实现的销售量或者业务量及其收入的预算，主要依据年度目标利润、预测的市场销量或劳务需求及提供的产品结构以及市场价格编制。

销售预算中为编制现金预算提供的资料就是预计现金收入的计算。在企业进行日常销售预算时，通常还要包括预计现金收入的计算，以便为编制现金预算提供必要的资料。企业每一季度的现金收入都包括两部分，即上一季度的应收账款在本季度的回收额和本季度的销售收现额。

B.直接材料预算。直接材料预算中为编制现金预算提供的资料就是预计现金支出的计算。通过直接材料采购的预算，我们能预计在材料采购过程中，将会发生的实际现金流出额是多少。

C.直接人工预算。直接人工预算也是由生产预算推导出来的，通常由生产部门编制。它是用来确定预算期生产车间人工工时消耗水平、人工成本水平及相关因素的预算。由于直接人工工资都需要用现金支付，所以不许另外预计现金支出，可直接参加现金预算的编制。

D.制造费用预算。制造费用预算是指除直接材料和直接人工预算以外的其他一切生产费用的预算，大部分都不是直接用于产品生产的费用，而是间接用于产品生产的费用。

制造费用预算为企业现金预算提供的也是预计产生的现金流出额。在制造费用中，除折旧费用外都必须支付现金，所以每一季度在制造费用数额扣除折旧费用后就可以求出现金支付的费用。

E.销售管理费用预算。销售管理费用预算，是指为实现销售预算所必须支付的费用预算和搞好一般管理业务所必需的费用预算。一般是以过去实际费用开支为基础，进行分析与考察，按预算期可以预见的变化来调整。编制这项预算时需按各种费用逐项进行预计，力求合理，以提高费用的利用效率，获取更多的收益。

为简便起见，我们在对预算年度的销售管理费用进行逐项预计后，假定在年内是均匀发生的，由于这两种期间费用都是要实际支付现金的（我们假定其中没有折旧），因此，我们可以得出每一季度的现金支出额。

F.其他现金收支预算。除了正常生产经营过程中会发生现金收支外，企业还有一些其他业务也会发生现金收入和支出，如出售固定资产收入，报废清理固定资产变价收入，购置固定资产的支出，企业对自办医院、学校及离退休人员费用支出，解除劳动关系补偿支出，缴纳税金，政策性补贴，对外捐赠支出及其他营业外支出等，这些应当根据实际情况和国家有关政策规定，编制营业外支出等相关经营预算，以便为编制现金预算提供相应的现金收入和现金支出情况的资料。在这里我们就不一一举例了。这里面的原理很简单，但需要管理者有较强的预测能力，能够充分合理地估计各种可能发生的情况，但是也要避免过于武断与主观。否则，会做出极其荒谬的预算，而这种预算是毫无意义的。

G.资本预算和研究开发预算。我们已知企业除了要进行日常的生产经营之外，不可避免地要进行一些非经常性的投资或者研究开发，进行这些活动大多是企业出于战略目标的考虑，或者为了扩大企业规模，增强企业实力，或者为了改进产品性能和质量以便提高企业的竞争能力等。作为企业管理者，应根据企业具体情况和资金使用情况，进行相应的长期规划。

而企业如果有进行长期性资本投资或者研究开发的打算，就会引起预计现金支出情况的变化，因此，专门决策预算也能为企业现金预算的编制提供相应的资料。预计在预算期的哪一季度进行投资或者研究开发，就会有相应的现金支出安排，以保证项目的顺利开展。这样，企业在编制资本预算和研究开发预算时也就可以编制出资金安排的预算，以便为现金预算提供相应的资料。假设已知该企业在第二季度和第四季度分别进行了固定资产的购建活动，支出额分别为 40 000 元和 22000 元。

H.筹资预算。这也是现金流量收支预算的一个组成部分。筹资预算一方面要反映筹资额度，另一方面也要反映筹资过程中的费用，有关数据都要纳入现金预算的编制中。

I.现金预算。在做好前面的准备工作后，现金预算的编制就可以着手进行了。

现金预算由四部分组成：现金收入、现金支出、现金净损益、资金的筹集和运用。现金收入包括期初现金余额和预算期的现金收入，本例假定，现金收入全都是由销售活动产生的，可供使用的现金就是期初余额和本期现金收入的合计；现金支出包括预算期内的各项现金支出，无论是现金收入还是现金支出，其数据都是来自前面有关预算。当月现金净损益或现金溢余和不足列示的是现金收入合计与现金支出合计的差额。差额为正，说明现金有溢余，可以用来偿还过去向银行取得的借款或者进行新的投资；差额为负，说明现金短缺，要向银行取得新的借款。

现金预算是对前面所有预算中有关现金收入和支出的一个汇总，以及现金收支差额平衡措施的具体计划。现金预算的编制要以其他各项营业预算和资本预算等为基础，它反映企业各预算期的收入款项和支出款项，并作对比说明。其目的就在于资金不足时筹措资金，资金多余时处理现金余额，并且提供现金收支的控制限额，因此，现金预算是企业现金管理的重要工具，有助于企业合理安排和调度资金，降低资金的使用成本。

### （三）预计利润表

在上述几项预算编制完成之后，就可以编制预计利润表了，这是财务总预算中继现金预算之后的又一内容。预计利润表与实际利润表在内容和格式上都是相同的，只不过数字是面向预算期的。

预算利润表是按照利润表的内容和格式编制的反映预算执行单位在预算期内利润目标的预算报表。一般根据销售预算、生产预算、产品成本预算或者营业成本预算、期间费用预算以及其他专项预算等有关资料分析编制。

预计利润表是用于综合反映企业整个预算期间内经营管理活动的财务成果以及必须履行的有关义务，如纳税，以及利用留存收益可解决的融资来源。预计利润表是财务预算中的一个重要环节，也是编制预计资产负债表的基础。

预计利润表的构成主要有两方面：其一是企业生产经营管理活动的收支，其二是企业财务活动的收支。编制利润表时，有关企业生产经营活动的项目可以从前面的生产经营预算中直接取得，有关财务活动的数据可以从生产经营预算中取得，也可以从资本支出预算和研究开发预算中取得。如果企业在进行生产经营活动的同时，还专门从事金融投资活动，进行证券投资等，则企业会产生相应的投资收益或者损失。因此，有关的财务活动在形成现金收入和现金支出的同时，必然会带来财务费用的增加或者减少，包括利息支出及各种财务管理费用。

我们在现金预算的编制中已经强调了现金流量与利润的不同了，二者不同的本质在于确认的原则不同，现金流量的确认是根据"收付实现制"，而会计利润的确认依据是"权责发生制"，即依据企业在经济实质上已经获得了收取现金的权利或承担了支付现金的义务的时点上对现金收入和支出予以确认。因此这个时点与实际收到现金或支付现金的时间是有一定差异的，正是这个时间差导致了现金流量和会计利润确认原则不同的出现，从而也就使现金流量和会计利润出现差异。还需要注意的是，利润表中也有许多非付现的费用，如折旧、各种摊销费用和坏账准备。

预计利润表中，"营业收入"项目的数据来自销售收入预算；"营业成本"的数据来自产品成本预算；利息项目来自现金预算。所得税项目，是在利润规划时估计的，并已列入现金预算。它通常不是根据"利润"和所得税税率计算出来的，因为有诸多纳税调整事项的存在。另外，从编制程序上来看，如果根据"本年利润"和税率重新计算所得税，就需要修改现金预算，还会引起信贷计划的修订，从而要改变利息，最终又要修改"本年利润"，最终陷入数据的循环修改。

通过编制预计利润表，可以了解企业预期的盈利水平。如果预算利润与最初编制方针中的目标利润有很大的不同，就需要调整部门预算，设法达到目标，或者经企业领导人的同意后修改目标利润。同时，预计利润表的编制，可作为编制预计现金流量表的依据。

（四）预计资产负债表

预计资产负债表的格式与内容也是和实际资产负债表相同的，只是表中数据是面向预算期的，反映的是预算期末的财务状况。

预计资产负债表是按照资产负债表的内容和格式编制的综合反映预算执行单位期末财务状况的预算报表。预计资产负债表反映了企业在预算期末，各有关资产、负债及所有者权益的执行情况，是为反映企业在预算期末预计的财务状况编制的预算。一般根据预算期初实际的资产负债表和销售预算、生产预算、采购预算、资本预算、筹资预算等有关资料分析编制。

预计资产负债表是财务总预算中的最后一个组成部分，在编制之前不仅需要编制各职能预算，即生产经营预算和专门决策预算，而且还要编制现金预算和预计利润表。资本预算的数据会在预计资产负债表中直接体现出来，比如固定资产数会增加。如果企业还出于战略目的进行了特定项目的预算，也会予以反映在预计资产负债表中。同时，利用会计恒等式，资产=负债+所有者权益，也可以通过预计资产负债表检查各项分项预算的相互关系是否对应、分预算的数据是否衔接、有无误差等。如果企业为了进行对比分析，在编制预计资产负债表时，也可以将期初实际数与期末预计数一并列示。

编制预计资产负债表的目的是判断预算反映的财务状况的稳定性和流动性。通过预计资产负债表的分析，发现不良的财务比率，必要时要修改有关预算，以改善财务状况。

（五）责任预算体系

在全面介绍了财务预算（总预算）体系之后，为保证预算目标的控制和考核，有必要将总预算按照责任网络进一步分解的责任预算体系加以介绍。

1.责任预算的含义及编制程序

预算责任的主体是指各级预算责任的执行主体，是一系列拥有一定的权、责、利的企业内部单位所构成的责任网络，每一责任网络的组成成员就是前述的责任中心，根据各责任中心的权责范围，预算责任网络的层次及关系如图4-2所示。

图4-2 预算责任网络的层次及关系

责任预算是指以责任中心为主体，以其可控成本、收入、利润和投资等为对象编制的预算。这种预算明确了各责任中心所应完成的预算任务和应控制的内容。它可与企业总预算并存，是企业总预算的补充和具体化。责任预算由于只是对各自责任范围内的经营活动收支所作的预计，因此它必须以同时实施责任会计为条件。只有通过责任会计，才能考核责任预算的实施效果，促使各责任中心尽职尽责，达到控制生产经营、完成企业预期经营目标的目的。

责任预算的编制程序有两种：一是以责任中心为主体，自上而下地将企业总预算在各责任中心之间层层分解，这样编制有利于企业统一指挥和调度，但不利于调动责任中心的积极性；二是各责任中心自行编制各自的预算指标，由下而上、层层汇总，最后由企业专门机构或人员进行汇总和调整，这样编制有利于发挥各责任中心的积极性，但影响预算质量和编制时效。

在集权组织结构形式下，通常采用第一种程序；在分权组织结构形式下，则采用后一种程序较多。无论哪种程序下，都应该按照责任中心的层次，将公司的总预算从最高层向最底层逐级分解，形成各责任中心的责任预算。

2.责任预算的具体编制

企业实施责任预算管理，关键在于确定预算目标。预算目标反映了责任单位各自应承担的责任和相应具有的权利，使企业的努力方向具体化、数量化，变成各部门、各层次职工的行动准则，这不仅明确了企业的工作重点，而且提供了评价工作绩效的标准。

（1）收入中心的财务预算目标

收入中心是指只对销售收入负责的责任单位，其目的是强化销售功能、加强收入管理、及时收回账款、控制坏账。对应于收入中心的推销产品的主要职能，我们可以将销售收入作为其预算目标。在考核时，用销售增长率作为考核指标，其计算公式如下：

销售增长率=（实际销售收入–预算销售收入）/预算销售收入×100%

（2）成本中心的财务预算目标

成本中心是对成本或费用承担责任的责任单位。企业内部凡是有成本发生，需要对成本负责，并实施成本控制的单位，都可以成为成本中心。成本中心只对可控成本承担责任，一个成本中心的各项可控成本之和即构成了该成本中心的责任成本。与此相适应，我们可以将责任成本作为成本中心的预算目标。在考核时，以成本降低率作为考核指标，其计算公式如下：

成本降低率=（实际责任成本–预算责任成本）/预算责任成本×100%

上述公式如果在预算产量和实际产量不一致的情况下，应按弹性预算的方法用实际产量调整预算责任成本项目，使实际责任成本和预算责任成本两者可比。

（3）利润中心的财务预算目标

利润中心是指对利润负责的责任单位，因此最好将利润作为它的预算目标。

在各个利润中心的共同成本难以合理分摊或无须进行分摊的情况下，确定利润目标时可以只计算可控成本而不分摊不可控成本。在一般情况下，利润中心的可控成本是变动成本。所以，此时确定的利润目标并不是通常意义上的利润，而是相当于贡献毛益。企业各利润中心的贡献毛益之和，减去未分配的共同成本，经过调整后，才是通常意义上的利润总额。

在各个利润中心的共同成本易于合理分摊或不存在共同成本分摊的情况下，确定利润目标时，应将可控成本和不可控成本均计算在内，即计算完整意义上的利润。

为了便于对利润中心负责人进行经营业绩的考核，有必要将各利润中心的固定成本区分为可控成本和不可控成本，在此基础上进一步确定利润中心负责人可控利润的目标。考虑到有些成本费用如广告费、保险费等，可以分摊到利润中心，却不能为利润中心负责人所控制，所以，在确定利润中心负责人可控利润的目标时，应该剔除不可控固定成本。其计算公式如下：

$$可控利润 = 该利润中心贡献毛益总和 - 该利润中心负责人可控固定成本$$

（4）投资中心的财务预算目标

投资中心是既对收入、成本和利润负责，又对投资效果负责的责任单位，它具有投资决策权，承担最大的责任。投资中心同时也是利润中心，但投资中心除了寻求利润方面的目标以外，更需要寻求投资效果方面的目标。因此，投资中心的预算目标应该能够体现利润与投资额之间的关系。投资利润率、剩余收益和经济增加值能够满足这个要求，可以用来确定投资中心的预算目标。

①投资利润率

投资利润率是指投资中心所获得的利润与投资额之间的比率，它反映出投入资产的使用效率。其计算公式如下：

$$投资利润率 = 利润 / 投资额 \times 100\% = 销售利润率 \times 资产周转率$$

投资利润率能反映投资中心的综合盈利能力。从投资利润率的分解公式可以看出，投资利润率的高低与收入、成本、投资额和周转能力有关，提高投资利润率应通过增收节支，加速周转，减少投入来实现。该指标综合性强、可比性好，是投资中心的主要预算指标。使用投资利润率作为投资中心预算目标也会带来一些问题，它常常使投资中心过分关注部门利益而忽视整体利益。剩余收益指标是对该指标较好的补充。

②剩余收益

剩余收益是指投资中心获得的利润减去其预期的最低投资收益后的余额，其计算公式如下：

$$剩余收益=利润-投资额×预期最低投资利润率$$

使用剩余收益来确定投资中心的预算目标时，要注意该公式中项目的口径应保持一致。利润可以用息税前利润，也可以用税后净利。与息税前利润相对应的投资额是总资产，投资利润率是指总资产利润率。与税后净利相对应的投资额是指净资产，投资利润率是指净资产利润率。总资产利润率是为了强化总资产的运用管理，净资产利润率是为了强化净资产的运用管理，两者目标各不相同。至于具体采用哪种形式，应该与投资中心自身的特点相结合进行选择。公式中的预期最低投资利润率通常是指企业为保证其生产经营正常、持续进行所必须达到的最低报酬水平，一般可以用公司的平均资本成本来代替。

以剩余收益作为投资中心预算目标，要求各投资中心的投资利润率大于预期最低投资利润率，从而避免了投资中心的狭隘本位倾向，即单纯追求投资利润率而放弃一些有利可图的投资项目。因此，可以保证各投资中心获利目标与公司总的获利目标达成一致。

③经济增加值

经济增加值（economic value added，EVA），是指企业利润减去资本成本总额之后的余额，若不考虑所得税，其计算公式如下：

$$经济增加值=息税前利润-投资额×加权平均资本成本$$

经济增加值的评价指标有较大的灵活性。该指标不仅用于报表分析，也可以用于责任预算的编制及业绩的考核。对于风险不同的投资项目，管理者可以设定选用不同的风险调整资本成本。不仅企业内不同业务单位的资本成本可能不同，而且同一部门内不同风险水平的资产其资本成本也有可能不同（如现金或应收账款与长期固定资产的风险显然是不同的），经济增加值的计算考虑了实际存在的这些差异。

# 二、预算控制、分析及业绩考评

## （一）业绩报告与业绩考核

预算控制是预算管理过程中最核心的环节，它的实施效果最终决定着预算管理作用的发挥。而预算分析则是实现预算控制的具体方式，通过对预算完成情况的分析来对各责任中心的业绩进行评价。本章将以不同的责任中心为主线，对责任预算的控制分析及评价展开论述。

1.业绩报告（责任报告绩效报告）

业绩报告是以根据责任会计记录编制的反映责任预算实际执行情况，或者揭示责任预算与实际执行差异的内部会计报告。通过编制责任报告，可完成责任中心的业绩评价和考核。

业绩报告的编制是自下而上逐级实现的，随着责任中心的层次由低到高，其报告的详略程度也从详细到简略（总括）。这与责任预算的编制（从简略到具体）不同。

业绩报告的编制方法有单轨制与双轨制两种。其中单轨制是指将责任会计的核算体系纳入财务会计核算体系，两者合二为一，仅需设立一套账簿，却能同时进行财务会计与责任会计的核算，只不过在财务会计的账户下可以为每一责任中心再多设几个明细账户而已。这种做法可以免去大量的重复工作，更容易在企业推广。而双轨制是指责任会计核算体系独立于财务会计核算体系之外，两者自成体系，其中财务会计核算体系按照会计准则去设立，以满足外部报表使用人的需要。而责任会计体系则按照预算管理的要求设立，不受会计制度的约束，以满足内部预算管理的信息需求。该方法虽然能及时、详细地反映预算管理的信息，但核算工作量会明显加大，同时因所提供的两种数据缺乏相关性，难免会引起信息冲突，在推广时有一定的难度。

责任报告分为基本报告和特别报告。其中基本报告是按照报告频度（如月度、季度或年度）安排、定期编报，以责任预算执行情况为内容所编制的报告。责任报告的形式主要有报表、数据分析和文字说明等。将实际数、预算数以及执行差异数通过报表予以列示是责任报告的常见形式，同时责任报告还应依据重要性原则对差异额和差异率较大的项目进行重点分析，并写出相应的文字说明，对重大差异进行定性和定量分析。定量分析旨在确定差异发生的程度，定性分析旨在分析差异产生的原因，并提出相应的改进意见。责任报告的具体内容应根据不同的责任中心分别确定。

2.业绩考核

业绩考核是指以责任报告为依据，分析、评价各责任中心责任预算的实际执行情况，并找出差距、查明原因，借以考核各责任中心的工作成果，实施奖罚，促使各责任中心积极纠正行为偏差，完成责任预算的过程。

从考核的指标口径看，业绩考核包括狭义和广义两种。前者仅指考核责任中心的价值指标（如成本、收入、利润以及资产占用额等责任指标）的完成情况，后者还包括非价值责任指标的完成情况。

从考核的时间看，业绩考核可分为年终考核与日常考核。应根据不同责任中心的特点进行业绩考核。

（二）成本中心的预算控制、分析与考核

1.责任成本

成本中心的责任成本核算与传统的产品成本核算相比有很大的不同，分清产品成本与责任成本，是成本中心控制考核的一个基本前提。其主要区别是：

（1）成本核算的对象不同。产品成本是以一定种类或批次的产品为计算对象；而责任成本是以责任中心为对象归集生产或经营管理费用。

（2）成本核算的原则不同。产品成本的核算原则是谁受益，谁承担；而责任成本的核算原则是谁负责，谁承担。

（3）成本核算的内容不同。产品成本既包括可控成本，又包括不可控成本，只要应归属于产品的，都是产品成本；而责任成本的核算只包括可控成本，不可控成本只作为参考指标。

（4）成本核算的目的不同。产品成本核算能为考核成本计划完成情况及计算利润、制定产品价格提供依据，是实施经济核算制的重要手段；而责任成本核算则是为了评价和考核责任预算的执行情况，是进行成本控制和考核成本责任的重要手段。

责任成本与产品成本二者虽有区别，但两者又有密切的联系。首先，两者核算的原始成本信息是相同的，只是加工整理的主体不同；其次，两者归集的成本都是企业在生产经营过程中实际发生的耗费，在狭义的成本中心范围内，一定时期的责任成本总额和一定时期的产品成本总额是相等的。

2.成本中心的考核指标

由于成本中心只对责任成本负责，职责比较单一，所以，对其业绩进行分析的重点是责任成本差异。成本中心的考核指标主要包括目标成本降低额和目标成本降低率，其计算公式如下：

目标成本降低额=目标（或预算）成本–实际成本

目标成本降低率=目标成本降低额/目标成本×100%

在对成本中心进行考核时，应注意区分可控成本和不可控成本，不可控成本不应计入其责任成本。还需注意的是，如果预算产量与实际产量不一致，应先按弹性预算的方法调整预算指标，然后再进行考核。

3.成本费用预算差异分析

成本预算差异分析的主要内容是对预算期内的成本总额和单位成本的差异进行分析，单位成本预算是建立在技术测定基础上的，也称为预算成本。现分述如下：

（1）总成本差异分析

实际成本大于预算成本的原因主要有两个：一是由于产量不同所导致的差异；二是由于单位成本不同所导致的差异。故总成本差异可分为产量差异和成本差异两部分。产量差异是指由于实际产量偏离预计产量而造成的总成本差异，可通过弹性预算予以调整。成本差异是指由于实际单位成本偏离预算单位而造成的总成本差异。其计算公式为：

产量差异=（实际产量–预计产量）×预计单位成本

成本差异=（实际单位成本–预计单位成本）×实际产量

（2）预算成本差异分析

单位成本差异即预算成本差异，是由用量（单耗）变动或价格（单价）变动所引起的，因此，预算成本差异的一般模式如图 4-3 所示。

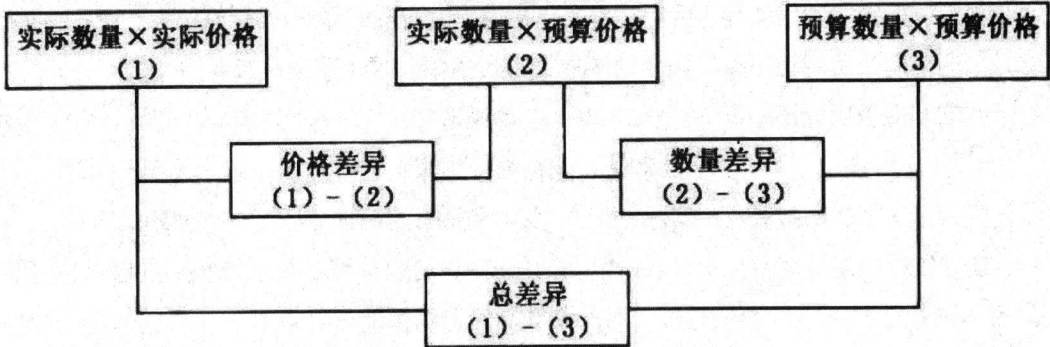

图 4-3 成本差异计算的一般模式

由于预算成本是分别按直接材料、直接人工和变动制造费用以及固定制造费用制定的，所以，预算成本差异分析也应从这四个方面进行：

①直接材料成本差异

直接材料成本差异是产品直接材料的实际成本与预算成本之间的差异，它包括材料价格差异和材料用量差异两个部分。前者由材料实际价格与预算价格的不同引起，后者由材料实际耗用量与预算耗用量的不同引起。材料价格差异和材料用量差异的计算公式如下：

材料价格差异=实际单价 × 实际用量-预算单价 × 实际用量

=（实际单价-预算单价） × 实际用量

材料用量差异=实际用量 × 预算单价-预算用量 × 预算单价

=（实际用量-预算用量） × 预算单价

计算结果正数为超支，负数为节约。

②直接人工差异

直接人工差异是指生产工人工资的实际发生额与按实际产量和预算工资率计算的工资额之间的差额。它包括工资率差异和人工效率差异两个部分。前者由生产工人的实际工资率与预算工资率之间的差异引起，后者由产品实际耗用工时与预算耗用工时之间的差异引起。工资率差异和人工效率差异的计算公式如下：

工资率差异=实际工时 × 实际工资率-实际工时 × 预算工资率

=（实际工资率-预算工资率） × 实际工时

人工效率差异=实际工时 × 预算工资率-预算工时 × 预算工资率

=（实际工时-预算工时） × 预算工资率

计算结果正数为超支，负数为节约。

③变动制造费用差异

变动制造费用是指与直接成本正比例增减变动的制造费用。变动制造费用差异包括变动制造费用耗用差异和变动制造费用效率差异两个部分。前者是指变动制造费用实际分配率与预算分配率之间的差异，后者是指实际耗用工时与按实际产量计算的预算工时之间的差异。变动制造费用耗用差异和变动制造费用效率差异的计算公式如下：

变动制造费用耗用差异=（实际工时×变动制造费用实际分配率）–（实际工时×变动制造费用标准分配率）

=（变动制造费用实际分配率–变动制造费用标准分配率）×实际工时

变动制造费用效率差异=（实际耗用工时×变动制造费用标准分配率）–（按实际产量计算的标准工时×变动制造费用标准分配率）

=（实际耗用工时–按实际产量计算的标准工时）×变动制造费用标准分配率

④固定制造费用差异

固定制造费用是指在较长时期内，在产量的相关范围内保持不变的费用。固定制造费用差异是实际固定制造费用与实际产量预算固定制造费用的差异。其计算公式为：

固定制造费用差异=实际固定制造费用–实际产量标准固定制造费用

=实际固定制造费用–实际产量×工时标准×标准费用分配率

=实际固定制造费用–实际产量标准工时×固定制造费用标准分配率

上式中的固定制造费用差异是在实际产量基础上计算出的。由于固定制造费用相对固定，一般不受产量的影响，因此，产量变动会对单位产品成本中的固定制造费用产生影响：产量增加时，单位产品应负担的固定制造费用会减少；产量减少时，单位产品应负担的固定制造费用会增加。这就是说，实际产量与计划产量的差异会对产品应负担的固定制造费用发生影响。正因为如此，固定制造费用差异的分析方法与其他费用差异的分析方法有所不同，通常有两种方法：一种是两差异分析法，另一种是三差异分析法。

A.两差异分析法

两差异分析法是将固定制造费用差异分为固定制造费用预算差异和固定制造费用产量差异两个部分。前者是指固定制造费用实际发生数和预算数之间的差异；后者是指在固定制造费用预算不变的情况下，由实际产量不同引起的差异。固定制造费用预算差异和固定制造费用产量差异的计算公式如下：

固定制造费用预算差异=固定制造费用实际数–固定制造费用预算

固定制造费用产量差异=固定制造费用预算–实际产量标准工时×固定制造费用标准分配率

计算结果正数为超支，负数为节约。

两差异分析法比较简单，但其分析结果并没有反映和分析出生产效率对固定制造费用差异的影响。在计算产量差异时，使用的都是预算工时，如果实际产量预算工时与计划产量预算工时一致，则产量差异为零。但是，实际产量的实际工时可能与其预算工时存在差异，而生产能力的实际利用情况更取决于实际工时而非预算工时。实际工时与预算工时之间的差异属于效率高低的问题，因此，固定制造费用差异分析更多地采用将产量差异划分为能力差异和效率差异的三差异分析法。

B.三差异分析法

三差异分析法是将固定制造费用差异分为固定制造费用预算差异、固定制造费用能力差异和固定制造费用效率差异三个部分。其中，固定制造费用预算差异与两差异分析法相同，固定制造费用能力差异是指实际产量的实际工时脱离计划产量的预算工时而引起的生产能量利用程度差异而导致的成本差异。固定制造费用效率差异是指生产效率差异导致的实际工时脱离预算工时而产生的成本差异。固定制造费用能力差异与固定制造费用效率差异的计算公式如下：

固定制造费用预算差异=固定制造费用实际数-固定制造费用预算

固定制造费用能力差异=（计划产量标准工时-实际产量实际工时）×固定制造费用标准分配率

固定制造费用效率差异=（实际产量实际工时-实际产量标准工时）×固定制造费用标准分配率

计算结果正数为超支，负数为节约。

（三）收入中心的预算控制、分析与评价

收入中心是只对产品或劳务的营业收入负责的责任中心。各营业收入中心的汇总收入实际上构成了整个企业的收入，因此，各收入中心的目标营业额是否能够实现，直接影响到企业整体经营目标，尤其是利润目标的实现。所以，加强对各收入中心营业收入目标的控制非常重要。

收入中心的主要职能是实现营业收入，所以，其业绩评价是以营业收入的实现为主。然而，收入中心的职能不仅包括将产品或劳务推向市场，而且还包括及时地收回货币资金和控制坏账。因此，收入中心的分析评价指标包括营业收入目标完成百分比、营业贷款回收平均天数和坏账发生率等。

1.营业收入目标完成百分比

营业收入目标完成百分比是将实际实现的营业收入与目标营业收入相比较，以考核营业收入的目标完成情况。其计算公式如下：

营业收入目标完成百分比=实际实现的营业收入/目标营业收入×100%

对收入中心来说，这个指标是最主要的业绩评价指标。

2.营业贷款回收平均天数

营业贷款回收平均天数是评价收入中心回收营业款项是否及时的指标。销售过程是企业的成品资金向货币资金转化的过程，在这个过程中，营业收入的资金能否及时收回，对企业资金的正常周转将产生重要影响。在市场经济条件下，一个企业的经营能否顺利进行和发展，资金是一个重要的因素。因此，确保营业贷款的及时回收是收入中心的又一个重要职责。营业贷款回收平均天数这一评价指标能促进收入中心加速资金回收，提高资金使用效率。其计算公式如下：

$$营业贷款回收平均天数 = \sum（营业收入 \times 回收天数）/ 全部营业收入$$

将实际营业贷款回收平均天数与计划天数相比较，能反映出该收入中心营业款项的及时收回情况。

3.坏账发生率

坏账发生率这一指标主要是用来评价收入中心在履行其职责过程中因工作失误而导致应收账款发生损失的情况。销售成品或提供劳务的企业发生坏账的情况是不可避免的。但是，各收入中心仍然有责任来控制坏账的发生，以使企业尽量避免损失。对收入中心来说，正确判断客户的付款能力是其经营业务中的基本职责，控制坏账的发生自然也是收入中心的重要职责。坏账发生率的计算公式如下：

$$坏账发生率 = 某年坏账发生数 / 某年全部营业收入 \times 100\%$$

以坏账发生率来评价收入中心的业绩，能够促进收入中心在经营过程中保持认真谨慎的作风。

## （四）利润中心的预算控制、分析与评价

对于利润中心的预算控制、分析与考评，首先要将一定期间内该中心实现的利润与"责任预算"所确定的预计利润数进行比较，并进而对差异形成的原因和责任进行具体剖析，从而在此基础上对其经营上的得失和有关人员的功过做出全面而正确的评价。

利润中心分析考评的主要指标是责任利润，而责任利润又有多种含义或多种选择，具体评价指标包括可控边际贡献、部门边际贡献和税前部门利润等。

1.可控边际贡献

可控边际贡献也称部门经理可控边际，是部门经理在其权责范围内有能力控制，因而应对其负责的全部边际贡献，是最符合责任利润概念的指标。可控边际贡献通常是考核利润中心业绩最主要的指标。其计算公式如下：

$$可控边际贡献 = 营业收入总额 - 变动成本总额 - 部门经理可控的可追溯固定成本$$
$$= 边际贡献 - 部门经理可控的可追溯固定成本$$

上述公式可以看作是严格意义上的边际贡献在利润中心业绩评价中的自然延伸，是可控性原则的具体体现。

可控边际贡献指标主要用于评价利润中心（分部）负责人的经营业绩，因而必须就经理人员的可控成本进行评价、考核。为此，必须在各部门追溯性固定成本基础上，进一步将之区分为部门经理可控成本和不可控成本，并就经理人员的可控成本进行业绩评价、考核。这是因为有些成本尽管可追溯到部门，却不能被部门经理所控制，如广告费、保险费等。

2.部门边际贡献

部门边际贡献又称部门毛利，该指标反映利润中心为整个企业实际做出的贡献，对评价其在企业中所具有的重要性、确定其应有的客观地位具有重要意义。其计算公式如下：

部门边际贡献=营业收入总额–变动成本总额–部门经理可控的可追溯固定成本

=部门经理不可控但高层管理部门可控的可追溯固定成本

=部门经理毛益–部门经理不可控但高层管理部门可控的可追溯固定成本

部门边际贡献指标主要用于对利润中心（分部）的业绩评价和考核，因而仅将为分部所控制的可追溯固定成本从边际贡献中扣除，其反映的是部门为补偿共同性固定成本及提供企业利润所做的贡献。但由于该指标中包含了部门不可控的因素，与责任利润的概念不完全相符，因此，只能作为利润中心业绩评价的参考指标。

3.税前部门利润

税前部门利润是将部门边际贡献调整到与整个企业税前利润相一致的指标，其意义在于提醒部门经理企业中还有共同成本存在，只有当各个利润中心都产生了足够的边际贡献来弥补这些共同成本时，整个企业才有可能获利。以税前部门利润指标评价利润中心的业绩，能够促使各个利润中心自觉地为实现企业整体目标而努力。其计算公式如下：

税前部门利润=部门边际贡献–分摊的企业共同费用

应该注意的是，以税前部门利润指标评价利润中心的业绩具有其局限性。其一，企业共同费用的分摊具有主观性，这一分配数会因共同费用的实际发生数的改变而改变，也会因共同费用分配方法的改变而改变；其二，企业发生的共同费用对于部门管理人员来说往往是不可控的。如果企业管理当局希望各个利润中心的获利能力足以弥补他们自己的费用，包括企业的共同费用，那么，最好建立一个能够补偿企业发生共同费用的部门贡献预算。这样，利润中心的管理人员可以集中精力来提高收入，减少其所能控制的成本支出，而无须关心其不能控制的主观分配的成本。

总之，采用责任利润评价利润中心的业绩有两个缺陷：一是利润只是一个概括性的指标，它只能概括地反映该利润中心对企业所做的贡献，但无法直接让员工了解到如何才能提高本部门的业绩；二是利润是一个短期指标，而且容易被操纵，从而导致部门管理人员只注重部门的眼前利润而牺牲企业的长期利益，如不注重员工的培训、不注重质量管理等。

企业可以通过编制利润中心的预算反馈报告了解利润中心的销售、成本等情况，分析影响利润中心目标利润完成的主要原因，并据以对利润中心的工作业绩进行考评。

（五）投资中心的预算控制、分析与评价

投资中心的预算控制、分析和考评除了使用利润指标外，还通常以前述的投资利润率和剩余收益作为评价和考核其业绩的主要指标。

1.投资利润率

投资利润率（ROI）是一个常用的投资中心业绩评价指标，它对外、对内都有较高的价值。从外部来说，投资利润率是股东用来衡量公司是否健康运转的指示器，因为投资利润率的提高会使公司的股票价格升高；从内部来说，投资利润率被用来评价各分部的相对业绩。

投资利润率是投资中心所获得的利润与其经营资产之间的比率，其计算公式如下：

$$投资利润率=营业利润/经营资产（或投资额）\times 100\%$$

上述公式中的营业利润是指扣减利息费用和所得税之前的利润。这是因为投资利润率所要反映的是企业如何有效运用其资产以获得利润，而利息和所得税与资产的使用无关，故需将这两者排除在外。另外，由于营业利润是期间性指标，即利润是在整个预算执行期内获得的，故上述公式分母的"经营资产"应按平均占用额或投资额计算，通常采用期初数加期末数除以2。

根据杜邦分析的方法，投资利润率还可按其构成因素分解为如下计算公式：

$$投资利润率=\frac{销售收入}{经营资产}\times\frac{营业利润}{销售收入}\times 100\%=经营资产周转率\times销售利润率$$

从上述公式中，我们还可以了解到，有两个基本方法可以提高企业的投资利润率：提高经营资产周转率或提高销售利润率。

投资利润率是全面评价投资中心各项经营活动的综合性质量指标，它既能揭示投资中心的销售利润水平，又能反映资产的使用效果。利用投资利润率指标不仅能够使不同经营规模的责任中心的业绩具有可比性，也能对各利润中心的业绩做出客观公正的评价和考核，而且为企业合理调整资金布局和进行新的投资提供了决策依据。

然而，使用投资利润率评价投资中心业绩也有其局限性。首先，由于投资利润率重视投资中心短期业绩，因而容易导致投资中心短期行为的发生，即投资中心管理者常常以牺牲长远发展为代价来获取短期利益。投资中心的管理者为了提高投资利润率，常常通过直接削减可选择的成本来达到降低或节约费用的目的，如解雇较高工资的雇员、故意延迟雇员的提升和员工的培训等。虽然这些举措在短期内提高了利润和投资利润率，但由于这些措施可能会挫伤员工的积极性，反过来有可能降低生产率、降低顾客满意度，因而它们有着长远的不利影响，会导致将来的投资利润率下降。

其次，它不利于投资中心开发新项目。由于项目开发初期的投资利润率相对较低，尽管新项目会提高公司整体的利润率，但可能会降低投资中心的投资利润率，产生本位主义。

2.剩余收益

对于一些为整个企业集团的利益，如为占领某一地区的市场或为扩大企业在某一地区的影响而设立的投资中心，由于环境较差或竞争较激烈，投资利润率可能较低，因此，如果与其他投资中心一样使用统一的投资利润率来考核其业绩，就可能会掩盖某些投资中心的实际业绩。对于这样的投资中心，可用剩余收益指标来考核。

剩余收益是指投资中心的营业利润减去经营资产按规定的最低报酬率计算的投资报酬后的余额。这里规定的最低报酬率一般是指各种投资中心的平均报酬率、企业预算的报酬率或资金成本率。这一指标的含义是只要投资收益超过平均或期望的报酬额，对企业和投资中心都是有利的。

剩余收益的计算公式如下：

$$剩余收益=营业利润-（经营资产×规定的最低报酬率）$$

以剩余收益来评价和考核投资中心的业绩有两个优点：一是可以消除利用投资利润率进行业绩评价所产生的缺陷，促使管理当局重视对投资中心业绩绝对金额的评价；二是可以鼓励投资中心接受比较有利的投资，使部门目标和企业整体目标趋于一致。

但是，剩余收益指标也有其缺点：首先，与投资利润率一样，使用剩余收益指标也会导致短期行为的发生；其次，剩余收益是一个绝对数指标，使用该指标很难直接比较各个责任中心的业绩。

# 第五章　财务管理

## 第一节　财务管理的概念

### 一、什么是财务

财务并不像大多数人想象的那样专业化。实际上，财务是个人、企业和政府组织有关财产的管理或经营以及现金的出纳、保管、计算等事务。研究财务能使人从中受益。从个人角度看，财务有助于改善个人生活环境和增加个人财富，如住房通过按揭贷款的方式购买可以迅速改善生活环境；通过证券投资或其他实体投资，可以迅速增加个人财富。财务对一个企业而言更是必不可少的，从企业创办时的资金筹集、生产设备的投资、生产过程中的物资采购、生产成本控制，到企业的利润分配都是企业财务的重要内容。通过财务知识的学习，既可以拓展个人理财空间，也可以使个人在企业日常经营和重大决策中拓宽视野。

财务包括两个核心问题：一是定价问题；二是财务决策问题。定价问题主要是确定企业所要投资资产的内在价值，如企业要投资股票或债券，尽管这些股票或债券在市场中都有交易价格，但是这些交易价格可能会被高估或被低估。如果被高估，企业进行投资就可能面临较大的风险；如果被低估，企业进行投资就可以获得较大的收益。企业财务管理中经常面临决策问题，决策的本质就是在若干备选方案中选择一个最优方案，或者确定某一特定方案是否可行。如在企业设备投资决策中，可能有几种融资方式或资金来源可供选择，企业需要从中选择一种资金成本最低的或者使企业价值最大的融资方案。

企业财务管理主要解决的是企业如何才能创造并保持价值、如何有效利用资源以实现企业的目标。

从企业的角度看，财务就像一个经营者的眼睛，从财务中能够反映出企业的很多情况，对财务的把握就是对企业命运的把握。随着我国经济发展水平和企业管理水平的不断提高，以财务管理为核心的企业管理，已成为企业家和经济界人士的共识。之所以说财务管理是企业管理的核心，是因为通过价值形态对企业资金运动进行的综合性管理，渗透并贯穿于企业一切经济活动之中。企业资金的筹集、使用和分配，都与财务管理有关；企业研发、生产、经营的每一环节都离不开财务的反映和调控。企业的经济核算、财务监督，更是企业内部管理的中枢，它处于企业管理中的核心地位是一种客观要求。

现代企业财务管理演化和变革的过程，也就是企业财务管理在企业日常营运中的重要性日益提升的过程。早期那种由企业营销部门制订销售计划，生产和制造部门根据营销部门的预测确定生产规模及其所需资金，而财务管理部门只负责资金供应的格局已不再流行。现在，企业内部有关销售、生产和资金筹措的各种决策过程相互之间的联系已越来越密切，而直接负责将整个过程协调一致的正是企业的财务管理部门。这种新格局并不是自然形成的，而是随着企业的成长逐渐演化发展的。

据有关方面调查，在我国 2000 家亏损国有企业中，政策性亏损占整个企业亏损的 9.9%，客观原因亏损占 9.2%，因经营管理不善造成的亏损占 80.9%。若使财务管理成为企业管理的核心，使之真正发挥核心作用，就必须做好企业财务管理工作。

## 二、财务管理的历史沿革

财务管理产生的时间并不长，但在这短短的时间中，财务管理的内容和职能却发生了很大变化，并逐渐在企业的经济管理中上升到战略性的核心地位。从财务管理学科发展的角度看，西方财务管理发展至今，大致经历了以下几个阶段：

1.描述及法规性阶段

这一阶段是从 20 世纪初到 20 世纪 50 年代。在这一时期，财务管理的主要内容是研究企业外部筹资的方法，以及与证券发行有关的法律、法规问题。

20 世纪 30 年代，财务管理的重点迅速从外部筹资转移到破产清算、债务重组、资产评估、保持偿债能力以及政府对证券市场的管理上来。美国政府于 1933 年和 1934 年分别通过了《证券法》和《证券交易法》。我国的《证券法》是 1998 年 12 月 29 日由全国人民代表大会常务委员会第六次会议审议通过的，1999 年 7 月 1 日开始实施。从时间上看，前后相差 60 多年。

2.内部决策阶段

这一阶段主要是 20 世纪 50 年代中后期，货币的时间价值引起了财务经理的广泛关注。1958~1961 年，莫迪里尼（F.Modigliani）和米勒（H.Miller）创建了著名的 MM 定理，他们认为在有效的证券市场上，公司的资本结构和股利政策与其证券价值无关，也就是说，在完全有效的证券市场上，不存在最优资本结构的问题。这一结论的提出在当时的财务界引起了强烈的反响，争议很大。

在这一时期，企业内部资金管理是企业财务管理的重点。通过有效的财务预算、存货管理、应收账款管理等财务活动，能够提高企业资金的使用效益，增强企业的竞争力。

3.投资与财务管理阶段

这一阶段是从 20 世纪 60 年代到至今，1965 年，夏普（W.F.Sharpe）提出了"资本资产定价模型"，进一步阐明了风险与报酬的关系。这一理论的出现标志着财务理论的又一重大突破，改变了公司的资产组合和投资策略，被广泛应用于公司的资本预算决策，使公司财务理论进入了投资与财务管理相结合的新时期。

20 世纪 70 年代是公司财务管理发展的一个重要时期，创立了期权定价模型、套利定价理论。20 世纪 80 年代以后，跨国融资、风险管理、国际投资分析和跨国公司财务业绩评估等成为财务管理研究的新热点。

20 世纪 70 年代末，实物期权理论的提出使不确定条件下的投资决策有了新的分析工具，这些新的分析工具对投资理论和投资实践产生了深远的影响。

我国现代财务管理的研究基本上是在引进消化西方财务管理理论的基础上发展起来的。因为我国资本市场发展较慢，企业筹资渠道比较狭窄，所以西方意义上的财务管理在企业中的应用较少，应用较多的可能在项目投资决策方面。

## 三、财务管理的特性

财务管理是指对资金的取得、使用和分配等一系列活动所进行的管理，包括组织财务活动和处理财务关系。可以说，只要有资金运动的地方，就必然有财务管理活动。然而，不同性质和不同行业的单位，其财务管理的内容和方式是有明显差异的，无论是在我国还是在外国，无论是从理论上还是实务上看，都不存在一种可以适用于任何单位的标准或通用的财务管理模式。因此，在一般理论的指导下，不同性质的单位，甚至是同一性质的单位，也必须按照自己的特殊情况，建立一套符合本单位实际管理目标和特性的财务管理模式。在现代市场经济环境下，财务管理目标体现了企业经营管理活动的最终目的，即在企业财务状况良好的前提下，能够最大限度地盈利。因此，高水平的财务管理既要注重市场，又要管好资金；高水平的财务管理既是一种专业化管理，又与企业内部各项管理活动联系密切。同时，企业财务管理又是具体经济环境下的管理活动，与企业一定时期的管理机制、战略目标、当时的金融市场情况以及国家的各项财政、税务等经济政策都有着十分密切的相关性。一般来讲，现代企业财务管理具有如下基本特性：

1.财务管理是一项专业管理与综合管理相结合的管理活动

通过有效的分工和分权方式，现代企业的管理活动形成了一种系统的专业化管理模式。在这种模式中，现代企业的管理活动有的侧重于实物或人员的管理，有的侧重于价值形式的管理。企业财务管理是以价值形式为主的专业化管理，具体来讲，财务管理是用货币形式表现的，正因为如此，财务管理具有高度的系统性、联系性和完整性，这是其他管理模式所无法代替的。

现代企业的财务管理又是一种综合性的管理活动，它并不排斥非价值形式的管理活动，而是以企业经营活动中的各项物质条件、人力资源、经营特点和过程、管理要求和目的等作为其管理的基础，并通过价值形式的管理，运用财务预测、预算、控制、决策、分析及考核等方法，将其有效地协调起来，形成一种专业性很强的综合管理模式。因此我们所说的企业各项管理效果的好坏，最终都会在企业财务指标和财务状况中得以充分反映。

2.财务管理与企业经营管理有密切的关系

虽然企业财务管理是相对独立的管理活动，但它并不是孤立的，而是以企业各项经营管理活动为基础的，并与其有密切的联系。企业中所有的资金运作和各项收支活动，都是由企业的经营管理活动所引起的。即使是纯粹的财务运作，也是为企业一定时期的管理战略和具体管理目标服务的。

高水平的财务管理应当涉及和覆盖企业经营管理的各个角落和各个方面。企业管理的每个部门都会在资金的运用过程中与财务管理部门发生联系。因此，企业财务管理部门应该建立有效的财务规划和考核制度，促使各部门在企业财务规划和财务制度的制约下，高效合理的使用资金，提高资金的利用水平。

3.财务管理必须及时对企业的经营状况和财务状况进行监控

在企业的整个管理过程中，针对经营方针是否合理、各项决策是否正确、资金周转是否良好、盈利能力是否加强等情况，财务管理部门都必须进行有效的跟踪管理，并及时向企业管理当局通报有关财务指标的变化情况和预期发展情况，同时提出有关建设性的意见。只有这样才能有效实现财务管理的职能，真正将整个企业的经营管理工作纳入提高经济效益的轨道上来。

4.财务管理与其他管理学科的关联性

从财务管理学科本身的特点来看，财务管理与其他许多管理学科有着天然的联系，如会计学、统计学、管理学、金融学、投资学、财政学、税务学、证券学和市场学等。财务管理中的许多资料来源和管理方法等都直接与这些学科交叉。在英语中，"finance"这个词作为学科本身就有多种解释，可以理解为财务学，也可以理解为金融学或财政学等。另外，从财务学本身来看，财务管理也可以划分为微观财务和宏观财务、企业财务和社会财务、经营财务和金融财务等。因此，财务管理是一门涉及面较广，理论研究与实际应用紧密结合的管理学科。正因为如此，学习财务管理思路发散、理论广泛、学习方法灵活，它不仅仅局限于一时或一事，而且更多地要求从整体和未来发展来考虑问题。

# 第二节　财务管理的内容

在各类组织中，企业是数量最多的一类经济组织，其财务活动也具有典型的代表性。

所以，本教材以企业财务管理为主要研究对象。要理解财务管理的含义，必须先弄清楚企业的财务活动和财务关系。

## 一、企业财务活动

企业在生产经营过程中，不断地发生资金的收入与支出。例如，企业为了生产产品，需要到市场上购买原材料、雇佣劳动力等，这些都属于资金的支出；而当企业生产出来的产品销售出去之后，又可以收回一定的资金，从而形成资金的收入。企业的生产经营活动不断进行，就会不断产生资金的收支。企业资金的收支，构成了企业经济活动的一个独立方面，这便是企业的财务活动。这些财务活动又构成了财务管理的内容。企业的财务人员在财务活动中，首先需要做到的就是以收抵支，否则企业将难以为继。

企业的财务活动可分为以下四个方面：

1.企业筹资引起的财务活动

筹资是企业为了满足投资和资金营运的需要，筹集所需资金的行为。在筹资活动中，企业根据战略发展的需要和投资规划确定不同时期的筹资规模，并通过不同筹资渠道和筹资方式的选择，合理确定筹资结构，降低筹资成本和风险，以保持和提升企业价值。企业通过筹资通常可以形成两种不同性质的资金来源：一是企业权益资金；二是企业债务资金。

2.企业投资引起的财务活动

投资是指企业根据项目资金需要，将所筹集的资金投放到所需要的项目中的行为。广义的投资包括企业投资购买其他企业的股票、债券，或与其他企业联营，或投资于外部项目等对外投资，以及购置固定资产、无形资产、流动资产等企业内部使用资金的行为。狭义的投资仅指对外投资。企业在投资过程中，必须考虑投资规模，正确选择投资方向和投资方式，以确定合适的投资结构，提高投资效益，降低投资风险。投资是实现投资者财产价值增值的手段。

3.企业经营引起的财务活动

经营是指企业日常经济活动中的资金收付行为。企业经营所需材料物资的采购、工资和相关费用等的支付，构成了日常财务支出；企业产品销售和其他业务等所获得的相关收入，构成了日常财务收入。为了保证日常财务收支在时间上的平衡，企业需要利用所筹集的资金垫付支出大于收入的缺口资金。企业为满足日常营业活动的需要而垫支的资金，称为营运资金。在一定时期内，营运资金周转速度越快，资金的利用效率就越高，企业就可能生产出更多的产品，取得更多的收入，获取更多的利润。

4.企业分配引起的财务活动

企业通过投资和资金的营运活动所获得的各项收入，首先用于弥补生产经营消耗，并缴纳税金后，需要依法对剩余收益进行分配。财务活动中的收入分配，体现了企业履行的相应经济责任。广义地说，分配是指对企业各种收入进行分割和分派的行为；而狭义的分配仅指对企业净利润的分配。企业实现的净利润可作为投资者的收益，分配给投资者或暂时留存企业。在分配净利润时，企业应合理确定分配规模和分配方式，确保企业取得最大的长期利益。

上述四个方面的财务活动，不是相互割裂、互不相关的，而是相互联系、相互依存的。正是上述互相联系而又有一定区别的四个方面，构成了完整的企业财务活动。对这四个方面的财务活动的管理，组成了财务管理的基本内容：筹资管理、投资管理、资金营运管理、利润及其分配管理。

## 三、企业财务关系

财务关系是指企业在组织财务活动过程中与有关各方面发生的经济关系。企业的财务关系主要包括以下七个方面：企业与投资者之间的财务关系；企业与被投资者之间的财务关系；企业与债权人之间的财务关系；企业与债务人之间的财务关系；企业内部各部门之间的财务关系；企业与职工之间的财务关系；企业与税务机关之间的财务关系。

对现代企业而言，一项投资活动要想成立，离不开投资者和受资者（经营者）两个相互对应的基本要素。在投资活动中，投资者应按约定（合同、协议、章程）履行其出资义务，并根据其出资数额有权参与企业的经营管理，分享利润并承担风险；受资者必须依法经营，保全资本，并通过有效地运用资本，实现资本增值最大化。投资者与受资者之间的财务关系，体现了所有权性质的资金使用和资金分配关系。在研究企业与投资者的财务关系时，企业是受资者，它反映着经营权与所有权（或受资与投资）的关系；相反，在研究企业与被投资者之间的财务关系时，企业则是投资者，它反映着所有权与经营权（或投资与受资）的关系。

企业与债权人的财务关系是指企业利用债权人的资金后，要按约定的利率及时向债权人支付利息，债务到期时，要合理调度资金，按时向债权人归还本金。简而言之，企业与债权人的关系可以概括为债务与债权的关系。

企业与债务人的财务关系是指企业将资金借出后，有权要求债务人按约定的条件支付利息和归还本金。企业与债务人的财务关系可以概括为债权与债务的关系。

企业内部各部门之间的财务关系是指由于企业内部实行经济核算制所形成的内部资金结算关系，体现了企业内部各单位之间的利益关系。

企业与职工之间的财务关系主要是指企业向职工支付劳动报酬过程中所形成的经济关系，体现了企业与职工在劳动成果上的分配关系。

企业与税务机关之间的财务关系，反映了企业依法纳税和税务机关依法征税的权利与义务关系。

企业财务关系中最重要的关系是：股东、经营者、债权人之间的经济关系。

# 第三节　财务管理的目标

财务管理目标是企业理财活动所希望实现的结果，是评价企业理财活动是否合理的基本标准。财务管理目标是财务管理理论体系中的基本要素和行为导向，是财务管理实践中进行财务决策的出发点和归宿。财务管理目标制约着财务运行的基本特征和发展方向，是财务运行的驱动力。不同的财务管理目标会产生不同的财务管理运行机制，科学地设置财务管理目标，对优化理财行为、实现财务管理的良性循环具有重要意义。财务管理目标作为企业财务运行的导向力量，设置若有偏差，财务管理的运行机制就很难合理。因此，研究财务管理目标问题，既是建立科学的财务管理理论结构的需要，也是优化我国企业财务管理行为的需要。

关于企业的财务管理目标，主要有以下几种观点：

1.产值最大化

在传统的集权管理模式下，企业的财产所有权和经营权高度集中，企业的主要任务就是执行国家下达的产值指标，企业领导人职位的升迁、职工个人利益的多少均由完成产值计划指标的程度来决定。这就决定了企业必然要把产值作为生产经营的主要目标。因此，在社会主义建设初期，人们便把产值最大化作为财务管理的基本目标。但随着时间的推移，人们逐渐认识到，这一目标存在如下缺点：

（1）只讲产值，不讲效益。在产值目标的支配下，有些投入的新增产值小于新增资本，造成亏损，利润减少，但因为能增加产值，企业仍愿意增加投入。

（2）只求数量，不求质量。追求产值最大化决定了企业在生产经营活动中只重数量而轻视产品质量和品种，因为提高产品质量、试制新产品都会妨碍产值的增加。

（3）只抓生产，不抓销售。在产值目标的驱动下，企业只重视增加产值，而不管产品是否能销售出去。因此，往往出现"工业报喜、商业报忧"的情况。

（4）只重投入，不重挖潜。产值最大化目标还决定了企业只重视投入和进行外延扩大再生产，而不重视挖掘潜力、更新改造旧设备、进行内涵扩大再生产。因为更新改造容易对目前的产值产生不利影响，也不能大量生产；相反，粗放式的大量投入往往使产值指标易于完成。

由于产值最大化目标存在上述缺点，因此，把产值最大化当作财务管理的目标是不符合财务活动规律的。

2.利润最大化

经营获利是企业生存和发展的必要条件。如果企业长期出现亏损，势必导致资不抵债，而陷入破产、倒闭。随着我国经济体制改革的不断深入，经济体制从高度集中的计划经济转向商品经济，企业的经营权限不断扩大，企业的经济利益得到确认，这使得企业不得不关心市场，关心利润。在经济体制改革过程中，国家把利润作为考核企业经营情况的首要指标，把企业职工的经济利益同企业实现利润的多少紧密地联系在一起，这也使得利润逐步成为企业运行的主要目标。

以利润最大化作为企业的财务管理目标，有其科学合理的一面。企业追求利润最大化，就必须讲求经济核算、加强管理、改进技术、提高劳动生产率、降低产品成本，这些措施都有利于资源的合理配置，有利于经济利益的提高。但是，以利润最大化作为财务管理目标仍存在如下缺点：

（1）没有考虑利润发生的时间，没有考虑货币的时间价值。例如，今年获利100万元和明年获利100万元，哪一个更符合企业的目标？不考虑货币的时间价值，就难以做出正确判断。

（2）没有考虑获取利润和所承担风险的大小。例如，同样投入500万元，本年获利100万元，一个项目获利已全部转化为现金，另一个项目则全部是应收账款，可能发生坏账损失，哪一个项目更符合企业的目标？不考虑风险大小，就难以做出正确判断。

（3）如果以利润总额为目标对象，则没有反映创造的利润与投入的资本之间的关系，因而不利于不同资本规模的企业或同一企业不同期间之间的比较。

（4）利润最大化往往会使企业财务决策带有短期行为的倾向，即只顾实现目前的最大利润，而不顾企业的长远发展。例如，忽视科技开发、产品开发、人才开发、生产安全、履行社会责任等。

应该看到，利润最大化的提法，只是对经济效益的浅层次的认识，存在一定的片面性。所以，现代财务管理理论认为，利润最大化不是财务管理的最优目标。

3.股东财富最大化

股东财富最大化目标是指通过财务上的合理经营，为股东创造最多的财富，实现公司财务管理目标。上市公司中，股东财富是由其所拥有的股票数量和股票市场价格两方面所决定的。在股票数量一定时，如果股票价格达到最高，股东财富也就达到最大。

与利润最大化目标相比，股东财富最大化目标的主要优点有：

（1）反映了时间价值。因为股票价格受到企业每股预期收益的大小以及取得时间的影响。

（2）考虑了风险因素。因为通常股价会对风险做出比较敏感的反应。

（3）反映了资本与收益之间的关系。因为股票价格是对每股股价的一个标价，反映的是单位投入资本的市场价格。

（4）在一定程度上能够避免公司在追求利润上的短期行为。这是因为无论是目前的利润还是预期未来的利润都会对股价产生重要影响。

以股东财富最大化作为财务管理目标也存在以下缺点：

（1）适用范围受到限制。该目标只适用于上市公司，不适用于非上市公司，因此不具有普遍的代表性。

（2）不符合可控性原则。股票价格的高低受各种因素的影响，如国家政策的调整、国内外经济形势的变化和股民的心理等，这些因素对公司管理当局而言是不可能完全加以控制的。

（3）它只强调股东的利益，而对公司其他关系人的利益重视不够。

4.相关者利益最大化

现代公司是多边契约关系的总和。股东作为所有者，在公司中承担着最大的权利、义务、风险和报酬，地位当然最高，但是债权人、职工、客户、供应商和政府也因为公司而承担了相当的风险。比如：

（1）公司在举债过程中，随着举债比例和规模的扩大，债权人风险大大增加。

（2）在社会分工细化的今天，由于体力劳动者的减少，脑力劳动者的增多，职工的再就业风险也不断增加。

（3）在现代公司制度下，公司经理人受所有者的委托，代理其管理和经营公司，在激烈竞争的市场和复杂多变的形势下，代理人所承担的责任越来越重大，风险也随之加大。

（4）随着市场竞争和经济全球化的影响，公司与顾客以及公司与供应商之间不再是简单的买卖关系，更多的是长期的伙伴关系，大家共处于一条供应链上，并共同参与同其他供应链的竞争，创造多赢的局面。这时，供应商、顾客和公司往往会共同承担一部分风险，需彼此兼顾各方的利益。

（5）作为监管机构或投资人的政府，其风险与公司的风险是息息相关的。综上所述，相关者利益最大化目标的基本思想就是在保证公司长期稳定发展的基础上，强调在公司价值增值中满足以股东为首的各利益群体的利益。

以相关者利益最大化为财务管理目标，具有以下优点：

（1）有利于公司长期稳定发展。这一目标注重公司在发展过程中考虑并且满足各利益相关者的利益关系。在追求长期稳定发展的过程中，站在公司的角度进行投资研究，避免只站在股东的角度进行投资考虑可能导致的一系列问题。

（2）体现合作共赢的价值理念，有利于实现公司经济效益和社会效益的统一。公司在寻求自身发展和利益最大化过程中，兼顾客户及其他相关者的利益，依法经营、依法管理，正确处理各种财务管理关系，自觉保障国家、集体和社会公众的合法权益。

（3）这一目标本身是一个多元化、多层次的目标体系，较好地兼顾了各利益主体的利益。这一目标可以使公司各利益主体相互作用、相互协调，在使公司利益、股东利益达到最大化的同时，也使其他利益相关者的利益达到最大化。

（4）体现了前瞻性和现实性的统一。不同的利益相关者有各自的目标，只要合法合理、互惠互利、相互协调，就可以实现相关者利益最大化。

但此种观点也有一些缺陷：

（1）公司在特定的经营时期，几乎不可能使利益相关者财富最大化，只能做到使相关者利益相协调。

（2）所设计的计量利益相关者财富的指标中，销售收入、产品市场占有率是公司的经营指标，已超出了财务管理自身的范畴。

# 第四节　财务管理的环境

任何事物总是与一定的环境相联系而产生、存在和发展的，财务管理也不例外。不同时期、不同国家、不同领域的财务管理需要面对不同的理财环境。企业在许多方面如同生物体一样，如果不能适应周围的环境就不能生存。环境的变化，可能会给企业理财带来困难，但企业的财务人员若能合理地预测其发展状况，就会使理财效果更加理想。

财务管理的环境涉及的范围很广，比如国家的政治、经济形势，国家经济法规的完善程度，企业所面临的市场状况，企业的生产条件等。本节主要讨论企业难以控制的几种重要环境，即经济环境、法律环境、金融市场环境和社会文化环境。

## 一、经济环境

财务管理的经济环境是影响企业财务管理的各种经济因素，如经济周期、经济发展水平、通货膨胀状况、政府的经济政策等。

1.经济周期

只要实行市场经济，经济的发展就会不可避免地出现周期性。经济周期通常要经历衰退、萧条、复苏、繁荣四个阶段。在经济周期的不同阶段，企业理财活动也不同。改革开放以来，我国的经济发展与运行也呈现出周期性的波动现象。过去曾经经历过若干次投资膨胀、生产高涨现象，以致国家采取控制投资、紧缩银根等措施。经济的快速发展，为企业扩大规模、调整方向、打开市场以及拓宽财务活动领域带来了机遇。同时，经济的快速发展与资金紧张又是客观存在的矛盾，这又给企业的财务管理带来了严峻的挑战。此外，由于国际经济交流与合作的发展，全球经济活动日趋融合，西方经济周期的影响不同程度地波及我国的一些企业。例如，美国 2007 年爆发的次贷危机对世界经济影响巨大，我国也受到不同程度影响。因此，企业财务管理人员应熟悉国内外经济环境，把握经济发展周期，为实现企业经营目标和经营战略服务。

2.经济发展水平

企业的理财活动与一个国家的经济发展水平关系密切。发达国家资本市场高度发达，企业财务管理活动的内容丰富多彩，技术复杂，理财手段科学严谨。目前国际上的财务理论和方法大多数是在发达国家的财务实践中建立起来的。发展中国家的特点是经济基础比较薄弱、发展迅速、经济政策变动频繁，这就决定了发展中国家财务管理手段和内容变化快，企业财务政策受经济政策影响显著而不稳定。对于不发达国家而言，由于经济发展水平较低，企业经济活动简单，企业规模小，因此，在企业财务管理的内容、方法和手段上都很落后。

3.通货膨胀

通货膨胀不仅危害消费者，而且给企业理财带来很大困难。例如，通货膨胀会引起企业利润虚增，造成企业资金流失；引起资金占用大量增加，加大企业资金需求；引起利率上升，加大企业资金成本；引起有价证券价格下降，增加企业筹资难度等。企业本身对通货膨胀无能为力，只有政府才能控制通货膨胀速度。作为财务管理人员，应该对通货膨胀的发生及其影响有所预期，积极主动地采取应对措施，减轻其不利影响。例如，如果预期未来将发生严重通货膨胀，那么企业现在可以发行债券；如果目前已经处于严重通货膨胀，未来通货膨胀将减轻，则企业现在就不宜发行债券。

4.国家的经济政策

政府具有宏观调控经济的职能。社会经济发展规划、政府产业政策、经济体制改革措施及财经法规，对企业的生产经营和财务活动都有重大影响。国家的各项经济政策都是用于促进国民经济发展的，但对不同地区和不同行业的政策存在一定差异，企业在进行财务决策时要认真研究国家的经济政策，按照政策导向行事，趋利除弊，做到既有利于国民经济发展，又有利于增强企业自身的经济实力。

## 二、法律环境

公司的理财活动，无论是筹资、投资还是利润分配，都要和公司外部发生经济关系。在处理这些经济关系时，应当遵守有关的法律规范。

1.公司组织法律规范

公司组织必须依法成立。组建不同的公司，要依照不同的法律规范。它们包括《中华人民共和国公司法》（以下简称《公司法》）《中华人民共和国外资企业法》《中华人民共和国中外合资经营企业法》《中华人民共和国中外合作经营企业法》《中华人民共和国个人独资企业法》和《中华人民共和国合伙企业法》等。这些法律规范既是公司的组织法，又是公司的行为法。

从财务管理角度来看，非公司制企业与公司制企业有很大不同。非公司制企业的所有者，包括独资企业的业主和合伙企业的普通合伙人要承担无限责任。他们享有企业的盈利（或承担损失），一旦经营失败必须抵押其个人的财产，以满足债权人的要求。公司制企业的股东承担有限责任，经营失败时其经济责任以出资额为限，无论是股份有限公司还是有限责任公司都是如此。

**2.税收法律规范**

税收是国家为了实现其职能，按照法律预先规定的标准，凭借政治权力，通过税收工具强制地、无偿地参与国民收入和社会产品的分配和再分配，从而取得财政收入的一种形式。税收具有强制性、无偿性和固定性三个显著特征。

任何公司都有法定的纳税义务。有关税收的立法分为三类，即所得税的法规、流转税的法规和其他地方税的法规。

**3.财务法律规范**

财务法律规范主要是公司财务通则和行业财务制度。除上述法律法规外，与公司财务管理有关的其他经济法律规范还有很多，包括各种证券法律规范、结算法律规范和合同法律规范等。财务人员要熟悉这些法律规范，在守法的前提下完成财务管理职能，实现公司的财务目标。

## 三、金融市场环境

公司总是需要资金从事投资和经营活动。而资金的取得，除了自有资金外，主要从金融机构和金融市场获得，金融政策的变化必然影响公司的筹资、投资和资金运营活动。所以，金融市场环境是公司最为主要的环境因素之一，主要包括金融机构、金融工具、金融市场和利率等。

**1.金融机构**

社会资金从资金供应者手中转移到资金需求者手中，大多通过金融机构。金融机构包括银行业金融机构和其他金融机构。

（1）银行业金融机构。银行业金融机构是指经营存款、放款、汇兑、储蓄等金融业务，承担信用中介功能的金融机构。银行的主要职能是充当社会中介，充当公司之间的支付中介，提供信用工具，充当投资手段和充当国民经济的宏观调控手段。我国银行主要包括各种商业银行和政策性银行。商业银行包括国有商业银行，如中国工商银行、中国农业银行、中国银行和中国建设银行；其他商业银行，如交通银行、广东发展银行、招商银行和光大银行等。政策性银行主要包括中国进出口银行、中国农业发展银行和国家开发银行。

（2）其他金融机构。其他金融机构包括金融资产管理公司、信托投资公司、财务公司和金融租赁公司等。

## 2.金融工具

金融工具又称为交易工具，它是证明债权债务关系证据以进行货币资金交易的合法凭证，是货币资金或金融资产借以转让的工具。它对交易双方所应承担的义务和享有的权利都具有法律效力。

金融工具具有以下特征：

（1）期限性。它是指金融工具一般规定了偿还期，也就是从借款人拿到借款开始，到借款全部还清为止所经历的时间。

（2）流动性。它是指金融资产在转换成货币时，其价值不会蒙受损失的能力。

（3）风险性。它是指投资于金融工具的本金是否会遭受损失的风险。风险可分为两类：一是债务人不履行债务的风险，这种风险的大小主要取决于债务人的信誉以及债务人的社会地位；二是市场的风险，这是金融资产的市场价格随市场利率的上升而跌落的风险。

（4）收益性。它是指金融工具能定期或不定期地给持有人带来收益的特性。金融工具收益性的大小，是通过收益率来衡量的，其具体指标有名义收益率、实际收益率和平均收益率等。

## 3.金融市场

广义的金融市场是指一切资本流动的场所，包括实物资本和货币资本的流动，其交易对象包括货币借贷、票据承兑和贴现、有价证券的买卖、黄金和外汇买卖、办理国内外保险、生产资料的产权交换等；狭义的金融市场一般是指有价证券市场，即股票和债券的发行和买卖市场。金融市场由市场主体、金融工具、交易价格和组织方式四种元素组成。

（1）金融市场的分类。金融市场按照不同的划分标准可以分为不同的类别。按交易的期限的不同可划分为短期资金市场和长期资金市场。短期资金市场是指期限不超过1年的资金交易市场，因为短期有价证券易于变成货币或作为货币使用，所以也叫货币市场；长期资金市场是指期限在1年以上的股票和债券交易市场，因为发行股票和债券主要用于固定资产等资本货物的购置，所以也叫资本市场。

按交易的时间的不同可划分为现货市场和期货市场。现货市场是指买卖双方成交后，当场或几天之内买方付款，卖方交出证券的交易市场；期货市场是指买卖双方成交后，在双方约定的未来某一特定的时日才交易的交易市场。

按交易的方式和次数的不同可分为初级市场和次级市场。初级市场是指从事新证券和票据等金融工具买卖的转让市场，也称发行市场或一级市场；次级市场是指从事已上市的旧证券或票据等金融工具买卖的转让市场，也称流通市场或二级市场。

除上述分类外，金融市场还可以按成交与定价方式的不同分为公开市场、店头市场、第二市场和第三市场；按金融工具的属性的不同分为基础性金融市场和金融衍生品市场；按交易的直接对象的不同分为同业拆借市场、国债市场、公司债券市场、股票市场、金融期货市场、外汇市场和黄金市场等；按交易双方在地理上的距离的不同划分为地方性的、全国性的、区域性的金融市场和国际金融市场。

（2）金融市场的功能。金融市场主要有以下功能：

金融市场能够迅速有效地引导资金合理流动，提高资金配置效率。

金融市场具有定价功能。

金融市场价格的波动和变化是经济活动的晴雨表。

金融市场为金融管理部门进行金融间接调控提供了条件。

金融市场的发展可以促进金融工具的创新。

金融市场帮助实现风险分散和风险转移。

金融市场可以降低交易的搜寻成本和信息成本。

4.利率

利率也称为利息率，是利息占本金的百分比指标。从资金的借贷关系看，利率是一定时期内市场主体运用资金资源的交易价格。资金作为一种特殊的商品，以利率为价格标准流通，实质上是资金通过利率实行的再分配。因此，利率在资金分配以及公司财务决策中起着重要的作用。

（1）利率的类型。

利率按照不同的划分标准可以分为不同的类别。按利率之间的变动关系，可分为基准利率和套算利率。基准利率是指在整个利率体系中起主导作用的基础利率，它的水平和变化决定其他各种利率的水平和变化。从某种意义上讲，基准利率是利率市场化机制形成的核心。市场经济国家一般以中央银行的再贴现率为基准利率；在计划经济国家中，基准利率由中央银行制定。在中国，中国人民银行对国有商业银行和其他金融机构规定的存贷款利率为基准利率。套算利率是指在基准利率确定后，各金融机构根据基准利率和借贷款项的特点而换算出的利率。

按利率与市场资金供求情况的关系，可分为固定利率和浮动利率。固定利率是指在借贷期内不作调整的利率。受通货膨胀的影响，实行固定利率会使债权人利益受到损害。浮动利率是一种在借贷期内可定期调整的利率。在通货膨胀条件下采用浮动利率，可使债权人减少损失。

按利率形成机制的不同，可分为市场利率和法定利率。市场利率是指根据资金市场的供求关系，而随着市场自由变动的利率。法定利率是指由政府金融管理部门或者中央银行确定的利率。

（2）利率的一般计算公式。利率的计算公式如下：

利率=纯利率+通货膨胀附加率+违约风险附加率+变现风险附加率+到期风险附加率

纯利率是指没有风险和通货膨胀下的平均利率。在没有通货膨胀时，国库券的利率可以视为纯利率。

通货膨胀会使货币的购买力下降，为补偿通货膨胀造成的购买力损失，在纯利率的基础上加上的附加率就是通货膨胀附加率。

违约风险附加率反映的是有价证券的发行人不能按时或足额支付利息及偿还本金的风险。发行人的违约风险越大，投资人要求的利率越高。

不同的有价证券的变现能力不同，信誉良好的大公司的股票容易出售，因此变现力强；而一些小公司的债券则不易变现，存在一定的变现风险，因此，投资人会要求获得一个变现风险附加率。

到期风险附加率是指有价证券到期时间长短不同而形成的利率溢价。例如，其他方面完全相同的两张债券，10年到期的利率要比3年到期的利率高，这是因为到期时间越长，市场上各种不确定的因素越多，因此投资人承担的风险也就越大。这种风险是由于到期时间的不同而引起的，叫到期风险。一般来说，到期风险随着到期时间的增长而增加，因此，投资人要求的到期风险附加率也会更高，也就是长期利率要高于短期利率。

## 四、社会文化环境

社会文化环境包括教育、科学、文学、艺术、新闻出版、广播电视、卫生体育以及同社会制度相适应的权利义务观念、道德观念、组织纪律观念、价值观念和劳动态度等。企业的财务活动不可避免地受到社会文化的影响。但是，社会文化的各方面对财务管理的影响程度是不尽相同的，有的只有间接影响，有的影响比较明显，有的影响微乎其微。

例如，随着财务管理工作的内容越来越丰富，社会整体的教育水平也将显得非常重要。事实表明，在教育落后的情况下，为提高财务管理水平所做的努力往往收效甚微。又如，科学的发展对财务管理理论的完善也起着至关重要的作用。经济学、数学、统计学、计算机科学等诸多学科的发展，都在一定程度上促进了财务管理理论的发展。另外，社会的诚信状况，也在一定程度上影响财务管理活动。当社会诚信程度较高时，企业间的信用往来就会加强，会促进彼此之间的合作，并将减少企业的坏账准备。

在不同的文化背景中经营的公司，需要对现有员工进行文化差异方面的培训，并且在可能的情况下聘用文化方面的专家。如果忽视社会文化对公司财务活动的影响，将会给公司的财务管理带来严重的问题。

# 第六章　长期筹资决策

## 第一节　资本成本

### 一、含义与结构

由于资本具有时间价值，即资本在周转使用过程中能带来增值，资本提供者让渡这种增值机会当然就要求相应的报酬。在有风险的情况下，资本提供者还会要求额外的风险报酬。因此，公司要获得资本的使用权，必须付出相应的代价。这种代价可以理解为资本这种特殊商品的市场价格。另外，公司在筹集资本的过程中可能还需要支付一定的费用。综上所述，资本成本是指公司筹措和使用资本而付出的代价，也称为资金成本，一般包括筹资费用和用资费用两部分。

筹资费用是在资本筹集过程中为获取资本而支付的各项费用，如发行股票、债券支付的印刷费用以及发行手续费用、宣传广告费用、律师费用、资信评估费、公证费和担保费等。这些费用一般是在公司筹资时一次性支付的，在资本使用过程中不再发生，因而可以视为对筹资数额的一项扣除。

用资费用是公司为了占用资本而付出的代价。例如，向债权人支付的利息、向股东分派的股利等。用资费用在资本使用期间会反复发生，并随着使用资本数额的大小和期限的长短而变动。

资本成本可以用绝对数表示，也可以用相对数来表示。但在财务管理中，一般用相对数来表示，即表示为使用费用与实际筹资额的比率。其通用的计算公式为：

资本成本=每年的用资费用/筹资总额–筹资费用=每年的用资费用/筹资总额×（1–筹资费用率）

### 二、资本成本的类型与作用

资本成本有多种表现形式，根据不同的使用情况，一般有个别资本成本、加权平均资本成本和边际资本成本三种。

1.个别资本成本

个别资本成本是指公司所筹集的各种长期资本各自的成本。不同的资本形式具有不同的个别资本成本。公司的长期资本由权益资本和债务资本两部分构成，其成本也分别被称为权益资本成本和债务资本成本。

个别资本成本可以用来比较各种筹资方式的优劣。长期资本的筹集有多种方式可以选择，可以把不同筹资方式下的资本成本作为比较的指标之一。

2.加权平均资本成本

加权平均资本成本即所有资本的成本。它根据各种资本的个别资本成本以个别资本占全部资本的比重为权数进行加权平均计算，也可称为综合资本成本。投资公司通常通过多种渠道、采用多种方式筹措资本，此时，个别资本成本已经无法反映公司的整体资本成本水平，这就需要计算公司各种不同资本的加权平均资本成本。加权平均资本成本在公司的经营决策当中具有非常重要的作用。

（1）加权平均资本成本是进行筹资组合决策的依据。企业长期资本通常是采用多种方式的筹资组合构成的，通过比较每种筹资组合方案的总体资本成本，可以进行不同筹资组合方案的选择。

（2）加权平均资本成本是评价投资项目、比较投资方案的标准。一个投资项目，只有投资报酬率高于资本成本，该项投资才是有利可图的。因此，可以将资本成本视为最低报酬率，作为分析投资项目可行性、选择投资项目的取舍标准。

①在利用净现值指标进行决策时，常以资本成本作为贴现率。当净现值为正时，投资项目可行；反之，则不可行。因此，采用净现值指标评价投资项目时，离不开资本成本。

②在利用内含报酬率指标进行投资决策时，一般以资本成本作为基准率，即只有当投资项目的内涵报酬率高于资本成本时，投资项目才可行；反之，则投资项目不可行。因此，国际上通常将资本成本作为是否采用投资项目的取舍率，是比较、选择投资方案的主要标准。

（3）加权平均资本成本是衡量企业经营业绩、制定激励报酬计划的基准。如果企业经营的利润高于资本成本，应当认为经营得好，对相关人员给予适当激励；反之，应当认为经营不善，必须加以改进，并对责任人进行一定惩罚。

（3）边际资本成本

边际资本成本是指资本每增加一个单位而增加的成本。个别资本成本和加权平均资本成本是公司过去筹集的或目前正在使用的资本的成本。然而，随着时间的推移或筹资条件的变化，尤其是随着筹资规模的变化，个别资本成本和加权平均资本成本都要发生变化。因此，公司在未来追加筹资时，还要考虑新筹集资本的成本，这就需要计算边际资本成本。

　　边际资本成本是企业进行追加筹资决策的依据。企业为扩大经营规模，必然增加筹资数量。当筹资数量增加，资本的边际成本超过了企业的承受能力时，企业就不能再增加筹资数额。

# 第二节　杠杆利益与风险

## 一、基本概念与原理

　　为了理解杠杆的利益与风险，必须首先熟悉几个基本概念。

　　1.固定成本与变动成本

　　按照成本习性，可以将成本划分为固定成本、变动成本和混合成本。

　　固定成本总额在一定时期和一定业务量范围内不随业务量增减而变动，这一范围称作相关范围，脱离了相关范围，固定成本就会发生变化。比如当公司要增加生产能力时，就不处于"一定业务量范围"内，此时公司可能需要改进设备或者增加新设备，都会使固定成本增加。一般来说，在相关范围内，折旧费用、租金、保险费、管理人员工资和办公费等都可视为固定成本。这些费用每年的支出水平基本相同，在产销量变动的一定范围内是固定的。正是由于这些成本是固定不变的，因而，随着产量的增加，它将分配给更多数量的产品。也就是说，每单位产品的固定成本，将随着产量的增加而逐渐变小。

　　变动成本是指其总额同业务量的总量成同比例增减变动的成本，如直接材料、直接人工等，而产品单位成本中的变动成本是保持不变的。

　　在成本中，有些成本虽然也随业务量的变动而变动，但不成同比例变动的成本，不能简单地归入变动成本和固定成本，这类成本称为混合成本。

　　2.边际贡献

　　边际贡献的概念与成本习性有关。边际贡献是销售收入减去变动成本后的差额。边际贡献只是从收入中扣除了变动成本，而没有考虑固定成本。当固定成本在相关范围内时，边际贡献越高，则企业的获利能力越强。

　　边际贡献除了用总量表示外，还可以用单位边际贡献和边际贡献率来表示。单位边际贡献是售价减去单位变动成本后的差额，边际贡献率则是边际贡献在销售收入中所占的比重。

　　3.杠杆原理

　　自然科学中的杠杆原理，是指通过杠杆作用，只用一个比较小的力量便可产生较大的效果。财务管理中的杠杆原理，则是指由于固定成本（包括生产经营方面的固定成本和财务方面的固定费用）的存在，当业务量发生比较小的变动时，利润会产生比较大的变化。这种杠杆作用包括经营杠杆、财务杠杆和联合杠杆。

## 二、经营杠杆

经营杠杆（operating leverage）体现在对固定生产成本的利用。

### （一）经营杠杆原理

1.经营杠杆的概念

经营杠杆又叫营业杠杆或营运杠杆，是指由于存在固定生产成本而造成的息税前利润变动率大于销售量变动率的现象。在考察经营杠杆时，隐含着两个前提假设：公司只生产一种产品，且该产品的产销量相等；息税前利润的增加来自销售量的增加，销售单价、单位变动成本、固定成本总额等其他因素均保持不变。经营杠杆反映了资产报酬的波动性，用息税前利润（earnings before interest and tax，简称 EBIT）表示资产总报酬，则：

$$EBIT=（p-b）Q-a=M-a$$

式中：EBIT 代表息税前利润；p 代表销售单价；b 代表单位变动成本；a 代表固定成本；M 代表边际贡献。

2.经营杠杆的利益

影响息税前利润的因素包括产品售价、产品需求和产品成本等因素。当产品成本中存在固定成本时，如果其他条件不变，虽然销售量的增加不会改变固定成本总额，但会降低单位产品分摊的固定成本，从而提高单位产品利润，使息税前利润的增长率大于销售量的增长率，进而产生经营杠杆效应。

3.经营杠杆的风险

经营杠杆的放大效应在企业经营良好、销售量增加时会产生经营杠杆利益。然而不得不注意的是，当企业经营出现问题、销售量下降时，这种放大效应依然存在，却变成了放大企业的风险。

### （二）经营杠杆度量

固定成本的存在给企业带来了经营杠杆，但不同企业中经营杠杆的作用程度并不完全一致。如何考察不同企业的经营杠杆作用呢？经营杠杆系数（degree of operating leverage，简称 DOL）是对经营杠杆进行度量的最常用指标。经营杠杆系数是指息税前利润变动率相当于销售量变动率的倍数。其基本计算公式为：

$$DOL = \frac{\Delta EBIT/EBIT}{\Delta Q/Q}$$

式中：EBIT 代表基期息税前利润；ΔEBIT 代表息税前利润变动额；Q 代表基期销售

量；ΔQ 代表销售量变动额。

## 三、财务杠杆

财务杠杆（financial leverage）体现在对成本固定的债务资本和优先股资本的利用。

### （一）财务杠杆原理当

1.财务杠杆的概念

一般来说，债务资本的成本和优先股资本的成本，即利息费用和优先股股利，在一定期间内是固定不变的。由于固定利息费用和优先股股利的存在，使普通股每股收益的变动幅度大于息税前利润变动幅度的现象叫作财务杠杆。在财务杠杆中，一般认为：每股收益的增长来自息税前利润的提高，而在息税前利润增加时利息费用和优先股股利保持不变。

$$每股收益 EPS = \frac{(EBIT - I) \times (1 - T) - PD}{N}$$

式中：EBIT 代表息税前利润；I 代表利息费用；T 代表企业所得税税率；PD 代表优先股股利；N 代表发行在外普通股股数。

2.财务杠杆的利益

由于债务利息和优先股股利是固定的，因此，息税前利润增加，使每一单位息税前利润需要负担的利息费用和优先股股利下降，最终使每股收益增加，而且每股收益的增长幅度要大于息税前利润的增长幅度。

3.财务杠杆的风险

财务杠杆的放大效应在企业业绩向好时会产生财务杠杆利益，然而不得不注意的是，当企业业绩下滑时，这种放大效应依然存在，会放大企业的财务风险。

### （二）财务杠杆度量

为了反映财务杠杆的作用程度，需要测算财务杠杆系数（degree of financial leverage，简称 DFL）。财务杠杆系数是指每股收益变动率相当于息税前利润变动率的倍数。其基本计算公式为：

$$DFL = \frac{\Delta EPS / EPS}{\Delta EBIT / EBIT}$$

式中：EPS 代表基期每股收益；ΔEPS 代表每股收益变动额；EBIT 代表基期息税前利润；ΔEBIT 代表息税前利润变动额。

## 四、联合杠杆

1.联合杠杆的概念

从销售量到息税前利润、从息税前利润到每股收益，固定生产经营成本和固定财务费用的存在，产生了经营杠杆和财务杠杆。如果把经营杠杆和财务杠杆结合起来，就构成了从销售量到每股收益的整个影响过程，也就成为通常用到的联合杠杆（total leverage）。联合杠杆也称为总杠杆，是指经营杠杆和财务杠杆的综合。在联合杠杆的作用下，每股收益的变动远远大于销售量的变动。

2.联合杠杆的度量

对联合杠杆的度量，可以用经营杠杆和财务杠杆的综合程度，也就是联合杠杆系数（degree of total leverage，简称 DTL）来反映。联合杠杆系数是普通股每股收益变动率相当于销售量变动率的倍数，它是经营杠杆系数和财务杠杆系数的乘积。其基本公式可以表示为：

$$DTL = DOL \times DFL = \frac{\Delta EPS/EPS}{\Delta Q/Q}$$

# 第三节　资本结构决策

## 一、资本结构的含义

资本结构是指企业各种资本的来源及其比例关系。在现实的经济生活中，公司中不同的资本所占的比重不可能永远保持稳定，必然会发生各种变化，此时，公司的加权平均资本成本、可选择的投资项目、各种杠杆的效应、企业的价值和股东的回报等都会发生或多或少的变化。所以，选择一个合适的资本结构对于每个企业来说都至关重要。资本结构有广义和狭义之分。狭义的资本结构是指长期资本的结构；广义的资本结构是指全部资本，包括长期资本和短期资本的结构。在这里分析指的是狭义的资本结构，也即长期资本结构。

## 二、资本结构的影响因素

1.销售收入的稳定性

同销售收入不稳定的公司相比，销售收入相对比较稳定的公司，其债务资本比重可以适当增大，公司可以负担较多的固定财务费用。

2.公司的资产结构

具有可以用来作为抵押物资产的公司，倾向于高负债。一般来讲，一般用途的资产能被许多公司用来作为抵押物，而特定用途的资产则不行。因此，不动产公司的负债率通常都非常高，而技术开发公司的负债率都较低。

3.公司的风险状况

增加负债将增大公司的财务风险，进而增大公司的总风险。在决定资本结构时，必须考虑公司的风险承受能力。一般来讲，当其他条件都相同时，经营风险较低的公司能更多地利用财务杠杆，承担较高的财务风险，因而有较高的负债率；而经营风险较高的公司的负债率较低。

4.公司的成长率

公司的发展速度越快，成长率越高，对外部资本的依赖性就越强。同时，由于信息不对称的缘故，这类公司的股票价值容易被低估，因此，它们可能更多地利用债务。但同时，由于这类公司面临的不确定性较大，使它们在利用债务上也十分谨慎。

5.公司的盈利能力

在实践中，一些回报率很高的公司一般都很少负债。它们的高回报率使其内部积累在很大程度上能满足公司的资本需求。

6.政府的税收政策

由于负债可以产生税收屏蔽效应，因此，所得税率高的公司的负债权益比可能相应较高，以充分利用债务产生税收屏蔽效应。

7.管理人员的态度

由于没有人能证明哪种资本结构会导致更高的股票价格，所以管理人员对待风险的态度也是影响资本结构的重要因素。比较稳健的管理人员，可能会采用比同行业企业更低的负债率；而一些喜欢冒险的管理人员可能使用比较高的负债率。

8.贷款人和信用评级机构的影响

公司能否以借债的方式筹集资本以及筹集资本的数量，不仅取决于公司管理人员对负债的态度，还取决于公司的信用等级评定和贷款人的态度。如果公司的信用等级不高，贷款人将不愿意借债给公司，从而使公司无法达到它所希望的负债水平。

9.公司的财务灵活性

公司的财务灵活性是指在公司需要资本时，从不同筹资渠道获取资本的能力。由于公司从每一渠道筹集资本的数量是有限的，而且是相互影响的，所以公司当前的筹资决策和资本结构的确定必然会对未来的筹资方式和筹资数量产生影响。例如，公司当前的负债率很高，可能会使公司在今后一段时间内不能利用债务筹资或者只能以较高的成本筹资。因此，公司在筹集资本时，不仅需要考虑筹资方式问题，而且需要考虑不同筹资方式的筹集时机问题。

10.市场状况

股票市场和债券市场的波动会影响公司的目标资本结构。例如，在"垃圾债券"市场不景气时期，对于信用等级在 BBB 之下的公司来说，发行长期债券就十分困难，除非其利率相当高，这迫使需要资本的低信用等级公司转向股票市场或短期债券市场筹集资本，而暂且不考虑其最优资本结构。等市场条件好转，这些公司再发行长期债券，进而将其资本结构调整为目标资本结构。

## 三、资本结构决策方法

资本结构决策就是指确定企业的最优资本结构。所谓最优资本结构，是指在特定的条件下，使公司筹资的加权平均资本成本最低、企业价值最大的资本结构。资本结构决策在筹资管理中是至关重要的问题。各种长期资本尤其是债务性资本与权益性资本的比例安排恰当，从而，有利于企业获得财务杠杆利益、降低加权平均资本成本并增加企业价值。常见的资本结构决策方法有比较资本成本法、每股收益分析法和公司价值分析法。

### （一）比较资本成本法

比较资本成本法是指在一定财务风险条件下，测算可供选择的不同长期筹资组合方案的加权平均资本成本，并以此为依据确定最优资本结构。应用比较资本成本法，可分为初始资本结构决策和追加资本结构决策两种情况。

1.初始资本结构决策

这种情况是对企业拟订的初始筹资总额，先设计出若干个资本结构不同的筹资方案，分别计算各方案的加权平均资本成本，并根据加权平均资本成本的高低来选择筹资方案。

2.追加资本结构决策

公司在生产经营中会不断产生新的资金需求，这就要求公司追加筹资，其结果就是原有的资本结构可能发生变化。按照最佳资本结构的要求，选择追加筹资方案可用两种方法：一种方法是计算追加筹资方案的边际资本成本，并进行比较；另一种方法是将备选追加筹资方案与原有资本结构汇总，计算比较各追加筹资方案下汇总资本结构的加权平均资本成本。

### （二）每股收益分析法

一方面，负债的偿还能力建立在未来盈利能力的基础之上，研究资本结构不能脱离企业的盈利能力。企业的盈利能力一般用息税前利润表示。另一方面，负债筹资通过它的杠杆作用来增加股东财富，确定资本结构不能不考虑它对股东财富的影响。股东财富用每股收益来表示。将以上两方面联系起来，分析资本结构与每股收益之间的关系，找到每股收益的无差别点，进而确定合理的资本结构的方法，就是每股收益分析法或者息税前利润—每股收益分析法。

每股收益分析法是利用每股收益无差别点进行资本结构决策的方法。所谓每股收益无差别点，是指两种或两种以上筹资方案下普通股每股收益相等时的息税前利润点。在每股收益无差别点时，两种筹资方案的每股收益是相等的。

### （三）公司价值分析法

公司价值分析法是在考虑财务风险的基础上，根据资本结构、资本成本和公司价值之间的关系，确定最佳资本结构的一种方法。公司价值分析法与比较资本成本法、每股收益分析法相比，充分考虑了公司的财务风险和资本成本等因素的影响，进行资本结构决策以公司价值最大化为目标，更符合公司价值最大化的财务目标。不过这种方法的测算原理和测算过程比较复杂，通常用于资本规模较大的上市公司。这种方法的基本步骤为：

1.测算公司价值。公司价值等于长期债务（包括长期借款和长期债券）价值与股票价值之和，即：

$$V=B+S$$

式中：V 代表公司价值；B 代表长期债务价值；S 代表公司股票价值。

为简便起见，设长期债务价值等于其面值或本金，而股票价值等于未来股利收益的现值之和。假设未来公司每年净利润相等且全部用于股利发放，公司将持续经营下去，借用永续年金的概念，得到：

$$S = \frac{(EBIT - I)(1 - T)}{K_s}$$

式中：$K_s$ 代表普通股资本成本。

2.测算公司资本成本。公司的综合资本成本等于长期债务和股票的加权平均资本成本，即：

$$K_\omega = K_b \times \frac{B}{V} + K_s \times \frac{S}{V}$$

式中：$K_b$ 代表长期债务资本成本；$K_\omega$ 代表综合资本成本。

3.测算最佳资本结构。使得公司价值最大、综合资本成本最低的资本结构就是公司的最佳资本结构。

## 四、资本结构理论

资本结构比例的高低通过资本成本和财务风险直接影响企业价值的高低。关于资本结构与资本成本和企业价值的关系，西方已形成若干理论，统称资本结构理论。以 1958 年 MM 理论的形成为标志，资本结构理论大致可以划分为早期的资本结构理论和现代资本结构理论。早期资本结构理论中的代表性理论有净收益理论、净营业收益理论和传统理论；现代资本结构理论中的代表性理论有 MM 理论和权衡理论。

1.净收益理论

净收益理论认为，利用债务可以降低企业的综合资本成本，负债程度越高，企业的综合资本成本越低，企业价值越大。该理论主要基于以下两个基本假设：一是债务资本成本和权益资本成本均不受财务杠杆的影响，无论负债程度多高，企业的债务资本成本和权益资本成本都不会变化。二是在企业的筹资方式中，长期债务成本总是低于权益资本成本。这样，当负债比率达到100%时，企业价值将达到最大。

2.净营业收益理论

净营业收益理论认为，不论负债比率如何变化，企业的综合资本成本总是保持不变，资本结构与企业的价值无关，决定企业价值高低的关键要素是企业的净营业收益。如果企业增加成本较低的债务资金，即使债务成本不变，但由于加大了股东承担的风险，权益资本要求的报酬率随之上升；又因为负债的成本总是低于权益资本的成本，那么负债比重上升对降低综合资本成本的好处恰好被上升的权益资本成本所抵消。因此，资本结构的变化不会影响企业的综合资本成本，也不会影响公司总价值，企业总价值的大小总是取决于企业的净营业收益。

3.传统理论

传统理论也称折中理论，是对上述净收益理论和净营业收益理论的一种折中理论。该理论认为，尽管企业利用财务杠杆会导致权益资本成本的上升，但在一定程度内却不会完全抵消因利用成本相对较低的债务所带来的好处，从而使综合资本成本下降，企业总价值上升。但是，超过一定程度地利用财务杠杆，权益资本成本的上升就会完全抵消并超过使用债务带来的好处，企业的综合资本成本开始上升。一旦债务成本也开始上升，并和权益资本成本的上升共同作用，综合资本成本就会加快上升，从而使企业价值降低。综合资本成本从下降变为上升的这个转折点，是综合资本成本的最低点，这时的负债比率就是企业的最优资本结构。因此，企业可以通过选择适当的负债比率来提高企业的总价值。

4.MM理论

现代资本机构研究的起点是MM理论。1958年，美国著名财务学家莫迪利亚尼和米勒联合发表了《资本成本，公司价值和投资理论》一文，探讨了企业价值与资本结构的关系，确立了MM资本结构理论的基本体系。MM理论的提出奠定了西方现代资本结构理论的基础，使资本结构理论逐渐成为一种科学的理论。

在资本市场完善、利率一致、资本可以自由流通、预期报酬率相同的证券价格相同，不存在公司和个人所得税等一系列假定之下，MM理论提出了两个重要命题：

命题Ⅰ：企业的总价值由预期的息税前利润按其适用的风险等级的折现率折现后决定，不论有无负债资本，只有预期的息税前盈余相等，处于同一风险等级的企业其总价值才会相等。也就是说，综合资本成本的高低由企业的经营风险决定，有负债的企业的综合资本成本与具有相同风险等级的未使用负债的企业的权益资本成本相等，企业的总价值不受资本结构的影响。

命题Ⅱ：有负债的企业的权益资本成本等于无负债的企业的权益资本成本加上风险报酬，而风险报酬的大小由负债融资程度和无负债经营企业权益资本成本和债务资本成本之差决定。有负债的企业的权益资本成本会随负债融资程度的上升而增加，但企业的总价值并不会随着负债的增加而上升，因为便宜的负债给企业带来的财务杠杆利益会被上升的权益资本成本所抵消，其结果是有负债的公司的综合资本等于无负债公司的权益成本，企业的总价值不受资本结构的影响。

修正的 MM 资本结构理论提出，有债务的企业价值等于有相同风险但无债务企业的价值加上债务的节税利益。在考虑企业所得税的情况下，由于负债利息的税负抵减效应，导致企业价值与企业资本结构密切相关，而且负债比率越高，综合资本成本越大，企业价值也越大。

5.权衡理论

MM 理论的根本缺陷在于假定资本市场是完善的，在考虑税收因素后，又过度地突出了负债的减税利益对提升企业价值的作用，忽视了由负债引起的财务风险可能给企业带来的成本损失，这些成本损失主要包括财务拮据成本和代理成本。在不完善的资本市场中，由于财务拮据成本和代理成本的存在，抵消了一部分负债的减税利益。在进行资本结构决策时，必须在负债的减税利益与财务拮据成本和代理成本之间进行权衡，由此形成了资本结构的权衡理论。

# 第七章 流动资产管理

## 第一节 流动资产概述

1.流动资产的含义

流动资产是指在 1 年以内或超过 1 年的一个营业周期内变现或运用的资产,包括现金、银行存款、应收账款以及存货等。流动资产在周转过渡中,从货币形态开始,依次改变其形态,历经原材料、各种物料占用的储备资金、机器设备占用的固定资金、人工和制造费用等占用的生产资金以及库存商品完工入库占用的成品资金后又回到货币形态,各种形态的资金与生产流通紧密相结合,是企业资产中必不可少的组成部分。

2.流动资产的特点

(1)流动资产的资金占用形态具有变动性。企业的流动资产必须同时分别占用在生产储备资金、未完工产品资金、成品资金和货币资金与结算资金等各种资金形态上,并且不断地由货币资金转为生产储备资金,由生产储备资金转化为未完工产品资金,由未完工产品资金转化为成品资金,再由成品资金转化为货币资金或结算资金。

(2)流动资产的占有数量具有波动性。随着企业再生产过程的变化,流动资产占用的数量也会时高时低,占用的时间时长时短具有波动性。

(3)流动资产循环与生产经营周期具有一致性。生产经营周期决定着流动资金的循环时间,而流动资产周转又综合反映企业供、产、销全过程。

(4)流动资产的资金来源具有灵活多样性。由于流动资产占用数量具有波动性,因而企业筹集流动资金的方式比筹集长期资金的方式更具灵活性与多样性。

3.流动资产的管理要求

(1)既要保证生产经营需要,又要合理节约使用资金。流动资产管理,必须首先保证企业完成生产经营任务的合理需要,增产与节约是辩证统一的关系,必须正确处理保证生产经营需要和节约合理使用资产两者之间的关系。

(2)流动资金管理和流动资产管理相结合。流动资产是流动资金赖以存在的物资形态。只有各项流动资产安全完整、使用合理，流动资金才能完整无缺，占用减少，效益提高。所以，要管理好流动资金，必须做到管理流动资金的部门和人参与管理流动资产；同时，管理流动资产的部门和人，也应参与管理流动资金，把流动资金管理和流动资产管理结合起来。

（3）资金使用和物资运动相结合。资金是物资的货币表现，资金使用同物资运用有密切的联系。在流动资金管理工作中，必须把资金使用同物资运用结合起来，做到钱出去、货进来，货出去、钱进来，坚持钱货两清的原则。企业必须严格遵守结算纪律，这样才能保证每个企业的经营能够顺利进行。

4.流动资产的分类

在会计中，从不同的角度，流动资产可以有不同的分类方式。而且，不同的行业也由不同的流动资产构成。

工业企业的流动资产可分为：

（1）储备资产：从购买到投入生产为止，处于生产准备阶段的流动资产，包括原材料及主要材料、辅助材料、燃料、修理用备件、低值易耗品、包装物和外购半成品等。

（2）生产资产：从投入到产品制成入库为止，处于生产过程中的流动资产，包括在产品、自制半成品和待摊费等。

（3）成品资产：从产品入库到产品销售为止，处于产品待销过程中的流动资产，包括产成品和准备销售的半成品和零部件等。

（4）结算资产：指各种发出商品、应收账款和应收票据等。（5）货币资产：指银行存款、库存现金等。

商业企业的流动资产可分为：

（1）商品资产：包括库存商品和在途商品等。

（2）非商品资产：包括包装物、物料用品、低值易耗品和待摊费用。

（3）结算资产：包括各种应收、预付款和应收票据等。

（4）货币资产：包括银行存款、库存现金等。

工业企业和商业企业中同种流动资产的构成比例有很大不同，商业企业的比重大大高于工业企业。

# 第二节　流动资产持有政策

流动资产的持有政策主要解决流动资产的持有量问题，在西方有时也称为营运资金的持有政策。

## 一、流动资产持有量对公司收益和风险的影响

流动资产的持有量往往表示成实现一定数量的销售额所要求的流动资产数量。不同的流动资产数量体现了不一样的风险与收益关系。

较高的流动资产持有量，意味着公司拥有的现金、有机证券、应收账款和保险储备存货等流动资产相对较多。持有较多的营运资金，可以使公司有较大把握按时支付一些流动负债和即将到期的长期债务，及时供应原材料并准时向客户提供产品与服务，从而保证公司的生产经营活动正常进行。这种情况下公司的经营风险较小。但是在一般情况下，流动资产的收益低于长期资产，较高的流动资产比重也就意味着较低的公司收益。

如果流动资产的持有量较低，也就是说流动资产占销售额的比重较低，相对上一种情况来说会使公司的报酬率提高。但是较少的现金、有价证券和较低的存货保险储备量会降低公司的短期债务偿还能力和支付能力，有可能造成信用损失、原材料供应中断等经营风险。

公司在生产、销售计划确定的情况下，可以准确制订现金预算计划，把作为资金运用的流动资产和作为资金来源的流动负债在期限上连接起来，以便使公司在最低流动资产水平上实现顺利经营，也就是找到收益和风险的最佳结合点，这就是流动资产在理论上的最佳持有量。但在实际经济生活中，因为普遍存在的经营活动的不确定性，使公司的很多内外环境不能准确预测，所以理论上的最佳持有量很难实现。

因此，流动资产持有量的确定，实际上就是对收益和风险两者之间的关系进行的权衡与选择。

## 二、流动资产持有政策

根据流动资产和销售额之间的数量关系，公司的流动资产持有政策可以分为三种。

1.宽松的持有政策

宽松的持有政策要求公司在一定的销售水平上保持较多的流动资产，这种政策的特点是收益低、风险小。该政策下公司拥有较多的现金、短期有价证券和存货，能按期支付到期债务，并且为应付不确定情况保留了大量资金，使风险大大减少。但由于现金、短期有价证券投资收益较低，导致存货占用使资金营运效率低下，从而降低了公司的盈利水平。

2.适中的持有政策

适中的持有政策要求公司在一定的销售水平上保持适中的流动资产，既不过高又不过低，流入的现金恰恰满足支付的需要，存货也恰好满足生产和销售所用。这种政策的特点是收益和风险平衡，在公司能够比较准确地预测未来各种经济情况时，可采用该政策。

3.紧缩的持有政策

紧缩的持有政策要求公司在一定的销售水平上保持较低的流动资产，这种政策的特点是收益高、风险大。此时公司的现金、短期有价证券、存货和应收账款等，流动资产降到最低限度，可降低资金占用成本，增加公司收益；但同时也可能由于资金不足造成拖欠货款或不能偿还到期债务等不良情况，从而加剧公司风险。在外部环境相对稳定、公司能非常准确地预测未来的情况下，可采用该政策。

从理论上来讲，如果公司面对多种内外情况，比如销售额、订货时间和付款时间等都是一定的，那么公司只需持有能够满足需要的最低数量的流动资产。超过这个最低数量的流动资产不仅会增加公司利润，而且还会使公司发生筹资费用；而低于这个最低数量的流动资产会使公司出现存货短缺、支付困难或者必须制定过于严格的应收账款管理政策等。但是，实际经济生活中往往存在许多难以预计的不确定性。流动资产的占用水平是公司的内外条件等多种因素共同作用形成的结果，这些因素都是不断变化的，所以很难恰当地对适中政策的流动资产持有量加以量化。在财务管理的实际工作中，公司应当根据自身的具体情况和环境条件对未来进行合理预测，将流动资产与流动负债尽量相匹配，确定一个对公司来说较为适当的流动资产持有量。

# 第三节　现金管理

## 一、现金的持有动机与成本

（一）现金的持有动机

为了保证企业的正常运用，持有一定的现金量对于企业拉私活是必需的，但是应该根据企业的不同情况来制定现金的持有量。具体来说，以下三种动机是企业持有现金的主要原因。

1.交易动机

交易动机是指企业为维持正常生产经营秩序而持有一定货币资金的行为。公司在正常生产活动的过程中，通常会在购买原材料、支付小额费用之时需要运用一部分现金。公司根据以往的经营经验以及公司交易规模的发展决定公司持有现金量的水平。当然，在特殊时期，公司会根据特殊需求而增加现金的持有量，例如在建工程的时候。

2.投机动机

投机动机是指，当企业发展遇到特殊的投资机会的时候，就可以发挥这部分置存现金的作用，比如可用手头持有的现金大量购买价格低廉的生产资料，或者时机合适的话，可以购买有利于企业未来发展的股票和债券等等。不可否认的是，通常情况下，除了金融企业和投资公司外，大部分企业很少会有特殊置存现金来满足投机性的需要，所以当市场上出现不寻常的投资机会的时候，临时筹集资金就成为这些企业获取资金的重要途径。

### 3.预防动机

预防动机是指公司为应付紧急情况而持有一定现金的行为。企业在处理自身业务活动的时候，通常需要处理一些紧急情况，从而难以预测未来现金流入量与流出量。需要值得注意的是，当实际发生的情况与企业对现金流量的预期存在明显背离的时候，有可能使企业陷入困境，从而威胁到企业的正常生产经营秩序。因此，企业需要在维持一定正常业务活动资金需要量的基础上，追加持有一部分现金，用以应付可能发生的波动。企业在确定应持有的预防动机现金可以考虑下述三个方面的因素：第一，公司对待风险的态度；第二，公司短期借款能力；第三，公司现金流的预期强度。

## （二）与现金相关的成本

### 1.持有成本

公司持有货币资金就会放弃一部分报酬——货币市场能够带来的利息收入，因此这一部分成本的大小与货币资金的余额还有货币市场的利率变化有关系。企业为了经营业务的需要，拥有一定的现金是必要的，但现金拥有量过高，机会成本代价就会增大，从而降低企业的收益。

### 2.转换成本

货币资金的转换成本是指货币资金与有价证券相互转换发生的成本，外国学者也将之称为皮鞋成本，主要包括经纪人费用、证券过户费用等。这一部分费用与证券交易次数和交易量有关。

### 3.管理成本

公司保留一部分货币资金就必须雇佣相关人员进行管理，例如现金出纳，为其支付一部分薪酬，还要购买一些保管设备。这一部分统称为货币资金的管理成本。

### 4.短缺成本

现金的短缺成本是指："在现金持有量不足而又无法及时通过有价证券变现加以补充而给企业造成的损失。"直接损失与间接损失两种形式主要构成了短缺成本。当企业在生产经营的过程中现金短缺的话，就会造成急需的原材料无法及时购买和供应现象，从而使企业的生产经营中断而给企业造成损失，这是直接损失；由于现金短缺而无法按期支付货款或不能按期归还货款，将给企业的信用和企业形象造成损害，这是间接损失。现金的短缺成本与现金持有量之间的关系是密切联系的，呈反方向变动关系。更具体地来说，当现金持有量的增加时，现金的短缺成本会下降；当现金持有量减少时，现金的短缺成本则会上升。

## 二、最佳现金持有量

企业为了各种动机的需要，必须保持一定数量的现金，但持有现金又面临各项成本。当企业持有过少的现金时，企业可能就会面临着现金短缺的困难，阻碍企业生产的发展；当企业持有过多的现金时，则会进一步导致企业盈利水平的降低。在现金余额问题上，存在收益与风险的权衡问题，必须确定最佳的现金持有量。

### （一）成本分析模式

持有成本、转换成本和短缺成本是构成现金成本的主要内容。为了分析预测出企业在总成本最低时的现金持有量，就需要采用成本分析模式，即根据现金的有关成本进行分析预测的方法。

这里需要着重说明的是，为了确定企业的最佳现金持有量，在运用成本分析模式时不考虑现金与有价证券之间的相互转换问题，因而不考虑转换成本，只需要考虑的是企业在持有一定量的现金的基础上进一步导致产生的持有成本及短缺成本。

在现金管理的各项成本中，管理费用的性质是具有一定的特殊性，具有固定成本的性质。因此，在这个基础上，在一定的现金持有量范围内，明显的线性关系并不是现金管理成本与现金持有量存在的关系，在坐标图上表现为与横坐标平行的一条直线（图7-1）。

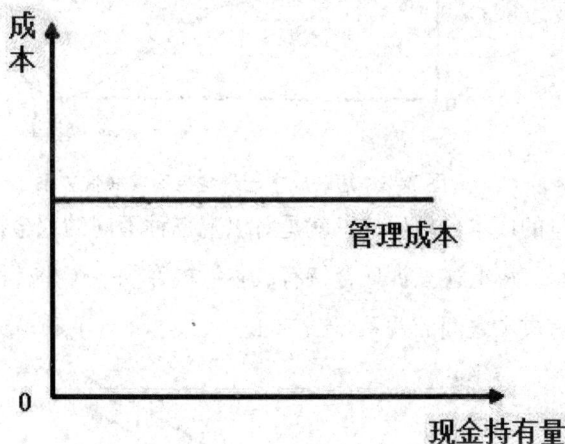

图7-1 现金管理成本与现金持有量的关系

机会成本与现金持有量成正比例关系，随着现金持有量的增加而增长，具体来说是指因持有现金而丧失的再投资收益（图7-2）。

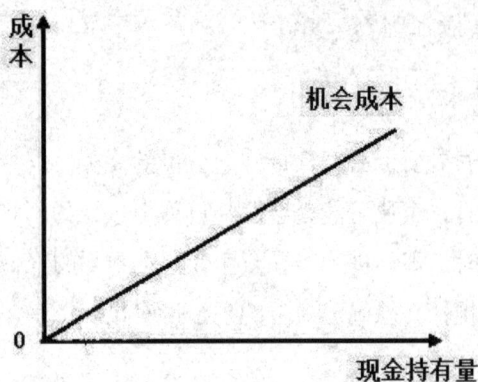

图 7-2　机会成本与现金持有量线性关系

机会成本的计算方式为：

机会成本=现金持有量×有价证券利率（或报酬率）

短缺成本同现金持有量呈负相关，随着现金持有量的增大相应地会减少现金短缺；反之，就会随着现金持有量的减小而增大现金短缺成本（图 7-3）。

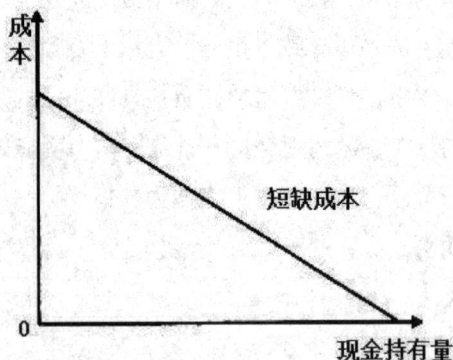

图 7-3　短缺成本与现金持有量线性关系

最佳现金持有量的成本分析模式，就是对以上三种不同的现金持有成本进行分析，力求三种成本之和最小。将上述三种现金持有成本线放在同一个坐标图上，能够综合反映现金持有量与相应持有成本之间的关系（图 7-4）。

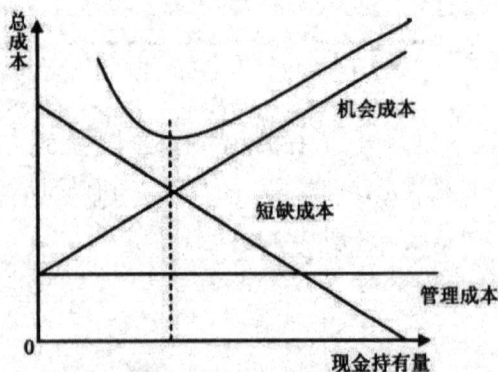

图 7-4　成本分析模式示意图

从上图（图7-4）中可以看出，机会成本线向右上方倾斜，短缺成本线向右下方倾斜，因为不同成本所持有的现金量各不相同，所以图中总成本以抛物线的形式出现，而总成本的最低点就是抛物线的最低点，而这点所对应的横轴上的数值就是最佳现金持有量。

在计算最佳现金持有量的过程中，首先需要计算出不同分配比例中的机会成本与短缺成本两者之和，再从这些数值中选择最低的数值，这个数值就是最佳现金持有量。在实际操作中，计算最佳现金持有量的具体步骤如下：

1.根据各种可能的现金持有量测算与确定有关成本数值。

2.根据上一步骤的结果编制最佳现金持有量的测算表。

3.从测算表中找出总成本最低时的现金持有量，即最佳现金持有量。

### （二）现金周转期模式

现金周转模式主要是以现金周转为基础进行设计的，依据周转的速度来确定最佳现金持有量，主要分为以下三个步骤：

1.确定现金周转期

现金周转期是指企业从现金投入生产经营开始到销售商品收回现金为止所需要的时间，即现金周转一次所需要的天数。现金周转期越短，则企业的现金持有量就越小。它的长短取决于以下三个方面。

（1）库存周期

库存周期主要是指从开始准备购买原材料开始，到把原材料转化为产品并且将产品顺利销售这一过程所需要的时间。

（2）应收账款周期

应收账款周期主要是指从应收账款的发生到现金的收回所需要的时间。

（3）应付账款周期

应付账款周期主要是指从应付账款的发生到现金偿还所有的应付账款的完成所需要的时间。

这三者之间的关系下图所示（图7-5）。

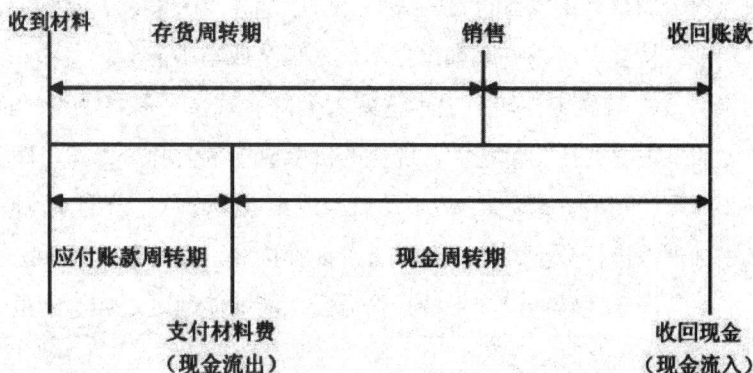

图7-5　现金周转期总图

根据上图（图7-5）中所显示的内容，可得现金周转期的计算方式：

$$现金周转期=库存周转期+应收账款周转期-应付账款周转期$$

2.确定现金周转率

现金周转率指的是一定时期内现金周转的次数，其计算公式为：

$$现金周转率=计算期天数/现金周转期$$

在上述公式中，计算期天数通常按年计算，即360天。现金周转率与周转期成反比关系。周转期越短，则周转次数越多，在现金需求额一定的情况下，现金持有量将会减少。

3.确定最佳现金持有量

最佳现金持有量的计算公式为：

$$最佳现金持有量=全年现金需求量/现金周转率$$

现金周转期模式具有简单明了、便于计算的特点。但在使用的过程中，还应该注意以下两个方面的问题：

（1）企业的运营情况比较稳定，可以根据企业的销售计划来预测未来年度的现金总量。

（2）企业可以根据以往的销售情况预测出未来年度的现金周转期，所预测的结果应该符合企业发展的规律，确保一定的科学性和准确性。

## （三）库存模式

库存模式主要是由美国的著名学者威廉·鲍曼（William Baumol）提出来的，主要是来源于库存规划的经济批量模型，所以也可以称之为鲍曼模型。

库存模式主要的研究重点在于现金有关成本的最低值，所以在库存模式中一般只考虑现金的机会成本因素和固定性的转换成本因素这两方面。所谓转换成本主要是指企业使用现金所购买的一些有价证券以及有价证券进行兑换时所需要的交易费用，这时候一般是不考虑现金的所需要的管理费用和短缺成本。这是因为在一定的范围之内，现金所需要的管理费用一般与现金的持有量没有直接的关系，所以都属于决策无关成本。而现金的短缺成本因为不确定性的特性，所以一般来说也不计入现金成本中。

现金的机会成本与固定性转换成本这两者会随着现金持有量的变动而产生一定规律的变动趋势。如果现金的持有量增大，现金的机会成本就会升高，固定性转换成本就会降低；相反，如果现金的持有量减少，现金的机会成本就会降低，固定性转换成本就会升高。所以企业必须合理地进行分配，把现金与有价证券按照一定的黄金比例进行分配，从而使现金的机会成本与固定性转换成本保持最佳分配，能够使两者之和达到最低，从而得出最佳的现金持有量。

使用库存模式来确定最佳现金持有量的时候，需要具备以下几个条件。

1.企业如果需要现金，可以通过证券变现的形式取得，证券变现的不确定性发生的概率很低。

2.企业所需要的现金总量是可以进行预测的，所以企业的运营情况稳定，现金的流出与流入量都维持在一定的稳定状态，可以进行预测。

3.企业现金的支出状态稳定，波动很小，当现金的余额为零时，可以及时通过证券变现来进行补充现金持有量。

4.证券变现的利率以及每次固定性的交易费用可以进行查询获知。现金管理相关的总成本计算公式如下：

$$现金管理相关总成本=持有机会成本＋固定性转换成本$$

## 三、现金的日常管理

企业确定了最佳的现金持有量之后，还需要对现金进行有效管理，这样才能确保现金的安全和使用，发挥最大的效用。一般来说，现金的日常管理主要分为现金支出管理和现金回收管理两方面。

### （一）现金支出管理

现金支出管理的主要目的是尽量地延缓现金支出的时间，一般来说，延缓现金支出的方法主要包括以下几个方面。

1.使用汇票付款

在选择支票付款时，只要收款方把支票存入银行，付款方就需要无条件的进行支付。但是在使用汇票付款时，就不一定是"见票即付"这种方式。当收款方把汇票送达给银行之后，银行才会把汇票交付给付款方进行承兑，而付款方在收到汇票之后，必须把与汇票上相同的金额存入银行，银行才可以付款给收款方，这样就合理的拖延了付款时间。

2.合理使用现金"浮游量"

现金的浮游量主要是指因为资金未到账，所以企业的记账账户上的现金余额与银行账户上所显示的现金余额存在一定的差额。很多时候，企业的记账账户上显示的现金金额为零，但是银行账上所显示的现金余额数量还比较巨大。这种情况出现主要是因为企业所开出的付款票据仍在处理过程中，银行没有进行付款出账。所以如果企业能够合理地运用现金的浮游量，就可以节约大量的现金。在进行使用现金"浮游量"时一定掌握好时间和数额，否则，一旦银行需要付款，账上没有现金就会出现透支情况，从而影响企业的声誉。

### （二）现金回收管理

现金回收管理的最终目标是加快现金回收周期。企业可以根据成本效益原则选择一些合适的方法来加快应收账款的回收。

企业的账款回收一般需要经过四个时间点，第一时间点是客户开出票据，第二时间点是企业收到票据，第三时间点是票据交付银行，第四时间点是企业收到现金。

企业进行账款回收都需要一定的时间，这些时间包括了客户出票据后的邮寄时间、企业收到票据需处理的时间和票据进行结算所需要的时间。这些时间的长短取决于企业、客户、银行这三者之间的实际距离，还取决于三者之间的实际工作效率。

在实际工作中，缩短这两段时间的方法一般有银行业务集中法、邮政信箱法等。

1.银行业务集中法

银行业务集中法又称集中银行法，是企业建立多个收款中心来加强现金回收的方法。采用该种方法，企业不仅只在总部所在地设立一个收款中心，而且在许多地区分别设立收款中心，其目的在于缩短从顾客邮寄付款支票到公司利用资金的时间。

这种方法具有很大商务优点，其不仅可以使公司集中有效地使用资金，并且还可以缩短顾客邮寄支票所需的时间。其缺点是，企业开设的每个收款中心的银行都要求补偿性余额，开设的收款中心越多，补偿性余额造成的呆滞资金总量就越大，所发生的机会成本就越高。公司合理地确定收款中心的数量和设置地点，是采用集中银行法管理现金收款业务的关键。为此，企业应在权衡利弊得失的基础上，做出是否采用银行业务集中法的决策，这就需要计算出分散收账收益净额。

分散收账收益净额=（分散收账前应收账款投资额－分散收账后应收账款投资额）×企业综合资金成本率–因增设收账中心每年增加费用额

2.邮政信箱法

邮政信箱法又叫作锁箱法，是西方企业加速现金流转的一种常用方法。企业可在各主要城市租用专用的邮政信箱。企业对客户开出发票、账单，通知客户将款项寄到专用的邮政信箱，并直接委托当地开户银行每日开启信箱，以便及时取出客户支票予以登记，将款项存入该企业账户。当地银行依约定期向企业划款并提供收款记录。

该方法的优点是，免除了公司办理收账、货款存入银行的一切手续，缩短了公司办理收款与存储的时间。其缺点是，被授权收取邮政信箱货款的银行除了要求相应的补偿性余额外，还要收取办理额外服务的服务费，使回收现金的成本增加。因此，是否采用锁箱法，需要在回收现金创造的收益和所增加的成本之间进行权衡。

## 第四节　应收账款管理

### 一、应收账款产生的原因

#### （一）商业竞争

市场经济条件下，企业的商品生产和经营活动面临着激烈的竞争。在市场竞争的格局下，企业只能不断扩大销售渠道，除了传统的提高产品质量、销售服务、扩大推广等方式之外，赊销也成为一种扩大销售的重要手段之一，在其他产品条件相似的情况下，采取赊销手段的产品销售量比采取现销手段的产品销售量还是能够提高很多，所以这就是采取赊销手段的有效成果，也是现在企业产生很多应收账款的主要原因。

#### （二）销售和收款的时间差额

商品成交的时间和收到货款的时间不一致，也导致了应收账款的产生。由于结算方法的缘故，对批发和大量生产的企业来讲，发货时间和收到货款的时间往往不能同步，这样，销货方的资金在这一期间是属于垫付性质的。

从根本上讲，应收账款是企业为了扩大销售和盈利而进行的投资，因而要发生成本，增加企业的支出。但是，如果企业为了节约支出而减少应收账款的投资，又会限制企业的销售，进一步影响企业的盈利能力。因此，应收账款管理的目标是权衡应收账款的收益与成本，以尽可能少的成本获取尽可能多的经济效益。

### 二、应收账款的功能与成本

应收账款的功能是指它在生产经营中的作用。在市场经济条件下，企业的应收账款主要有两个方面的功能，即增加销售和减少库存。企业持有应收账款，也会发生支出或成本。

#### （一）管理成本

管理成本是指用于应收账款的各种管理费用，包括调查客户信用状况、收集各种信息的费用、账簿的记录费用、收账费用以及其他费用等。管理费用是应收账款上发生的间接成本，通常可视为固定成本，可通过预测加以确定，无须具体计算。

#### （二）机会成本

机会成本是指企业的资金因投放于应收账款而必然放弃其他投资机会所丧失的收益。这种成本一般按短期有价证券的利率确定。机会成本是应收账款上发生的潜在成本，其计算公式为：

$$应收账款占用的机会成本=应收账款平均占用额×机会成本率$$

$$=每日赊销占用应收账款额×平均收账期×有价证券利率$$

$$=年赊销收入×变动成本率/360×平均收账期×有价证券利率$$

## （三）坏账成本

坏账成本是指应收账款不能及时回收，发生坏账而给公司造成的损失，这是应收账款的直接成本，其计算方式为：

$$坏账损失=赊销收入×实际（或预期）坏账损失率$$

## 三、信用政策

1.信用标准

信用标准是指给予客户赊销的最低条件，通常以预期的坏账损失率来表示。它表明公司可接受的信用风险水平。一般而言，在严格的信用标准下，公司只愿意对信用卓著的客户给予赊销，许多客户因信用品质达不到指定的标准而被拒于公司的商业信用之外。在宽松的信用标准下，它会有利于公司扩大销售，但却可能使公司的坏账损失加大、信用风险水平提高，并且增加成本。因此，信用标准在确定之前，首先应对客户的资信进行调查与分析。

企业对客户进行资信评定时，一般采用信用的"六 C"系统。信用"六 C"主要包括信用品质、偿债能力、资本抵押品，经济状况、持续性这六个方面。

（1）信用品质主要是指客户按照合同规定能够按时进行偿还债务的可能性，信用品质的判断主要通过客户以往的偿还记录作为参考依据进行评判。

（2）偿债能力主要是指对客户的还款能力进行判断，这些判断的依据主要是客户的所有资产、客户的流动资产、客户的运营能力、客户的负债结构等一些真实的数据，根据数据进行分析得出一定的参考意见，再根据对客户的实际观察作为补充，从而来判定客户的偿债能力。

（3）资本是指对客户总资产、有形资产净值等的测定，它反映了客户的经济实力与财务状况的优劣，是偿付债务的最终保证，一般从财务报表中获得。

（4）抵押品是指客户获得信用可能提供担保的资产。

（5）经济状况是指不利经济环境对公司的影响或者对公司偿债能力的影响。

（6）持续性是指客户经营政策和经营行为的连续性和稳定性。

2.信用条件

信用条件主要是指企业允许客户进行赊销账款的优惠条件，主要包括了折扣期限、信用期限和现金折扣。折扣期限主要是指企业同意客户在一定的信用期限内，得到一定的现金折扣。信用期限主要是指企业同意客户延期付款的最长时间。现金折扣主要是指企业为了鼓励客户能够尽快付款而承诺给予的一定优惠。

## 四、应收账款的主要账务处理

为了反映应收账款的增减变动及其资金占用情况，企业应当设置资产类的"应收账款"科目，借方登记企业因销售材料、商品或提供劳务而发生的应收未收款项以及因到期无法收回而转入的应收票据的本息；贷方登记收回的应收账款、改用商业汇票结算的应收账款以及确认为坏账的应收账款，期末借方余额为尚未收回的应收账款，若为贷方余额则为预收账款。本科目按照购货单位或接受劳务的单位名称设置明细账进行明细核算。

1.应收销货款

销售商品、产品和提供劳务时，按应收的全部款项，借记"应收账款"科目，按不含税销售额，贷记"主营业务收入""其他业务收入"等科目，按应向买方收取的增值税额，贷记"应交税费——应交增值税（销项税额）"科目，按为购货或接受劳务的单位、个人代垫的包装费、运输费等，贷记"银行存款"科目。收回货款和代垫费用时，借记"银行存款"科目，贷记"应收账款"科目。

2.应收账款转为应收票据

因应收账款改用商业汇票结算而收到经承兑的商业汇票时，借记"应收票据"科目，贷记"应收账款"科目。

## 五、应收账款的日常管理

1.应收账款的追踪分析

应收账款一旦产生，企业就必须考虑到应收账款的回收问题。为了能够尽快完成应收账款的回收，企业就必须对应收账款进行合理的追踪分析。追踪分析的重点应该放在赊销产品的销售情况和变现情况，特别对那些金额较大或者客户信用情况较差的客户进行及时追踪，一旦发现客户出现任何问题，都必须采取相应的措施，及时收回货款，防止产生不必要的损失。

2.进行应收账款的账龄分析

账龄指的是发生在外的各笔应收账款的时间长度，公司往往通过编制账龄分析表来进行分析。

通过账龄分析，可使财务人员掌握应收账款水平及付款时间长短的有关信息。在通常情况下，账款逾期的时间越短就越有利于收回，企业所受到的坏账损失越小；反过来，如果账款逾期的时间越长，那么收账的难度和企业的坏账损失都会大幅度增加。因此，账龄可以提示财务人员把过期款项视为工作的重点，密切注意过期账户比重的变化，一旦增加，立即采取措施，改善信用状况，提高收款效率。

3.催收应收账款

在实际工作中，总有一部分货款因客户的拖欠或拒付而不能及时收回，其原因也是各不相同的，这就要求公司在日常的管理中，具体情况具体分析，确定合理的催收程序及催收办法。一般来说，催收程序应从催收费用最小的方法开始，逐渐加码，使公司处在有理、有利、有节的境地，即从信函通知到电告催收，再到派员洽谈直到诉诸法律。诉诸法律往往是不得已而为之的办法，因为公司直接向法院起诉，所以一方面要花费较多的诉讼费用，另一方面效果往往也不怎么理想。而采取除法律以外的其他方法，也许可以达成双方谅解妥协，既密切了相互关系，也有助于货款的回收，并且一旦将来彼此关系置换时，也有一个缓冲的余地。

4.建立应收账款的坏账准备制度

公司的应收账款总有一部分收不回来，从而成为坏账。也就是说，坏账损失的发生是不可避免的，但坏账必须经过确认才能成立。从当前会计制度及相关法律规定来看，企业确定坏账损失需要满足两个条件：

第一，由于债务人遭遇破产或是死亡，用其破产后的财产或是遗产对其债务进行清偿后，仍然不能收回的账款，就应被记为是坏账损失。

第二，由于债务超过法定的期限，导致不能偿债，且超过三年仍然没有被偿还的应收账款，则通常会被企业记为坏账损失。

按照国际惯例，坏账损失一般是在注册会计师进行查账时确认，只有经过注册会计师认定确实不能收回的才予以确认。需要注意的是，即使按照上述中第二个确认坏账损失的条件，企业已经对相关账务进行坏账处理之后，但企业仍然保持有催收账款的法定权利，并不会由于企业坏账的确定导致企业与欠款人之间债券债务关系的解除。既然坏账损失在所难免，就必须对这些坏账损失进行财务处理。

为增强公司的风险意识，公司从谨慎性原则出发，财会制度规定公司实行坏账备抵法，即公司需要对可能出现的坏账损失提前进行估计，然后还需要建立起相应的弥补坏账的措施，在做账时要计提坏账准备金。需要注意的是，由于各个行业的应收账款的收回风险存在差异，因此，坏账准备的计提比率之间也存在很大差别。公司应依据制度并结合自身的实际情况，确定坏账准备金的提取比率及提取数额，从而使坏账得以处理，加速公司的资金周转。

# 第五节　存货管理

## 一、存货的功能和成本

存货（inventory）是指企业或商家在日常活动中持有以备出售的原料或产品、处在生产过程中的在产品、在生产过程或提供劳务过程中耗用的材料、物料等。存货区别于固定资产等非流动资产，其最基本的特征是，企业持有存货的最终的目的是出售，不论是可供直接销售，如企业的产成品、商品等，还是需经过进一步加工后才能出售，如原材料等。

### （一）存货功能

保证企业不间断生产；满足产品销售批量化、经常化的需要；保证企业均衡生产并降低生产成本；为避免或减少经营中可能出现的失误和意外事故对企业造成的损失。

### （二）存货成本

存货成本主要有进货成本、储存成本和缺货成本。

1.进货成本

进货成本主要由存货的采购成本及订货成本构成。在一定时期进货总量确定的情况下，无论企业采购次数如何变动，存货的采购成本通常是保持相对稳定的（假设物价与税率不变，无采购数量折扣），属于决策的无关成本。相反，企业为组织进货而开支的办公费、差旅费、邮资、电报电话费等订货成本则与进货次数成正比例关系，即订货次数越多，需要支付的订货成本就越多；反之，则越少。因此，订货成本属于决策的相关成本。

2.储存成本

存货的储存成本是指企业为持有存货而发生的费用，主要包括存货资金占用费（以贷款购买存货的利息成本）或机会成本（以现金购买存货而丧失的证券投资收益等）、仓储费用、保险费用和存货残损霉变损失等。储存成本按照与储存数额的关系分为变动性储存成本与固定性储存成本，固定性储存成本与存货储存数量的多少没有直接联系，属于决策无关成本；变动性储存成本与存货储存数量成正比例变动关系，属于决策相关成本。

3.缺货成本

缺货成本是因为存货不足而给企业造成的停产损失、延误发货的信誉损失及丧失销售机会的损失等。如果生产企业能够以替代材料解决库存材料供应中断之急的话，缺货成本便表现为替代材料紧急采购的额外开支。缺货成本能否作为决策的相关成本，应根据企业是否允许出现存货短缺而定。如果允许缺货，则缺货成本与存货数量呈反向关系，即属于决策相关成本；如企业不允许发生缺货，缺货成本为零，也就无须加以考虑。

上述分析可知,决定存货经济批量的成本因素主要包括订货成本、变动性储存成本(简称储存成本)及允许缺货时的缺货成本。不同的成本项目与进货批量呈现着不同的变动关系。减少进货批量,增加进货次数,在使储存成本降低的同时,却会导致订货成本与缺货成本的提高;相反,增加进货批量,减少进货次数,尽管有利于降低订货成本与缺货成本,但同时却会使储存成本提高。因此,如何协调各项成本间的关系,使其总和保持最低水平,是企业组织进货过程需解决的主要问题。

## 二、经济订货批量

经济订货批量是指能够使一定时期的总成本达到最低点的进货数量。

1.基本模式

在此仅对经济进货批量的基本模式加以讨论。所谓经济进货批量基本模式,是就如下假设前提而言的:

(1)企业一定时期的进货总量可以较为准确地预测。

(2)存货的耗用或者销售比较均衡。

(3)存货的价格稳定,且不存在数量折扣优惠。

(4)每次的进货数量和进货日期完全由企业自行决定,且每当存货量降为零时,下一批存货均能够马上一次到位。

(5)仓储条件及所需资金不受限制。

(6)不允许出现缺货情形。

由于企业不允许缺货,即每当存货数量降至零时,下一批订货便会随即全部购入,故不存在缺货成本。此时与存货订购批量、批次直接相关的就只有订货成本和储存成本两项。这样,订货成本与储存成本总和为最低水平下的进货批量,就是所谓的经济进货批量。由于确定经济进货批量的模式与确定最佳现金持有量的存货模式原理基本相同,因此,可以得出下列计算公式:

$$Q = \sqrt{\frac{2AF}{C}}$$

$$T_C = \sqrt{2AFC}$$

$$N = \frac{A}{Q}$$

式中:Q代表经济进货批量;A代表某种存货年度计划进货总量;F代表平均每次的订货成本;C代表单位存货年储存成本;$T_c$代表进货费用与储存成本的最低数额;N代表年最佳进货批次。

需要指出的是,经济进货批量的基本模式只是建立在上述各种假设基础上的一种理想化的进货控制方法。实际工作中，通常还存在着数量优惠（即商业折扣）以及允许一定程度的缺货情形发生等，这就使得上述假设条件很难完全具备。因此，企业不能机械套用这一基本模式来确定存货的经济进货批量，而必须同时结合价格折扣及缺货成本等不同的情况具体分析，灵活运用。

### （二）有数量折扣的经济批量模型

许多供应商为了鼓励更多的订货而提供数量折扣。此时，企业必须在提高订货数量得到的折扣收益与增加的储存成本之间进行权衡。如果增加订货得到的折扣大于增加的储存成本，则应该增加订货量；反之，则应该放弃折扣。此时，需要分别计算取得数量折扣和放弃数量折扣两种情况下的成本，其成本低者为最优订货批量。

## 三、再订货点和保险储备

1.再订货点

一般情况下，企业不能等存货用光再去订货，而要在没有用完时提前订货。在提前订货的情况下，企业再次发出订货单时，尚有存货的库存量，称为再订货点。

$$再订货点=存货在途时间×日消耗量$$

2.保险储备

为了防止需求增大或送货延迟所造成缺货或供货中断的损失，而多储备一些存货，这称为保险储备（安全存量）。保险储备的存在不会影响经济订货批量的计算，但会影响再订货点的确定。

$$考虑保险储备的再订货点=存货在途时间×日消耗量+保险储备$$

保险储备量加大会使储存成本升高。

## 四、ABC 控制法

对于一个大型企业来说，经常有成千上万种存货。在这些存货中，有的价格昂贵，有的不值一文；有的数量庞大，有的寥寥无几。如果不分主次面面俱到，对每一种存货都进行周密的规划和严格的控制，就会抓不住重点，不能有效地控制主要的存货资金，甚至浪费人力、物力和财力。

ABC 控制法正是针对这一问题而提出来的重点管理方法。这种方法把存货分成 A、B、C 三大类，目的是对存货资金进行有效管理。A 类存货种类虽少，但占用的资金多，应集中主要力量进行管理，应对其经济批量进行认真规划，对收入和支出要进行严格控制；C 类存货虽然种类繁多，但占用的资金不多，不必耗费大量人力、物力和财力去管理，这类存货的经济批量可凭经验确定，不必花费大量的时间和精力去进行规划和控制；B 类存货介于 A 和 C 类之间，也应给予相当重视，但不必像 A 类那样进行非常严格的控制。ABC 控制存货分类如表 7-1 所示。

表 7-1  ABC 控制法存货分类

| 项目 | 特点 | 金额比例 | 品种数量比例 | 管理方法 |
| --- | --- | --- | --- | --- |
| A 类存货 | 金额巨大、品种数量较少 | 70% | 10% | 按品种重点管理 |
| B 类存货 | 金额一般、品种数量相对较大 | 20% | 20% | 按类别一般管理 |
| C 类存货 | 价值很小、品种数量繁多 | 10% | 70% | 按总金额灵活掌握 |

# 第八章　成本控制管理

## 第一节　成本控制概述

### 一、成本控制的定义

成本控制的过程是运用系统工程的原理，对企业在生产经营过程中发生的各种耗费进行计算、调节和监督的过程，也是一个发现薄弱环节、挖掘内部潜力，寻找一切可能降低成本的过程。科学地组织实施成本控制，可以促进企业改善经营管理、转变经营机制、全面提高企业素质，使企业在市场竞争的环境下生存、发展和壮大。

成本控制是指以成本作为控制的手段，通过制定成本总水平指标值、可比产品成本降低率以及成本中心控制成本的责任等，达到对经济活动实施有效控制目的的一系列管理活动与过程。

成本控制是成本管理的一部分，致力于满足成本要求。满足成本要求主要是指满足顾客、最高管理者、相关方以及法律法规等对组织的成本要求。成本控制的结果应能使被控制的成本达到规定的要求。为使成本控制达到规定的、预期的成本要求，企业就必须采取适宜的和有效的措施，包括作业、成本工程以及成本管理技术与方法，如 ABC 作业成本法、ABM 作业成本管理、SC 标准成本法、目标成本法、CD 降低成本法、SCM 战略成本管理、质量成本管理、环境成本管理、存货管理、成本预警、成本控制方案等等。

开展成本控制活动的目的是防止资源浪费，使成本降到尽可能低的水平，并保持已降低的成本水平。

成本控制反对"秋后算账"的做法，提倡预先控制和过程控制。因此，成本控制必须遵循预先控制和过程方法的原则，并在成本发生之前或在发生的过程中去考虑和研究为什么要发生这项成本，应不应该发生，应该发生多少，应该由谁来发生，应该在什么地方发生，是否必要；决定后应对过程活动进行监视、测量、分析和改进。

## 二、成本控制的内容

### （一）按照成本形成过程划分

1.产品投产前的控制（事前控制）

产品投产前的控制内容主要包括产品设计成本、加工工艺成本、物资采购成本、生产组织方式、材料定额与劳动定额水平等。这些内容对成本的影响最大，可以说产品总成本的60%取决于这个阶段的成本控制工作的质量。这项控制工作属于事前控制方式，在控制活动实施时，真实的成本还没有发生，但它决定了成本将会怎样发生，它基本上决定了产品的成本水平。

2.制造过程中的控制（事中控制）

制造过程中是成本实际形成的主要阶段。绝大部分的成本支出在这里发生，包括原材料、人工、能源动力、各种辅料的消耗、工序间的物料运输费用、车间以及其他管理部门的费用支出。投产前控制的种种方案设想，控制措施能否在制造过程中贯彻实施，大部分的控制目标能否实现和这阶段的控制活动紧密相关，它主要属于事中控制方式。由于成本控制的核算信息很难做到及时，因此，会给事中控制带来很多困难。

3.流通过程中的控制（事后控制）

流通过程中的控制内容包括产品包装、厂外运输、广告促销、销售机构开支售后服务等费用。在目前强调加强企业市场管理职能的时候，很容易不顾成本地采取种种促销手段，反而抵消了利润增量，所以也要做定量分析。

### （二）按成本构成划分

1.原材料成本控制

在制造业中原材料费用占了总成本的很大比重，一般在60%以上，高的可达90%，是成本控制的主要对象。影响原材料成本的因素有采购、库存费用、生产消耗、回收利用等，所以原材料控制可从采购、库存管理和消耗三个环节着手。

2.薪酬费用控制

薪酬在成本中占有一定的比重，增加薪酬又被认为是不可逆转的。控制薪酬与效益同步增长，减少单位产品中薪酬的比重对于降低成本有重要意义。控制薪酬成本的关键在于提高劳动生产率，它与劳动定额、工时消耗、工时利用率、工作效率、工人出勤率等因素有关。

3.制造费用控制

制造费用开支项目很多，主要包括折旧费、租赁费、辅助生产费用、车间管理人员薪酬等，虽然它在成本中所占比重不大，但因不引人注意，导致浪费现象十分普遍，是不可忽视的一项内容。

4.企业管理费控制

企业管理费指为管理和组织生产所发生的各项费用，开支项目非常多，也是成本控制中不可忽视的内容。上述这些都是绝对量的控制，即在产量固定的假设条件下使各种成本开支得到控制，在现实系统中还要达到控制单位成品成本的目标。

## 三、成本控制的基础工作

成本控制的起点，或者说成本控制过程的平台就是成本控制的基础工作。如果成本控制不从基础工作做起，成本控制的效果和成功可能性将受到很大影响。成本控制的基础工作有以下几个方面。

### （一）定额制定

定额是企业在一定生产技术水平和组织条件下，人力、物力、财力等各种资源的消耗达到的数量界限，主要有材料定额和工时定额。成本控制主要是制定消耗定额，只有制定出消耗定额，才能在成本控制中起作用。工时定额的制定主要依据各地区收入水平、企业工资战略、人力资源状况等因素。在现代企业管理中，人力成本越来越大，工时定额显得特别重要。在工作实践中，根据企业生产经营特点和成本控制需要，还会出现动力定额、费用定额等。定额管理是成本控制基础工作的核心，建立定额领料制度，控制材料成本、燃料动力成本，建立人工包干制度，控制工时成本以及控制制造费用，都要依赖定额制度。没有很好的定额，就无法控制生产成本；同时，定额也是成本预测、决策、核算、分析、分配的主要依据，是成本控制工作的重中之重。

### （二）标准化工作

标准化工作是现代企业管理的基本要求，它是企业正常运行的基本保证，它促使企业的生产经营活动和各项管理工作达到合理化、规范化、高效化，是成本控制成功的基本前提。在成本控制过程中，下面四项标准化工作极为重要。

1.计量标准化

计量是指用科学方法和手段，对生产经营活动中的量和质的数值进行测定，为生产经营尤其是成本控制提供准确数据。如果没有统一计量标准，基础数据不准确，那就无法获取准确成本信息，更无从谈控制。

2.价格标准化

成本控制过程中要制定两个标准价格，一是内部价格，即内部结算价格，它是企业内部各核算单位之间、各核算单位与企业之间模拟市场进行"商品"交换的价值尺度；二是外部价格，即在企业购销活动中与外部企业产生供应与销售的结算价格。标准价格是成本控制运行的基本保证。

3.质量标准化

质量是产品的灵魂，没有质量，再低的成本也没有意义。成本控制是质量控制下的成本控制，没有质量标准，成本控制就会失去方向，也谈不上成本控制。

4.数据标准化

制定成本数据的采集过程，明晰成本数据报送人和入账人的责任，做到成本数据按时报送，及时入账，数据便于传输，实现信息共享；规范成本核算方式，明确成本的计算方法；对成本的书面文件按照国家公文格式，统一表头，形成统一的成本计算图表格式，做到成本核算结果准确无误。

## （三）制度建设

在市场经济中，企业运行的基本保证：一是制度；二是文化。制度建设是根本，文化建设是补充。没有制度建设，就不能固化成本控制运行，就不能保证成本控制质量。成本控制中最重要的制度是定额管理制度、预算管理制度、费用申报制度等。在实际中，制度建设有两个问题：一是制度不完善，在制度内容上，制度建设更多地从规范角度出发，看起来像命令。正确的做法应该是制度建设要从运行出发，这样才能使责任人找准位置，便于操作。二是制度执行不到位，老是强调管理基础差、人员限制等客观原因，一出现利益调整内容就收缩起来，导致制度形同虚设。

## 四、成本控制的重要性

1.成本控制是企业增加盈利的根本途径，直接服务于企业的目的

无论在什么情况下，降低成本都可以增加利润。即使是不完全以营利为目的的政府企业，如果成本很高，不断亏损，其生存受到威胁，也难以在调控经济、扩大就业和改善公用事业等方面发挥作用；同时还会影响国家财政，加重纳税人负担，对国计民生不利，失去其存在的价值。

2.成本控制是抵抗内外压力，求得生存的主要保障

企业外有同业竞争、政府课税和经济环境逆转等不利因素，内有职工改善待遇和股东要求分红的压力。企业用以抵御内外压力的武器主要是降低成本、提高产品质量、创新产品设计和增加产销量。提高售价会引发经销商和供应商相应的提价要求和增加流转税的负担，而降低成本可避免这类压力。

3.成本控制是企业发展的基础

成本低了，可减价扩销，经营基础巩固了，才有力量去提高产品质量，创新产品设计，寻求新的发展。许多企业陷入困境的重要原因之一是在成本失控的情况下盲目发展，一味在促销和开发新品上冒险，一旦市场萎缩或决策失误，企业没有抵抗能力，很快就垮下去了。

# 第二节　成本控制的方法

## 一、成本控制方法概述

成本控制方法是指完成成本控制任务和达到成本控制目的所采取的手段。成本控制方法是多种多样的，不同的阶段、不同的问题，所采用的方法是不一样的。即使同一个阶段，对于不同的控制对象或出于不同的管理要求，其控制方法也不尽相同。例如，仅就事前控制来说，就有用于产量或销售问题的本量利分析法；有用于产品设计和产品改进的价值分析法；有解决产品结构问题的线性规划法；有用于材料采购控制的最佳批量法。因此，对于一个企业来说，具体选用什么方法，应视本单位的实际情况而定，必要时还可以自己设计出一个适合自己需要的特殊方法。

选择成本控制方法首先需要了解成本的特性与分类，通常可以从以下三个方面考虑：

1.成本发生的变动性与固定性。变动成本随产量的变动而变化，固定成本则不受产量因素的影响。

2.成本对产品的直接性和间接性。直接生产成本与产品生产直接相关，间接生产成本与产品生产相关性不明显。

3.成本的可控性和不可控性。可控成本与不可控成本随时间条件的变化会发生相互转化。

对于变动成本如直接材料、直接人工，可采取按消耗定额和工时定额进行控制的方法。对于固定成本如固定制造费用，则可采取按计划或预算进行控制的方法。从成本控制的范围来讲，直接生产成本可将指标分解落实到生产班组、员工，间接生产成本则应分类将指标分解落实到有关职能部门及员工。从成本的可控性来讲，需按不同的责任层次、管理范围落实成本责任，使归口控制的成本对各责任单位来讲具有可控性，真正起到控制的作用。

实行成本控制的步骤为：制定并下达成本标准作为控制的依据；发动员工积极参与成本标准的实现；根据成本标准审核成本开支，防止损失浪费的发生；计算脱离成本标准的差异，分析其发生原因，确定责任归属；修改成本标准，改进成本控制方法，使成本进一步降低。

实行成本控制要求企业各级管理人员重视成本控制工作，保持成本标准的先进合理性，建立健全经济责任制，明确权责划分和奖惩办法，树立全面经济核算观点，正确处理产量、质量和成本的关系。

## 二、成本控制的主要方法

1.绝对成本控制法

绝对成本控制法是把成本支出控制在一个绝对金额中的一种成本控制方法。标准成本和预算控制是绝对成本控制的主要方法。

2.相对成本控制法

相对成本控制法是指企业为了增加利润，要从产量、成本和收入三者的关系来控制成本的方法。

实行这种成本控制，一方面可以了解企业在多大的销量下实现收入与成本的平衡；另一方面可以知道当企业的销量达到多少时，企业的利润最高。所以，相对成本控制是一种更行之有效的方法，它不仅是基于实时实地的管理思想，更是从前瞻性的角度，服务于企业战略发展的管理来实现成本控制。

3.全面成本控制法

全面成本控制法是指对企业生产经营所有过程中发生的全部成本、成本形成的全过程，由企业内所有员工参与的成本控制。

企业应围绕财富最大化这一目标，根据自身的具体实际和特点，建立管理信息系统和成本控制模式，确定以成本控制方法、管理重点、组织结构、管理风格、奖罚办法等相结合的全面成本控制体系，实施目标管理与科学管理相结合的全面成本控制制度。

4.定额法

定额法是以事先制定的产品定额成本为标准，在生产费用发生时，就及时提供实际发生的费用脱离定额耗费的差异额，让管理者及时采取措施，控制生产费用的发生额，并且根据定额和差异额计算产品实际成本的一种成本计算和控制方法。

5.本量利分析法

本量利分析法是在成本性态分析和变动成本法的基础上发展起来的，主要研究成本、销售数量、价格和利润之间数量关系的方法。它是企业进行预测、决策、计划和控制等经营活动的重要工具，也是管理会计的一项基础内容。

6.成本企划法

成本企划法实质是成本的前馈控制，即先确定一定的方法和步骤，根据实际偏离目标值的情况和外部环境变化采取相应的对策，调整先前的方法和步骤，然后针对未来的必达目标，据此对目前的方法与步骤进行弹性调整，因而是一种先导性和预防性的控制方式。

### 7.目标成本法

目标成本法是日本制造业创立的成本管理方法，是以给定的竞争价格为基础决定产品的成本，以保证实现预期的利润，即首先确定客户会为产品或服务所付的价款，然后再设计能够产生期望利润水平的产品、服务以及运营流程。

## 三、生产成本控制的方法

### （一）生产成本控制的主要方法

#### 1.定额成本法

（1）劳动工时定额。职工生产单位时间内应完成的产品数量。

（2）物质消耗定额。物质消耗定额包括原材料消耗定额、能源消耗定额、工具消耗定额、保用品消耗定额。

（3）人员定额。物质消耗定额包括单位作业时间内规定的从事作业人员。

（4）作业定额。作业定额包括生产作业计划期量、在制品、半成品期量。

#### 2.标准成本法

标准成本法是把生产过程开始之前的事前计划、生产过程进行的事中控制和生产过程完成之后的事后计算和分析有机结合起来的一种成本计算方法。有了标准成本，就可以把它作为事中控制和事后计算的基准，并一步分析差异的原因，为管理决策提供有用的差别成本信息。

标准成本法一般适用于产品品种较少的大批量生产企业，尤其是存货品种变动不大的企业，并且对企业的管理有很高的要求。而单件、小批和试制性生产企业因为要反复制定、修改标准成本得不偿失，比较少采用。

标准成本要按照直接材料、直接人工和制造费用分别制定。每个项目都要确定标准数量和标准价格，再把它们的乘积作为该项目的标准成本。正常和即期的标准成本都应当制定得合理、恰当。太高的标准难以实现，高不可攀，适得其反，会挫伤员工的积极性；太低的标准为懒惰，为低效率和浪费开了方便之门，影响了企业的效益。为了制定合适的标准，必须全厂各部门共同努力，技术部门与执行标准的员工共同确定数量标准，财会部门和有关部门共同确定价格标准，在企业经理领导下，各部门沟通、协商，共同制定出经过努力可以达到的标准成本。

#### 3.目标成本法

目标成本法是对产品进行利润计划和成本管理的方法。目标成本法的目的是研发及设计阶段设计好产品的成本，而不是试图在制造过程降低成本。目标成本的公式如下所示：

$$目标成本=目标售价-目标利润$$

$$目标成本=预计销售收入-应交税金-目标利润$$

$$目标利润=预计销售收入×目标销售利润率$$

目标成本管理的核心在于目标成本的制定和目标成本的分解，产品各零件、部件的目标成本按价值分析方法获取。

4.作业成本法

作业成本计算是20世纪80年代初期在国外的一些公司中开始萌芽的，至今已有30多年的历史。在这30多年的发展过程中，作业成本计算在许多先进的公司中得以实施，并取得了卓越的成效。

作业成本计算首先将企业所消耗的制造费用通过资源动因分配到作业，形成作业的成本，然后再将作业的成本通过作业成本动因分配到成本对象，形成成本对象的成本。通过这一过程，作业成本计算改进了传统的成本分配方法，采用单一成本分配基础（如直接人工小时，机器小时等）的弱点，力图找到资源消耗与成本对象之间的因果关系，从而得到更加精确的产品成本。

5.价值工程法

人们买商品，并非买物品"本身"，而是在买它的"机能""用途""作用"，也就是它的"价值"。怎样用最低的"成本"来达到产品需要的"机能"，这是价值工程法要考虑的核心问题。

（1）价值工程的四项原则：①价值原则。所有的对象都有不经济、不合理的地方，都可以使成本更低。②标准化原则。扩大标准件，减少专用件；减少自制件，扩大外购件；减少品种、规格、用料、用人。③排除原则。去掉无用、多余、过量的功能、生产方式和组织方式。④替代原则。在保持相同的性能和要求下，研究用不同的零件、不同的材料、不同的用人、地点、运输方式等。

（2）价值分析的内容：①是什么；②有什么用处；③要达到什么质量功能；④结构、形状可否改变；⑤尺寸可否改变；⑥公差或加工记号是否要求过分；⑦可否改变设计，去掉无用零件；⑧有无可改作标准件，通用件、外购件；⑨能否合并或减少零件；⑩有无更好的替代加工方法；⑪有无更易加工的材料；⑫有无更便宜的材料；⑬有无可替代的新材料；⑭有无减少加工、检验、装配的工具。

6.减少浪费法

半成品堆积如山，生产线却停工待料；成品积压，客户却天天催货；放在旁边的是不需要做的，需要做的却不在旁边；一边交期紧急，一边返工返修不断；很容易买到的螺栓、螺母却保留一二年的用量；整批产品常常因为一两个零件而搁浅耽误；有人没事做，有事没人做，这些在企业里常见的现象，都是浪费。浪费就是不产生增加价值的加工、动作、方法、行为和计划。

在企业里浪费通常有以下几个方面：

（1）过量生产造成的浪费。只考虑本工序生产方便，不考虑下道特别是装配的实际需要；只考虑本工序的尽其所能，忽略了上下道工序间的平衡和配套；多劳多得造成生产者"提前和超额"；超出下道工序需要的数量；考虑员工工作安排生产以后要用的产品；计划失误、信息传递失误造成的浪费；害怕换模生产超出实际需要、以后需要的产品；强烈的本位主义，忽视计划的安排和调度。

（2）过剩的浪费。设计过剩；品质过剩；检查过剩；设备精度过剩；包装过剩。

（3）等待的浪费。①分工过细的等待：工作分配找调度员，维修找机修工，检验找检验员，换模找调整工等；②设备的等待：闲置、空余，时工时停，只停不开；③物料的等待：仓库里、现场久放不用的材料、在制品；④场地的等待：未能产生使用效果的空地、建筑物；⑤时间的等待：上下道工序没有衔接造成的脱节；⑥人员的等待：有事没人做，有人没事做。

（4）加工的浪费。负荷不足、经常空转的流水线；机床运转中过长、过高的行程；超过设计要求的加工精度；用大型精密设备加工普通零件；用高效率设备加工一般数量零件；超过产品本身价值的包装；建筑物过于保守的隐蔽工程、没有作用的装饰。

（5）搬运的浪费。中转环节过多，重复的放置、堆放、移动、整理；车间及设备平面布局不合理的往返运输；搬运工具不合理、搬运容器不合理；计划不周及不良品增多造成的搬运。

（6）库存的浪费。所有企业都在喊资金不足，原因也是共有的，全部变成了库存被"贮存"起来了。

（7）动作的浪费。

（8）产品缺陷的浪费。产品报废带来的损失；返工返修带来的人员工时的损失；材料的损失；额外检查的损失；设备占用的损失；可能造成降级降价的损失。

## （二）在生产成本控制过程中应遵守两个基本原理

1.控制成本发生的过程（过程控制方法 PDCA 循环）。

2.持续地降低和保持，最终使成本降到尽可能低的水平。

## （三）在生产成本控制过程中需要解决四个基本问题

1.浪费源和提高成本因素是否得到识别和确定。

2.如何消除或减少这些浪费源和提高成本因素。

3.是否已经消除了这些浪费源和提高成本因素。

4.已降低的成本水平是否得到持续控制和保持。

### （四）四个核心控制方法

1.成本管理的核心就是把成本降到尽可能低的水平并保持已降低的成本水平。

2.降低和保持成本的核心就是控制提高成本因素。

3.控制提高成本因素的核心就是全面、系统、充分和准确地识别、确定和提高成本因素（包括：浪费和浪费源）。

4.识别和确定提高成本因素的核心就是了解和掌握成本因素的发生过程和原因。

## 第三节　标准成本制度及其制定

标准成本制度是在泰罗的科学管理制度的影响下于 20 世纪初在美国产生的，随着该制度内容的不断发展和完善，逐渐被西方国家的企业采用，并成为企业日常成本管理中应用最为普遍和有效的一种成本控制制度。标准成本制度是针对实际成本计算系统不能提供成本控制确切信息的缺点而研究出来的一种成本控制制度，该制度是工业经济发展的产物，是支撑基于物质资本逻辑的工业经济发展的主要管理制度之一。

### 一、标准成本制度概述

1.标准成本制度的定义

标准成本制度是根据健全的生产、工程、技术测定等科学方法制定的标准成本为基础，将实际发生的成本与标准成本进行比较，揭示和分析成本差异，并对成本差异进行账务处理的一种成本控制制度。标准成本制度是成本中心业绩评价的基础。

2.标准成本制度的内容

标准成本制度的主要内容包括标准成本的制定、成本差异计算与分析、成本差异的账务处理三部分。其中，标准成本的制定属于成本的前馈控制，成本差异计算与分析属于成本的反馈控制，成本差异的账务处理则是成本的日常核算功能。因此，标准成本制度实现了对成本前馈控制、反馈控制及核算功能的有机结合。

3.标准成本制度的步骤

（1）根据健全的生产、工程、技术测定等科学方法制定单位产品标准成本。

（2）根据每种产品的实际产量和单位标准成本计算每种产品的标准成本。

（3）汇总计算每种产品的实际成本。

（4）计算每种产品标准成本与实际成本的差异。

（5）分析每种产品差异产生的原因。

（6）对每种产品的标准成本及其差异进行账务处理。

（7）向每种产品成本的负责人及其领导提供成本报告。

4.标准成本制度的作用

（1）有利于简化成本核算

在标准成本制度下，企业对各项成本差异单独设置账户进行归集，在期末一次性调整，从而大大简化了日常成本核算的工作。与此同时，由于标准成本和成本差异分别列示，企业日常的成本核算可以免受实际业务的干扰。

（2）有利于对各标准成本中心进行业绩评价

标准成本制度将标准成本中心划分为不同的级别（制造业的级别是工厂、车间、工段、班组等），每一级别的标准成本中心都能揭示出标准成本差异，这样可以对每一级别的标准成本中心及其成员的业绩进行合理的评价与考核。

（3）有利于进行成本控制

由于根据科学方法制定的标准成本既剔除了过去存在的浪费和不合理支出，又考虑了未来发展趋势和应采取的措施，所以标准成本在作为事前成本控制主要手段的同时，也成为了事中成本控制的主要依据。标准成本制度可以合理配置企业资源，促进企业成本优化目标的实现。

（4）有利于进行经营决策

一方面，体现了成本要素合理配置的标准成本，既可以作为确定产品价格的依据，又可以作为企业进行本量利分析的原始数据资源；另一方面，标准成本制度便于企业管理当局根据成本差异分析情况，做出采取新工艺、新操作、新技术的决策以控制成本。

## 二、标准成本概述

### （一）标准成本的制定

所谓标准成本，是依据企业已经达到的生产技术水平和有效经营管理的各生产流程的操作规范，利用健全的生产、工程、技术测定（包括时间及动作研究、统计分析、工程实验等方法）等科学方法确定的按照成本项目反映的应当发生的单位产品成本目标。

标准成本是用来评价实际成本、衡量工作效率的一种预计成本。一方面标准成本剔除了不应该发生的浪费和不合理支出；另一方面标准成本考虑了未来发展趋势和应采取的措施，因此，标准成本能够体现企业的目标和要求。

标准成本一般是由会计部门会同采购部门、技术部门和其他相关的经营管理部门，在对企业生产经营的具体条件进行分析、研究和技术测定的基础上采用科学的方法共同制定的。

标准成本指单位产品的标准成本，亦称"价格标准"或"成本标准"，它是根据单位产品的标准消耗量和标准单价计算出来的。

标准成本=单位产品标准成本–单位产品标准消耗量×标准单价

## （二）标准成本的种类

### 1.理想标准成本

它是以现有技术、设备和经营管理达到最优状态为基础确定的最低水平的成本。理想标准成本制定的依据，是材料无浪费、设备无事故、产品无废品、工时全有效的最优生产条件和理想生产要素价格。其中，设备无事故是指理论上可能达到的设备利用程度，只扣除不可避免的机器修理，改换品种、调整设备等时间，而不考虑产品销售不佳、生产技术故障等造成的影响；工时全有效是指最熟练的工人在岗全力以赴工作；理想生产要素价格是指原材料、劳动力等生产要素在计划期间最低的价格水平。

理想标准成本的主要用途在于提供一个完美无缺的目标以揭示实际成本下降的潜力，这意味着即使全体职工共同努力也常常无法达到理想标准成本，因此，这种成本不宜作为现实考核的依据。

### 2.正常标准成本

它是以正常的技术、设备和经营管理水平为基础，根据下期一般发生的生产要素消耗量、生产要素预计价格和预计的生产经营能力利用程度制定的标准成本。与理想标准成本相比，这种标准成本在制定时考虑了生产经营中一般难以避免的损耗和低效率。因此，正常标准成本大于理想标准成本，它是经过一定努力可以达到的成本，因而可以调动职工的积极性。正常标准成本的采用是有条件的，即国内外政治经济形势稳定、企业生产经营比较平稳。

在标准成本制度中，广泛使用正常标准成本。它具有以下特点：

（1）客观性和科学性。正常标准成本是用科学方法根据客观实验和过去实践经验充分研究后制定出来的，因此具有客观性和科学性。

（2）现实性。正常标准成本排除了各种偶然性和意外情况，又保留了目前条件下难以避免的损失，代表正常情况下的消耗水平，因此具有现实性。

（3）激励性。正常标准成本是应该发生的成本，可以作为评价业绩的尺度，成为督促职工努力争取的目标，因此具有激励性。

（4）稳定性。正常标准成本可以在工艺技术水平和管理有效性水平变化不大时持续使用，不需要经常修订，因此具有稳定性。

3.现实标准成本

现实标准成本是在正常标准成本基础上，根据现行期间最可能或应该发生的生产要素价格、生产经营效率和生产经营能力利用程度而制定的标准成本。该成本是期望可以达到的标准成本，即它是一种经过努力可以达到的既先进又合理、切实可行且接近现实的成本。由于现实标准成本包含了企业在目前的生产经营条件下还不能避免的某些不应有的低效率、失误和过量的消耗，所以在数量上该成本大于正常标准成本。

在这三种标准成本中，理想标准成本小于正常标准成本，而正常标准成本又小于现实标准成本。由于现实标准成本是一种经过努力可以达到的既先进又合理、切实可行且接近现实的成本，所以该成本在实际工作中被广为采用。

## 三、标准成本的制定

### （一）直接材料标准成本的制定

直接材料标准成本由直接材料用量标准和直接材料价格标准两个因素决定。1.直接材料用量标准的制定

直接材料用量标准，是指企业在现有生产技术条件下，由产品设计部门、工艺技术部门和使用原材料的员工共同研究后确定的生产单位产品所需耗用的各种直接材料的数量，即材料的消耗定额。这一标准包括形成产品实体必不可少的材料消耗量，以及难以避免的各种损失。

直接材料用量标准一般根据企业产品的设计、生产、工艺以及企业经营管理水平的现状，考虑成本优化（尤其是成本降低）的要求和材料在使用过程中发生的边角料等必要损耗，以产品的零部件为对象制定的各种原材料的消耗定额。

2.直接材料价格标准的制定

直接材料的价格标准，是指以采购合同价格为基础，预计未来的各种变动因素。由会计部门、质量管理部门和采购部门共同协商确定的取得某种材料所应支付的单位价格，即标准单价。直接材料价格标准一般包括材料买价、运杂费和正常损耗等成本，是取得材料的完全成本。

### （二）直接人工标准成本的制定

直接人工标准成本由人工工时用量标准与直接人工价格标准两个因素决定。

1.直接人工用量标准的制定

直接人工用量标准是单位产品的标准工时，是指在现有生产技术条件下，考虑提高劳动生产率的要求，按照产品的加工工序，分别制定的单位产品所需用的标准工作时间。产

品的加工工序时间一般包括产品加工必不可少的时间、上下工序停留时间、机器设备的清理停工时间、生产工人必要的工间休息时间、不可避免的废品所耗用的时间。单位产品耗用的各工序标准工时工程技术部门和生产部门以作业研究和工时研究为基础参考有关的统计资料制定的。

2.直接人工价格标准的制定

直接人工价格标准是指劳动工资部门根据用工情况制定的标准工资率。在不同的工资制度下，工资率标准的具体内容有一定的差异。

在计件工资制下，标准工资率就是单位产品所支付的生产工人计件工资单价除以产品工时标准；在计时工资制下，标准工资率就是单位工时标准工资率，它是由标准工资总额除以标准总工时来计算的，即：

$$标准工资率 = 标准工资总额 \div 标准总工时$$

3.直接人工标准成本的计算公式

$$单位产品直接人工标准成本 = 人工工时用量标准 \times 该产品标准工资率$$

## （三）制造费用标准成本的制定

制造费用的标准成本又称制造费用预算，需要按照部门分别编制，由制造费用的用量标准和制造费用的价格标准两个因素决定。某种产品制造费用的标准成本是将生产该产品的各个部门单位制造费用的标准加以汇总而得。各部门制造费用标准成本由变动制造费用标准成本和固定制造费用标准成本两部分组成，两者在完全成本法和变动成本法下的处理是不同的。

1.变动制造费用标准成本的制定

变动制造费用的用量标准通常采用单位产品直接人工工时标准，这一标准应该与变动制造费用保持良好的线性关系。变动制造费用的用量标准除了单位产品直接人工工时标准以外，还有机器工时或其他用量标准。

2.固定制造费用标准成本的制定

在变动成本法下，固定制造费用属于期间成本，因此不计入产品成本。变动成本法下的固定制造费用不存在标准分配率问题，固定制造费用的控制通过预算管理来进行。

在完全成本法下，固定制造费用需要计入产品成本，并制定其标准成本。为了进行差异分析，固定制造费用的用量标准与变动制造费用的用量标准要保持一致。

3.标准成本卡以及单位标准成本的制定

单位产品的标准成本一般根据已经确定的直接材料、直接人工和制造费用的标准成本来确定。在通常情况下，每一种产品设置一张标准成本卡，单位产品标准成本的构成通过标准成本卡反映。标准成本卡为生产部门、会计部门、仓库等领用材料、分派人工、支出费用提供依据。

## 第四节　作业成本法

### 一、作业成本法产生的时代背景

作业成本法的基本思想最早由美国会计学者科勒在 20 世纪 30 年代末 40 年代初提出，但对它的全面研究却是七八十年代的事情，它在企业中的应用则始于 80 年代末期。新技术革命和日趋激烈的市场竞争，以及由此带来的企业生产经营管理思想和方法的深刻变革，都要求成本会计进行变革，呼吁新的成本计算方法的出现。于是，从作业消耗资源、产品消耗作业、生产导致作业的发生这一基本认识出发，从作业量为成本分配基础，以作业为成本计算的基本对象，旨在为企业作业管理提供更为相关、相对准确的成本信息的成本计算方法——作业成本法就应运而生了。

作业成本法的本质就是要确定分配间接费用的合理基础——作业，并引导管理人员将注意力集中在发生成本的原因——成本动因上，而不是仅仅关注成本结果本身；通过对作业成本计算和有效控制来克服传统的以交易或数量为基础的成本系统中间费用责任不清的缺陷，使以前的许多不可控间接费用变成可控的，因此，可以说作业成本法的产生是一场真正的成本会计革命。

### 二、作业成本法的基本概念

要了解作业成本法就必须首先了解其所使用的一些特有的概念。现分述如下。

（一）作业

"作业"是作业成本法下最基本的概念，是进行作业成本计算的核心和基础。

一般认为，作业是企业为了提供一定数量的产品或劳务所消耗的人力、技术原材料，方法和环境的集合体。通俗地讲，作业也就是基于一定目的，以人为主体，消耗一定资源的特定范围内的工作。常见的作业可以分为以下四类：

1.单位作业

单位作业是使单位产品受益的作业，此类作业是重复性的，每生产一单位产品即需要作业一次，所消耗成本将随产品数量而变动，与产品产量成比例变动，如直接材料、直接人工等。

2.批次作业

批次作业是使一批产品受益的作业。如对每批产品的检验、机器准备、原材料处理、订单处理等。这些作业的成本与产品的批数成比例变动。

**3.产品作业**

产品作业是使某些产品受益的作业，如对每一种产品编制数控规划、材料清单。这种作业的成本与产品产量及批数无关，但与产品项目成比例变动。

**4.维持性作业**

维持性作业是使某个机构或某个部门受益作业，它与产品的种类和某种产品的多少无关。

## （二）作业链和价值链

与作业相关联的概念是作业链和价值链概念。ABC 认为，企业管理深入到作业层次以后，现代企业实质上就是一个为了满足顾客需要而建立的一系列有序的作业集合体，从而形成一个由此及彼、由内向外的作业链。每完成一项作业要消耗一定量的资源，而作业的产出又形成一定的价值。最终产品作为企业内部一系列需要的总产品，凝集了在各个作业上形成而最终转移给顾客的价值。因此，作业链同时也表现为价值链，作业的推移，同时也表现为价值在企业内部的逐步积累和转移，最后形成转移给外部顾客的总价值，这个总价值即是产品的成本。

## （三）成本动因

ABC 的核心在于把"作业量"与传统成本计算系统中的"数量"（如人工工时、机器工时）区别开来，并主张以作业量作为分配大多数间接成本的基础。1987 年库珀和卡普兰提出了成本动因的概念，他们认为 ABC 要把区间成本与隐藏其后的推动力联系起来，这种推动力就是成本动因。

成本动因就是决定成本发生的那些重要的活动或事项。成本动因可以是个事件、一项活动或作业，它支配成本行为，决定成本的发生。所以，要把间接成本分配到各产品中去，必须要了解成本行为，识别恰当的成本动因。根据成本动因在资源流动中所处的位置，通常可将其分为资源动因和作业动因两类。

**1.资源动因**

资源动因是指资源被各种作业消耗的方式和原因，它反映作业中心对资源的消耗情况，是资源成本分配到作业中心的标准。例如，如果人工方面的费用主要与从事各项作业的人数相关，那么就可以按照人数来向各作业中心（作业成本库）分配人工方面的费用。在这里，从事各项作业的人数就是一个资源动因。

**2.作业动因**

作业动因是指各项作业被最终产品或劳务消耗的方式和原因。它反映产品消耗作业的情况，是作业中心的成本分配到产品中去的标准。例如，如果在各种产品或劳务的每份订单上所消耗的费用基本相当，那么就可以按照订单份数来向各种产品或劳务分配订单作业成本。在这里，订单份数就是一项作业动因。

## 三、作业成本法的基本原理和一般程序

1.作业成本法的基本原理

作业成本法下，费用分配与归集是基于以下基本认识来进行的：

（1）作业消耗资源，产品消耗作业。

（2）生产导致作业的发生，作业导致成本的发生。

作业成本法对直接材料、直接人工等直接成本的核算与传统的成本计算方法并无不同，其特点主要体现在间接制造费用的核算上。

在传统作业成本计算方法下，对于间接制造费用，通常是在全厂范围内采用一个费用分配率进行一次性分配，或者是先将制造费用按生产部门归集，然后再按一系列的部门分配率进行分配。至于各生产部门制造费用分配的标准，则根据各生产部门的生产特点选取。例如，劳动密集型的部门以机器工时为制造费用的分配标准，以耗用原材料为主的部门，则以原材料成本为制造费用的分配标准等等。

上述传统的制造费用分配方法最显著的特点是，假设制造费用的发生完全与生产数量相联系，因而它把直接人工工时、直接人工成本、机器工时、原材料成本或主要成本作为制造费用的分配标准。由此可见，传统的制造费用分配方法，满足的只是与生产数量相关的制造费用的分配。

在作业成本法下，对制造费用的核算进行了根本性变革。具体表现为：

（1）将制造费用由全厂统一或按部门归集和分配，改为由若干成本库分别进行归集和分配；

（2）增加了分配标准，由单一标准（直接人工工时或机器工时等）分配改为按引起制造费用发生的多种成本动因进行分配。

作业成本法下，制造费用的核算分为两步：第一步，将制造费用计入作业基础成本库中；第二步，得出和使用一系列作业成本动因分配率，将归集的成本一一分配给各种产品。

由上述的 ABC 制造费用分配的基本运动程序可以看出，它的正确实施主要取决于作业成本库的选择、将制造费用归集到各作业成本库的中介标准的选择以及作业成本动因的选择这三个方面的问题。

2.作业成本法的一般程序

根据上述作业成本法费用分配的原理，现将作业成本法的一般程序具体说明如下。

（1）在作业分析的基础上，确认作业、主要作业、划分作业中心。要实施作业成本

法，应首先对企业生产经营的全过程进行作业分析，确认作业，主要作业，并以主要作业为主体，将同质作业合并建立作业中心，以便按作业中心建立作业成本库。

（2）以作业中心为成本库归集费用。根据作业分析所确定的作业中心建立作业成本库，并按照作业成本库来归集费用，计算各作业中心的作业成本。在这里，需要特别指出的是，在建立作业成本库时，应保证库内所归集的成本的同质性。所谓同质性，是指可以用共同的成本动因来解释库内所归集成本的动因。

在作业成本库建立之后，如何将各类资源的价值耗费向各该作业成本库（亦即向各作业成本库所代表的作业）进行分配，就成为本步骤的重要内容。按照作业成本的计算规则，作业量的多少决定着资源的耗用量，资源耗用量的高低与最终产品的产出量没有直接关系。所以，这一步骤分配资源的价值耗费的基础是反映资源消耗量与作业量之间关系的资源动因，即如何正确地确定资源动因是将各类资源耗费分配计入各作业成本库的关键。

（3）将作业成本库归集的成本分配计入最终产品或劳务，计算产品或劳务的成本。该成本计算步骤应遵循的作业成本计算规则是：产出量的多少决定着作业的耗用量，这种作业消耗量与产出量之间的关系也即前文述及的作业动因。作业动因是将作业成本库成本分配到产品或劳务中去的标准，也是将作业消耗费与最终产出相沟通的中介。

## 四、作业成本法的优点、局限性

1.作业成本管理的优点

（1）扩展了成本习性的概念。作业成本法用成本动因解释成本习性，把成本划分为短期变动成本、长期变动成本和固定成本三类。作业成本管理是把管理的重心深入到作业层，将作业作为企业管理的起点和核心，并假设企业所耗用的一切资源都是因作业而发生的。

（2）使企业产品成本计算更正确。采用作业成本法计算产品成本，除了直接材料、直接人工可直接归集于产品外，制造费用也分别按各项作业活动归集到同质的成本库中，然后分别选择合理的作业分配标准，将成本库中的制造费用分摊于产品中。成本分配标准更多、更具体，使得许多传统的不可控的间接成本成为可控的直接成本，进而为成本控制提供更准确的信息。

（3）优化了产品组合，提高了企业战略决策水平。产品组合决策是利用整个企业的"生产价值"来决定产品获利能力及优先生产次序。在作业成本法中，管理人员可以很容易地计算出直接归属产品的成本。

（4）动态追踪分析。作业成本管理通过对所有作业活动进行动态追踪分析，从成本动因入手，目的是尽可能消除不增值作业，提高增值作业的效率，优化作业链和价值链，增加顾客价值，提供及时有用的信息，将损失、浪费减少到最低限度，从而提高决策、计算、控制的科学性和有效性，提高企业的市场竞争能力和盈利能力，增加企业价值，实现企业目标。

2.作业成本管理的缺点

（1）成本管理的内向型局限。作业成本管理虽然深入到企业的作业层次，并提出作业链和价值链的概念，但它仍着重于企业内部生产领域的改善与控制，提高企业的内部效率，因此，它仍属于内向型的管理，未能将成本控制扩大到企业的外部领域，也没能从长期的、产品全生命周期角度进行成本控制。

（2）工作量大、实施成本高。作业成本管理的工作量大，企业作业过程复杂，作业中心多，成本动因基础数据收集的工作量很大，相对应的计量成本也高。

（3）各作业中心之间成本协调、配套管理跟不上。有些企业过分注重公布成本因素的月变化情况，但在各个成本库和作业中心之间如何相互协调、控制成本产生的过程、削减成本费用方面，却缺少相应的措施和手段。

# 第九章 财务预算评价

## 第一节 流动性及风险性评价

企业要健康发展，就得防止企业发生"财务失败"现象。财务失败是指企业无力偿还到期债务会引起诉讼或直接破产。在财务分析中，体现企业理财安全性状况的主要方面就是评估企业的流动性及风险性，即企业按时足额支付各种债务的能力。因此，重视并有效地提高企业偿债能力，既是维护企业债权人权益的重要保证，也是企业在瞬息万变的市场竞争中求得生存与持续发展的客观要求。

### 一、流动性评价

流动性是指资产经过正常程序无重大损失地转换为现金并以之履行有关契约的能力。其中，资产转换为现金可理解为是变现能力。流动性是契约履行的实质所在，所以流动性的评价从另一层含义上看就是评价公司的短期偿债能力。企业用流动资产偿还流动负债的现金保证程度，一般又称支付能力，它既是反映企业财务状况的指标，也是反映企业经营能力的重要指标。流动性评价是企业财务分析的重要组成内容。如果企业缺乏流动性，不但无法获得有利的采购机会，而且由于不能及时偿还短期债务可能导致破产；对于股份制企业，如果缺乏流动性，会影响股东对该公司股票的信心，导致股价动荡，对公司不利。因此，提高公司的流动性就显得尤为重要。流动性评价所涉及的传统财务指标主要包括绝对数指标（如营运资本）和相对数指标（如流动比率、速动比率等）。

其分析框架见图 9-1。

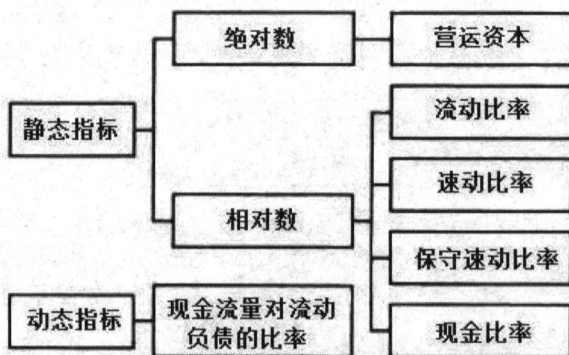

图 9-1 流动性评价分析框架

## （一）营运资本

### 1.指标的计算

营运资本是指企业流动资产超过流动负债的剩余部分，也称为营运资金或净营运资本。一般来说，企业必须保持流动资产大于流动负债，即保有一定数额的营运资本作为缓冲，以防止流动负债"穿透"流动资产。

$$营运资本=流动资产-流动负债$$
$$=（总资产-非流动资产）-（总资产-股东权益-非流动负债）$$
$$=（股东权益+非流动负债）-非流动资产$$
$$=长期资本-长期资产$$

从以上计算公式可以看出，所谓营运资本，实际上等于企业以长期负债和股东权益为来源的那部分流动资产。

### 2.指标的分析

营运资本为正时，流动资产大于流动负债，说明企业不能偿债的风险较小，但是营运资本并非总是越多越好。过高的营运资本意味着大量资金闲置，不会产生更多的经济效益；同时也说明企业可能缺乏投资机会，发展潜力受到限制。因此，企业应当保持适当的营运资本。

没有一个统一的标准用来衡量营运资金保持多少是合理的，不同行业的营运资金规模有很大差别。一般来说，零售商的营运资金较多，因为他们除了流动资产外没有什么可以偿债的资产；而信誉好的餐饮企业营运资金很少，有时甚至是一个负数，因为其稳定的收入可以偿还同样稳定的流动负债。制造业一般有正的营运资金，但其数额差别很大。因为营运资金与经营规模有联系，所以同一行业不同企业之间的营运资金也缺乏可比性。

## （二）流动性指标分析

流动性要求企业必须具有某一时点上的债务偿还能力，如果企业丧失这一能力，就难以足额清偿到期债务，就很容易陷入财务危机甚至面临破产。

### 1.比率定量分析

相对数比率在构成上具有以下关系，如图9-2所示。

```
┌─────────────────────────────┐
│      某种资产/流动负债         │
└─────────────────────────────┘
       分子使用流动资产
                    │
                    ▼
┌─────────────────────────────┐
│      流动资产/流动负债         │
└─────────────────────────────┘
   流动资产－存货＝速动资产
                    │
                    ▼
┌─────────────────────────────┐
│      速动资产/流动负债         │
└─────────────────────────────┘
  现金及其等价物＋应收款项
                    │
                    ▼
┌─────────────────────────────┐
│    保守速动资产/流动负债       │
└─────────────────────────────┘
  保守速动资产－应收款项
                    │
                    ▼
┌─────────────────────────────┐
│    现金及其等价物/流动负债     │
└─────────────────────────────┘
  使用动态的现金净流量
                    │
                    ▼
┌─────────────────────────────┐
│  经营活动现金净流量/流动负债   │
└─────────────────────────────┘
```

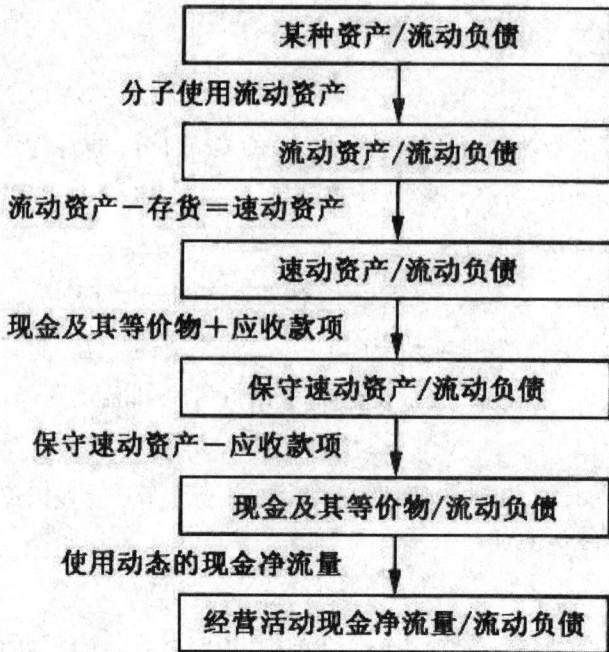

图 9-2　相对数比率在构成上的关系

（1）流动比率

流动比率是指企业的流动资产与流动负债的比率，它表示每一元流动负债有多少流动资产来抵偿，其计算公式为：

流动比率=流动资产/流动负债×100%

一般情况下，流动比率越高，企业短期偿债能力越强；从债权人角度看，流动比率越高，表明流动资产超过流动负债的营运资金越多。一旦面临企业清算时，则有营运资产作为缓冲，通过资产变现减少损失，从而确保债权人得以足额清偿。

一般认为流动比率 2：1 是比较适宜的，它表明企业财务状况稳定可靠，除了日常生产经营的流动资金需要之外，还有财力支付到期债务。如果比例过低，则表示企业可能捉襟见肘，难以如期偿还债务；如果比例过高，则表明企业流动资产占用过多，会影响资金的使用效率和企业的获利能力。

（2）速动比率

速动比率是指企业速动资产与流动负债的比率，速动资产是流动资产减去变现能力较差且不稳定的存货等资产后的余额。由于剔除了存货等因素，因此，速动比率较之流动比率更能可靠、准确地评价企业的资产流动性和短期偿债能力，其计算公式为：

速动比率=速动资产×（流动资产-存货-预付账款-待摊费用等）/流动负债

一般认为，速动比率为 1 较为适当，它表明每一元短期负债，有一元易于变现的资产作为保证。如果比率过低，说明企业偿债能力出现问题；如果比率过高，说明企业拥有过多的货币资金,有可能丧失一些有利的投资机会。

（3）现金比率

上述两个比率都是建立在对企业现有资产进行清盘变卖的基础上的,为了进一步衡量企业的偿债能力,我们引进现金比率指标,它是指现金和现金等价物与流动负债的比率,计算公式如下:

$$现金比率=现金及现金等价物/流动负债$$

现金等价物是指具有与现金几乎相同的变现能力的各种活期存款和短期有价证券、可贴现和转让票据等。现金比率是对速动比率的进一步优化,它将流动资产中的非现金和非现金等价物剔除,然后与流动负债相比,这意味着作为偿债保证的资产是变现率为百分之百的资产。因而,以此偿还流动负债也具有百分之百的稳定性和安全性,以现金比率来衡量企业的短期偿债能力更为保险。

从债权人角度来看,将现金类资产与流动负债进行对比,计算现金比率具有十分重要的意义。它比流动比率、速动比率更真实更准确地反映企业的短期偿债能力,特别是当债权人发现企业的应收账款和存货的变现能力存在问题的情况下,该比率就更有实际意义。

在西方财务理论中,该指标要求保持在20%,在我国现有财务理论中尚没有一个统一标准。为了衡量企业支付到期债务的能力,我们从流动负债中剔除以后到期支付部分,把现金比率改造成支付能力系数。其计算公式为:

$$支付能力系数=现金及现金等价物/流动负债-预收账款-预提费用-远期贷款$$

由于现金是非营利资产,持有现金的机会成本较高,因此,一般认为企业支付能力系数为1是比较正常的。比率过高,说明企业没有最佳地利用其现金资源,有剩余资源没能参与创造企业价值;比率过低,则意味着企业的即期支付有问题,企业可能已经陷入无力清偿债务的困境。

还有一个评价流动性的指标,将在现金流量分析中进一步讲解,其计算公式为:

$$现金流量对流动负债的比率=经营活动的现金净流量/流动负债$$

这是一个动态流动性比率,它考虑了动态的现金流量对债务保障的程度,比其他静态指标更稳健,可以避免单从静态看问题的缺陷。

以上介绍了评价流动性的几个有代表意义的指标,要准确地评价企业的流动性,还需要就上述指标进行趋势分析和横向比较分析。

2.因素定性分析

上述比率的数据都是从财务报表资料中取得的,但还有一些财务报表资料中没有反映的因素也会影响企业的流动性,可归纳为以下几点:

（1）可动用的银行贷款指标

对于银行已经同意、企业还未办理贷款手续的银行贷款限额，可以随时增加企业的现金，提高支付能力。

（2）准备很快变现的长期资产

企业在从事生产经营过程中，由于某种原因，可能会将一些长期资产，如固定资产、长期投资等很快出售变为现金，这样就可能增加了企业资产的变现能力，增强企业的流动性及短期偿债能力。

（3）偿债能力的声誉

如果企业的偿债能力一直都很好，有很好的信誉，企业在短期偿债出现困难时，就可能凭借这一良好的偿债声誉，很快通过某种融资渠道解决资金短缺问题，提高企业的流动性及短期偿债能力。

（4）或有负债

企业在会计核算时经常会遇到一些或有负债，如已贴现商业承兑汇票、未决诉讼、为他人提供债务担保等，其不利于企业是因为是否发生具有不确定性，或者即使预料会发生，但具体发生的时间或发生的金额具有不确定性，随时都有可能增加或降低企业的流动性及短期偿债能力。

（5）关联方交易

如果企业存在大量的关联方购货交易，这就预示着某些应付账款可能延期支付。存在大量的关联方销货交易，与非关联交易相比，这部分应收账款的回收款或者回收期将难以保障，这些都会影响流动比率等定量指标评价的可靠性。

### （三）匹配原则在流动性评价中的应用

在评估企业流动性时经常会涉及匹配性原则，所谓匹配就是我们所强调的长期资金长占用，短期资金短占用。通过资产寿命与资金来源期限的匹配，可以减少不协调的风险。匹配原则包括金额匹配和期限匹配两个方面。

1.金额匹配

在资产负债表中，根据各个项目的期限不同、在企业生产经营过程中所起的作用不同，根据管理用资产负债表，我们可以把资产类项目分为现金、经营性流动资产、（经营性）长期资产；把负债与所有者权益类项目分为短期借款（短期金融负债）、经营性流动负债、长期负债（长期金融负债）与所有者权益。

金额匹配的原则是指在决定企业资本结构时，为了保证企业在短期和长期均有适当的偿债能力，要注意现金总额与短期借款总额的匹配，以及（经营性）长期资产总额与长期负债、所有者权益总额的匹配。

$$期借款-货币资金=短期融资净值$$

$$（长期负债+所有者权益）-（经营性）长期资产=长期融资净值$$

$$经营营运资本=短期融资净值+长期融资净值$$

从计算公式中可以看出，企业的经营营运资本的来源由短期融资与长期融资两部分构成。其中，长期融资净值与经营营运资本的比率是易变现率。企业的易变现率越高，企业的营运资本需求中长期融资的比重越大，意味着企业的变现能力越强，流动性越强。反之，当易变现率降低时，公司的流动性变弱，偿债能力相应地变弱。

基于传统资产负债表的流动比率、速动比率等指标虽然可以准确地表示用流动资产抵偿流动负债的能力，但不能表示在持续经营基础上通过及时的现金回流来偿债的能力。而基于调整后资产负债表的易变现率更能反映企业经营的本质，可以全面地、科学地评价一个公司的流动性，避免了传统指标可能出现的错误分析结果。

2.期限匹配

期限匹配原则的含义是指在计算出资产负债表中的各个项目的对应期限后，根据短期资产与短期负债、长期资产与长期负债的期限对比来分析企业在短期、长期的偿债能力。

总之，企业流动性的评价是一个比较复杂的问题，在分析时应考虑多种因素，只有这样，才能全面地评估企业的流动性，做出正确的融资和投资决策。

## 二、风险性评价

企业的长期债务是指偿还期在 1 年或者超过 1 年的、一个营业周期以上的负债，包括长期借款、长期应付款、应付债券等。由于长期债务的期限长，财务风险较大，因此风险性的评价涉及公司的长期偿债能力，这种能力主要取决于企业拥有的经济资源的性质、企业的资本结构和获利能力。风险性评价不仅要关心公司的还本能力，还要关心公司的付息能力。反映还本能力的指标多为静态指标，如资产负债率、产权比率等，反映付息能力的指标多为动态指标，典型的付息能力指标是利息保障的倍数。

### （一）比率定量分析

风险性评价的比率在构成上具有以下关系，如图 9-3 所示。

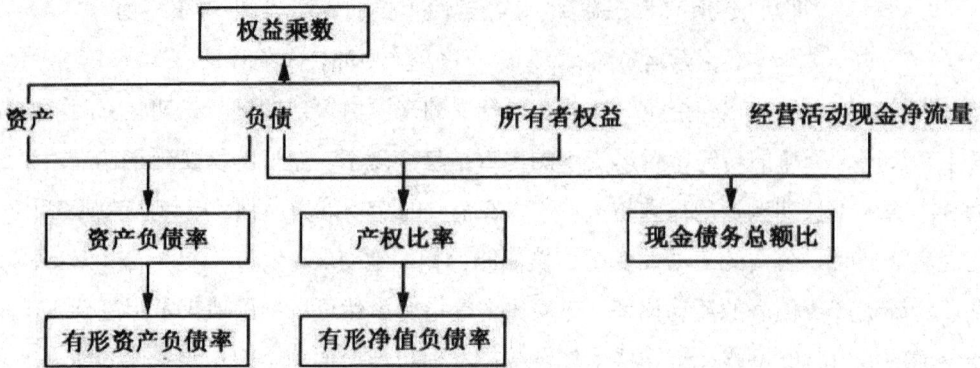

图 9-3　风险性评价的比率在构成上的关系

### 1.资产负债率

资产负债率反映的是负债总额与资产总额的比例关系，反映总资产中有多大比例是通过借款来筹资的，表明企业在清算时债权人利益受总资产保障的程度。其计算公式如下：

$$资产负债率=负债总额/资产总额 \times 100\%$$

公式中负债总额不仅包括长期负债，还包括短期负债。这是因为，短期负债中的一部分，从资金长短期性质看，是属于短期资金，但企业总是长期占用着，可以视同长期性资产来源的一部分。比如，应付账款是短期性的，但企业总是长期性地保持着相对稳定的应付账款总额。这种短期负债也可以成为长期资产的来源，本着稳健性原则，我们将短期债务纳入了资产负债率的计算公式。

这个指标反映债权人所提供的资本占全部资本的比例，也是衡量企业负债水平和风险程度的重要指标。一般认为，资产负债率的适宜水平是 40%～60%，然而，对于不同的对象，从各自的立场出发，对这个指标会有不同的要求。

从债权人角度来看，他们最关心的是贷给企业的款项能否按时收回。如果负债比例高，则说明债权人提供的资本在企业资本总额中占有很大的比例，企业的风险主要由债权人负担，债权人按期收回本金和利息的保障程度低。因此，他们希望债务比例越低越好。

从股东角度来看，企业举债筹资所得的资金和股东自己提供的资金在经营中发挥一样的作用。负债经营时，不论利润多少，债务利息是不变的，当利润增大时，每一元利润所负担的利息就会相对地减少，从而给投资者收益带来更大幅度的提高。只要资本利润率高于借款利息率，举债资金就可以获得高于资金利息的利润，股东就可以获得更大的利润。所以，股东希望债务比例越大越好。反之，如果资本利润率低于利息率，举债资金所得的利润不足以弥补债务利息，还需要用股东所得的利润来弥补一部分债务利息。这样，股东就希望债务比例越小越好。

从经营者角度来看，如果举债过多，会增加企业的财务风险，就很难再以举债方式筹集到资金；如果举债过少，说明企业缺乏活力，没有充分利用债权人资本这一获利资源。

因此，企业在利用债务这一融资工具时，应该充分估计预期的盈利和增加的风险，在两者之间权衡，才能做出正确的决策。

在资产负债率的基础上进一步计算的有形资产债务率=负债总额/有形资产，可以反映有形资产对债务的保障程度，比资产负债率更为稳健一些。

2.产权比率

产权比率反映的是企业负债总额与股东权益总额的比例关系，也称为债务股权比率。其计算公式如下：

$$产权比率=负债总额/股东权益×100\%$$

公式中的股东权益就是所有者权益，也即公司的净资产。这一指标反映的是债权人提供的资本和股东提供的资本之间的关系，反映了企业的财务结构状况。从股东来看，在经济繁荣时期，多借债可以获得额外的利润；在经济萎缩时期，多借债会增加企业的利息负担和财务风险。可见，高的产权比率，是高风险、高回报的财务结构；低的产权比率，是低风险、低回报的财务结构。

权益资本是承担长期债务的一个基础，产权比率指标也从另一个角度反映企业清算时债权人利益的保障程度，一旦企业清算解散，所有者权益就成了偿还债务的最后保障。我国《破产法》规定，企业破产清算时，债权人的索偿权在股东之前，因此，产权比率指标和资产负债率指标具有一样的经济意义，对产权比率的分析可以参考资产负债率的分析。但也应该注意到，虽然资产负债率和产权比率在反映还本能力的作用上是相同的，但两者在侧重点上还是有差异的，资产负债率侧重于反映偿债的物质保障，而产权比率则侧重于反映财务结构的稳定性以及股东对债权人的保护程度。

3.权益乘数

权益乘数是一个延伸分析指标，常被运用于杜邦分析体系，该指标其实是资产负债率与产权比率的延伸。在数值上，权益乘数=1/（1-资产负债率）或权益乘数=1+产权比率，在此基础上对权益乘数进一步整理化简，可得权益乘数=总资产/净资产，它表明总资产对净资产的倍率，负债程度越低，权益乘数越小，财务风险也越小。负债程度越高，权益乘数越大，负债对增加总资产的作用也越大，但财务风险也越大。

4.有形净值债务率

为了进一步完善产权比率指标，我们引入"有形净值债务率"指标，其计算公式如下：

$$有形净值债务率=负债总额/股东权益-无形资产净值×100\%$$

在产权比率基础上，我们把无形资产从股东权益中剔除。相对而言，无形资产缺乏可靠的价值，不能作为偿还债务的可靠资源，有形资产是企业偿还债务的主要来源，有形净值债务率建立在更加切实可靠的物质保障基础上，是更为保守和稳健的评价企业长期偿债能力的一个指标。

5.已获利息保障倍数

债权人放债有自己的盈利目的，即获得资金利息。我们前面介绍的指标都是反映债务总额受保障的程度，这里我们引入"已获利息倍数"或称"利息保障倍数"指标来分析企业利息受保障的程度，即企业支付利息的能力。其计算公式如下：

$$已获利息倍数=息税前利润/利息费用$$

公式中的"息税前利润"是指利润表中未扣除利息，所得税之前的利润。它可以用净利润加所得税加利息费用来计算。"利息费用"在我们利润表中没有单独反映，而是混合在费用化的"财务费用"和资本化的"固定资产""在建工程"中。简单起见，我们通常直接用"财务费用"代替"利息费用"来粗略地计算。且分子中的利息为财务费用中的利息，分母中的利息不仅包括财务费用中的利息，也包括资本化利息。

已获利息倍数反映的是企业经营收益为所需支付的债务利息的倍数。一般情况下，企业借债的目的是获得必要的经营资本，只有债务支付利息小于使用这笔钱所能赚取的利润时，企业才有举债经营的动机，否则得不偿失。因此，已获利息保障倍数至少要大于1。要评价企业的长期偿债能力，还必须在同一企业的不同年度之间、同行业之间进行比较。所以，对于一个企业来说往往需要计算连续几个年度的已获利息保障倍数，这样才能进行正确的评价。通常需要选择一个指标最低的会计年度来估计长期偿债能力情况，因为企业不仅在经营好的年度要支付利息，而且在经营不好的年度也要支付相当的债务。比如，有些企业在某个年度经营收益很大，已获利息保障倍数也可能很高，但不能说明会年年如此。因此，出于谨慎性考虑，采用指标最低年度的数据，保证了最低的偿债能力。

已获利息保障倍数反映的是利息受利润的保障程度。我们再从现金流角度对其完善，引入"现金利息保障倍数"，反映利息受企业经营净现金流的保障程度，在一定程度上避免了应计会计指标的缺陷。其计算公式如下：

$$现金利息保障倍数=经营活动现金净流量/利息费用$$

这一指标只是在已获利息保障倍数基础上加以了完善，两者的分析是差不多的，国外在此不再详细分析。

6.到期债务本息偿付比率

所谓到期债务本息偿付比率，是指企业经营活动现金净流量与到期债务本息和的比率，其计算公式为：

$$到期债务本息偿付比率=经营活动现金净流量/到期债务本金+现金利息支出 \times 100\%$$

这一指标反映的是企业即期债务偿付能力，用来衡量企业到期债务本金及利息受经营活动现金保障的程度。比率越大，说明企业偿还到期债务能力越强，如果比率小于1，说明企业经营活动产生的现金不足以偿付到期债务本息，企业必须对外筹资或出售资产才能偿还债务。

$$现金债务总额比=经营活动现金净流量/负债总额$$

该指标也是反映企业风险性的一个动态指标，表面上看，该指标是反映还本能力的指标，但从本质上讲，用一年经营活动的现金流与债务总额比较也许更能够说明企业的付息能力，因此该指标如果比市场利率高，则说明公司有较好的付息能力。

（二）因素定性分析

1.长期资产

将长期资产作为偿还长期债务的资产保障时，长期资产的计价和摊销方式对长期偿债能力的影响很大。资产负债表中的长期资产主要包括固定资产、长期投资和无形资产。固定资产、长期投资和无形资产的市场价值最能反映其资产偿债能力，而报表中采用的是历史成本计价法，虽然有成本与市场孰低计价方法来调整账面价值，然而只是在市场低于账面价值时调整。当市价高于账面价值时，出于稳健考虑，对于这一增值部分没有进行账面处理，长期资产的市场价值没有准确地反映在报表中，我们在用一些指标进行分析时，应该考虑到这些影响因素。

2.获利能力

长期偿债能力与获利能力密切相关。企业能否有充足的现金流入偿还长期负债，在很大程度上取决于企业的获利能力。一般而言，获利能力越强，长期盈余增幅越大，越有助于增强企业长期偿债能力。企业在提高获利能力的同时，也必须重视偿债能力，盲目地追求获利能力，不考虑财务风险，可能会降低企业的长期偿债能力。维持合理的偿债能力，有利于利用债务资金，提高企业的盈利能力。偿债能力和获利能力是相互影响、相互作用的。

3.债务结构

企业清算时清偿债务的一般顺序是：（1）应付未付的职工工资，应付福利费、劳动保险费等；（2）应交未交国家的税金；（3）一般债务。如果企业前两项债务占很大比重，债权人在评价该企业长期偿债能力时，就应在指标评价的基础上打一个折扣。

4.承诺

企业在经营过程中，根据需要，常常要做出某些承诺，这种承诺可能会大量增加该企业的潜在负债或承诺义务。这种潜在负债或义务并没有通过资产负债表反映出来。因此，在进行长期偿债能力分析时，应根据报表附注及其他的相关资料等，判断承诺变成真实负债的可能性，判断承诺责任带来的潜在长期负债。

**5.或有事项**

和分析短期偿债能力一样，分析长期偿债能力也应分析或有事项的影响。或有事项是过去的交易或事项形成的，其结果必须通过未来不确定事项的发生或不发生加以证实和确认。或有事项分为或有资产和或有负债。产生或有资产会提高企业的偿债能力，产生或有负债会降低企业的偿债能力。因此，我们在进行偿债能力分析时，应关注或有事项的报表附注披露，以考虑或有事项对偿债能力的潜在影响。

## 三、资本结构分析

资本结构是指企业各种长期筹资来源的构成和比例关系、长期资本来源，主要是权益资本和长期债务。它是一个涉及因素多、影响时间长、综合性强的企业决策问题，即企业如何以最小的资本成本代价、最低的财务风险来筹集所需要的资金。其研究的重点在于确立最佳资本结构，当企业现有资本结构不合理时，通过筹资活动进行调整，使其达到最佳结构，并在以后追加筹资中继续保持。

根据现代资本结构理论，通过资本结构分析，可以衡量企业的偿债能力，检验企业财务风险，促使企业实现价值最大化。

### （一）资本结构相关概念

**1.资本结构**

资本结构有广义和狭义之分。广义的资本结构是指企业全部资金的构成，不仅包括长期资本，还包括短期资金，主要指短期债务。狭义的资本结构是指长期资本结构，在这种情况下，短期债务列入营运资本的范围。本书的资本结构是指狭义的资本结构。资本结构问题不仅要考虑负债与权益资本之间的结构，还应进一步考虑负债的内部结构及权益的内部结构。一般来说，企业的资金结构及资本结构可用图9-4来表示。

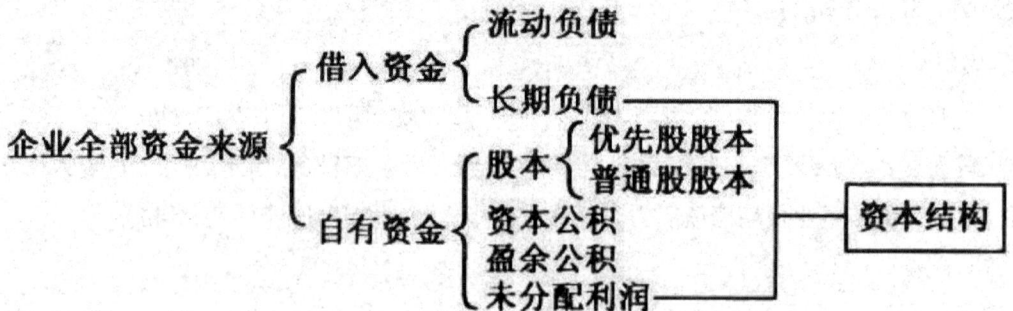

图9-4　企业的资本结构

**2.资本结构的类型.**

不同的资本结构，其成本和风险是各不相同的。企业应在成本和风险之间合理取舍，选择最适合自身生存和发展的资本结构。资本结构一般有以下三种类型。

（1）保守型资本结构

保守型资本结构是指在资本结构中，主要采取权益性融资，且负债融资中又以长期负债融资为主。在这种结构下，企业对流动负债的依赖性较低，从而减轻了短期偿债压力，风险较低；但同时由于权益性融资和长期负债融资的成本较高，又会增大企业资金成本。可见，这是一种低风险，高成本的资本结构。

（2）中庸型资本结构

这是一种中等风险和成本的资本结构。在这种结构下，权益性融资和负债融资的比重主要根据资金用途来确定：用于流动资产的资金主要由流动负债提供，用于长期资产的资金主要由权益性融资和长期负债提供。同时，权益性融资和负债融资的比重保持在较为合理的水平之上。

（3）风险型资本结构

风险型资本结构是指在资本结构中，全部采用或主要采用负债融资，并且流动负债被大量用于长期资产。显然，这是一种风险高但成本低的资本结构。对于希望取得高收益的企业而言，这是一种有吸引力的资本结构。

## （二）资本结构的定性分析

### 1.资本成本

在市场经济条件下，企业筹措和使用资本往往都要付出代价。资本成本就是指企业为筹措和使用资本而发生的费用，包括用资费用和筹资费用。广义地讲，企业筹集，使用任何资金，无论长期，短期都要付出一定的代价。狭义的资本成本仅指筹集和使用长期资本的成本。本书中的资本成本指的是狭义的资本成本，即权益资本成本和长期债务资本成本。资本成本通常用资本成本率表示，资本成本率是指企业使用资本所负担的费用与筹集资金净额之比。资本成本有个别资本成本与加权平均资本成本之分。其中综合资本成本是企业进行资本结构决策的重要依据。债务利息率通常低于股票股利率，而且债务利息是税前支付，有税盾作用，因此，债务资本成本低于权益资本成本。在一定限度内提高债务资本比率，可降低企业的综合资本成本。

### 2.财务杠杆

财务杠杆（financial leverage），又可称融资杠杆，是指企业在制定资本结构决策时对债务筹资的利用。在企业资本结构一定的条件下，企业从息税前利润中支付的债务利息是相对固定的，当息税前利润增多时，每一元息税前利润所负担的债务利息就会相应地降低，扣除所得税后可分配给企业所有者的利润就会增加，从而给企业所有者带来额外的杠杆收益。

然而债务筹资也会给企业带来一定的财务风险，是指与企业筹资相关的风险，甚至可能导致企业破产的风险，包括定期付息还本的风险和可能导致所有者权益下降的风险。由于财务杠杆的作用，当息税前利润下降时，税后利润下降得更快，从而给企业带来财务风险，资本结构的变化，即财务杠杆的利用程度变化，对财务风险的影响最为综合。对此可用财务杠杆系数来衡量。财务杠杆系数（degree of financial leverage，DFL）又称财务杠杆程度，是普通股每股税后利润变动率相当于息税前利润变动率的倍数。它可用来反映财务杠杆的作用程度，估计财务杠杆利益的大小，评价财务风险程度的高低。

企业长期筹资的两大来源中，长期债务产生的利息从税前支付，可减少企业应缴纳的所得税，债务资本成本相对较低，企业增加长期负债的比重可以降低企业综合资本成本。同时负债具有财务杠杆作用，当利润增大时，可以给投资者带来更大的收益。因此，只要资产报酬率高于负债成本，财务杠杆将是有利的，在一定范围内，随着负债比率的上升，企业将保持权益资本报酬率上升，综合资本成本下降。但是，若长期负债所占比重超过一定限度，必然引起企业财务状况变化，投资者将负担较多的债务成本，并经受较多的财务杠杆作用所引起的对收益变动的冲击，从而加大财务风险，导致各种资金来源的资本成本发生变动，最终使企业综合资本成本上升。可见，企业存在一个综合资本成本最小化的债务比率范围，即存在最佳资本结构的范围。

企业确定资本结构需要在资本成本、财务风险和收益之间进行选择。企业筹资的一个重要目标就是使企业整体资本成本，即加权平均资本成本，降至最低。同时，以最小的资本组合风险来实现最大的收益。

由于企业的实际情况千差万别，不可能存在一个适用于所有企业的资本结构决策方式，只能是不同企业结合自身的实际情况，决策适合本企业的"最佳"资本结构。企业在评价资本结构的合理性时，除了前面提到的资本成本和财务风险外，还要考虑以下因素。

3.经营风险

企业总风险包括财务风险和经营风险，从筹资者角度，要将企业的总风险控制在一定的范围内，如果企业经营风险增加，必须通过降低负债比率来减少财务风险。因此，资本结构中的负债比例还必须视经营风险大小而定。企业的经营风险是企业在资产经营过程中产生的风险，影响企业生产经营风险的因素很多，主要有：

（1）需求的稳定性。在其他因素不变动的前提下，市场对企业产品的需求越不稳定，企业未来的经营收益就越不确定，经营风险就越大。反之，市场对企业产品的需求越稳定，经营风险就越小。

（2）销售价格的稳定性。销售价格是销售收入的决定因素之一。销售价格不稳定，销售收入就不稳定，企业未来的经营收益也就不稳定，经营风险就大。反之，销售价格变动不大，经营风险就小。

（3）投入价格的稳定性。投入价格的稳定性决定产品成本的稳定性，从而影响企业经营收益的稳定性。投入价格越不稳定，经营风险就越大，除非企业有能力根据投入价格及时调整销售价格，否则将对企业未来经营收益造成很大影响。

（4）固定成本的比重。固定成本占总成本的比重越大，当产品销售量发生变动时，单位产品分摊的固定成本变动就越大，导致企业未来经营收益变动越大，经营风险就越大。反之，固定成本占总成本的比重越小，经营风险也就越小。

4.资产结构

资产结构是指构成全部资产的各个组成部分在全部资产中的比例。资产结构是由企业的主营业务决定的，它对企业的资本结构有重大影响。一般而言，流动资产比例高的企业，其流动负债比例大；固定资产比例大的企业，其长期负债和所有者权益比率高。资产使用于抵押贷款的企业负债比例较大，以技术研究开发为主的企业负债比例很小。

5.投资者和管理人员的态度

负债比率涉及控制权的问题。如果一个企业的股权比较分散，谁也没有绝对控制权，这个企业可能会更多地采用投资者投资的方式来筹集资金。投资者并不关心控制权的稀释，因为他们本来就没有什么控制权可言。相反，如果股权相对集中，企业被少数投资者控制，投资者就会很重视控制权。为了防止少数投资者绝对控制权的稀释，企业倾向于举债融资。对企业管理人员来说，冒险型的人倾向于举债融资，而稳健型的人倾向于股权融资。

6.公司所处行业

所处行业不同的企业在债务权益结构上是不相同的。比如，可作抵押的资产多些的企业，负债可以多些，而无形资产比例高的行业，负债水平会低一些。另外，公司所处行业的发展前景也会决定公司负债水平的高低。比如，生物科技和电信行业的前景看好，负债可能就会高一些。

7.贷款机构和信用评级机构的态度

企业对如何适当地运用财务杠杆有自己的分析，但在涉及较大规模的债务筹资时，贷款机构和信用评级机构的态度往往成为决定企业资本结构的关键因素。通常，企业在决定资本结构并付诸实施之前，都会向贷款机构和信用评级机构咨询，并且对他们提出的意见予以重视。如果企业过高地运用财务杠杆，贷款机构可能不会接受超额贷款的要求，或者只有在抵押担保或高利率的条件下才同意增加贷款。信评机构也会认为企业潜在风险较大，从而降低企业的信用等级，影响企业筹资活动。

8.金融市场发达程度

金融市场越发达，企业融资环境越活跃，可利用的筹资渠道越广泛，资金流动性越强，企业应付风险的能力也就越强，这时，负债融资可相对较高。

## （三）资本结构的定量分析

根据现代资本结构理论分析，企业应该存在着最佳资本结构，在资本结构的最佳点，企业的加权平均资本成本达到最低，同时，企业的价值达到最大。对于股份公司而言，在有效市场前提下，企业价值也可以表述为股东财富最大，即股票价格最高，而股价高低在一般情况下主要取决于每股利润的多少。因此，定量分析公司资本结构时，可以运用比较资本成本法和每股收益无差别点分析法。

1.比较资本成本法

比较资本成本法是计算不同资本结构的加权平均资本成本，并以此为标准相互比较进行资本结构决策。

企业的资本结构决策，又分为初始资本结构决策和追加资本结构决策两种。

（1）初始资本结构决策

企业对拟定的筹资总额，可以采用多种筹资方式，每种筹资方式的筹资数额亦可有不同安排，由此可形成若干个资本结构。

（2）追加资本结构决策

企业在持续的生产经营过程中会由于扩大业务或对外投资的需要而进行新的筹资活动，这就是追加筹资。因追加筹资以及筹资环境的变化，原定的最佳资本结构可能不再是最佳的。因此，企业应在资本结构不断变化中寻求最佳结构，将备选追加方案与原有最优资本结构汇总，测算出各追加筹资方案的综合资本成本，比较确定最优的追加筹资方案。

2.每股收益无差别点分析法

每股收益分析法是利用每股收益无差别点来进行资本结构决策的方法。每股收益无差别点是指每股收益不受融资方式影响的息税前水平。根据每股收益无差别点，可以分析判断在什么样的息税前水平应该采用什么样的资本结构。

## （四）资本结构的弹性分析

1.资本结构弹性的含义

所谓资本结构弹性，是指企业资本结构随着经营和理财业务的变化，能够适时调整和改变的可能性。一般而言，资本结构一旦形成就具有相对的稳定性，但这种稳定性并不排除调整的可能。

资本结构弹性以各种融资本身所具有的弹性为基础，按照各种融资弹性的不同可把融资分成三类：（1）弹性融资。即可以随时清欠、退还和转换的融资，主要指流动负债融资以及企业的未分配利润。（2）刚性融资。即不能随时清欠、退还和转换的融资，主要指主权资本融资。（3）半弹性融资。即介于以上两种类型之间的融资，主要指长期负债融资，可视具体情况分别划入弹性融资（如可提前收兑的企业债券）和刚性融资（如融资租赁的固定资产等）。

企业保持资本结构的一定弹性是必要的，当成本更低、条件更优惠的融资方式出现时，便可迅速实现转换，这对企业的长期债权人来说，有益无害。实务中，企业力求在一定的融资成本与风险下，寻求弹性最大的资本结构。

2.资本结构的调整

企业筹措资金时，不仅要考虑融资总量，也要注意分析资本结构。由于企业环境的变化，资本结构是否合理不是表现为一种静态的结构合理性，而是表现为一种动态的结构调整过程。这种资本结构的合理性可以通过融资存量调整和流量调整来改变。

（1）存量调整

存量调整是在企业现有资产规模下对现存自有资本和负债进行结构上的相互转化。这种调整主要是在负债比例过高时采用，具体表现为两种类型：第一，直接调整。即将企业的可转换债券、优先股等可转换证券按规定的转换比例转换为普通股股票，从而增加股本，减少负债。第二，间接调整。即先将某类融资收缩，然后，将相应数额的融资量扩充到其他类融资中，例如，先偿还短期债务，再借入长期负债，以进行流动负债与长期负债的期限搭配、利率搭配的调整。

（2）流量调整

流量调整是通过追加或缩小企业现有资产数量，以实现原有资本结构的合理调整。这种调整常适用于以下情况：第一，资产负债比例过高时，为改变不佳财务形象，提前偿还旧债，伺机举借新债；或增资扩股，加大主权资本融资。第二，资产负债比例过低且企业效益较好时，为充分发挥财务杠杆效用，可追加贷款；若企业生产规模缩小，效益下滑，可实施减资措施，如企业可将市场流通的股票购回并注销。

3.资本结构弹性分析

（1）资本结构弹性的总体分析

资本结构弹性的总体分析是整体判断企业在不同时期的弹性融资与融资总量的变化情况。其计算公式为：

$$资本结构弹性=弹性融资/融资总量\times100\%$$

（2）资本结构弹性的结构分析

资本结构弹性的结构分析是根据不同弹性的融资分别计算分析企业在不同时期占总弹性融资比重的变化情况，以此了解企业资本结构弹性的内部结构变化。结构分析可以揭示资本结构弹性的强度，也就是弹性大的融资所占比重越大，则弹性强度越大；反之，则弹性强度越小。

在弹性融资中，流动负债的弹性最大，因为流动负债不仅能随时清欠、转让，而且其物质基础流动资产的流动性最强，变现最快，从而为清欠和回购短期证券提供了资金来源。与此不同的是，长期负债（长期借款）即使能够随时清欠、转让，但由于其相应的资产通常为长期资产，其变现能力较弱，以至制约了长期负债的弹性。至于未分配利润，只是企业临时可用的资金，不可以转换为其他类型的资金，它的弹性自然较小。其计算公式为：

$$某类弹性融资强度=某类弹性融资/弹性融资总额 \times 100\%$$

## 四、破产风险分析

### （一）破产风险的概念

所谓破产，在法律意义上是指债务人丧失清偿能力时，通过司法程序强制清算其全部财产，清偿全体债权人的法律制度。风险是指能够影响一个或多个目标的不确定性。企业破产除了某些特殊原因外，一般有下面两种情况：一种是由于偿债能力不足而导致的企业倒闭。偿债能力不足，不仅会影响企业盈利能力的提高，而且会危及企业的生存与发展；一种是由于盈利能力不足而导致的倒闭。破产风险是指企业可能因经营管理不善造成严重损失，不能清偿到期债务而被宣告破产清算的可能性。破产风险是企业风险的重要方面，是其他风险的综合结果。

### （二）破产风险的分类

企业的生产经营受多方面因素影响，如内部的，外部的，主观的、客观的，经营管理方面的，行政指挥方面的，等等。破产的原因也是多方面的，如：过分依赖单一产品或单一客户；对产品开发、市场走向的调研、市场的开发缺乏进取心；业务扩张过度，发展后劲不足，已扩张的业务范围也可能因基础不稳定而萎缩；盲目开发风险性较大的业务，但缺乏相关的市场趋势把握；内部管理不善，缺乏财务会计控制；等等。破产风险最终表现为企业不能清偿到期债务，最终宣告破产的可能性，是诸多风险综合的结果。

1.经营风险

企业生产经营会受到来自企业外部和内部诸多因素的多方面影响，具有很大程度的不确定性。经营风险主要包括经济风险和营业风险。经济风险大多与企业所处的社会经济环境和经济形势有关，如外汇行市不稳定、通货膨胀等。营业风险是企业生产经营活动本身所固有的风险，其直接表现为企业息税前利润的不确定性。如果销售和成本水平发生潜在变动，那么经营杠杆的放大效应使得息税前利润进一步增加或减少，从而放大营业风险。

经营风险依赖于一系列的因素，比如需求、产品售价、投入成本的波动性，调整价格的能力，研发能力，固定成本的比重等。

2.财务风险

财务风险有广义和狭义之分。广义的财务风险是指企业财务活动中由于各种不确定因素的影响而带来的债务偿还、利润水平等的可变性。狭义的财务风险又称筹资风险，是指企业与筹资活动有关的风险，也就是企业债务偿还的不确定性。企业负债规模过大，利息费用支出增加，由于收益降低而导致丧失偿付能力或破产的可能性也增大。同时，由于财务杠杆的放大效应，使得每股收益进一步降低，导致企业的财务风险增加，甚至破产。

### （三）破产风险的分析与衡量

1.风险的衡量

衡量风险的大小有多种方法，比较常见的是使用概率统计方法进行风险的衡量。由于风险与各种可能的结果和结果的概率分布相联系，因此概率统计中的标准差 σ 和标准离差率 V 等反映实际结果与期望结果偏离程度的指标往往被用于衡量风险的大小。

标准差 σ 计算公式为：

$$\sigma = \sqrt{\frac{1}{N-1}\sum_{i=1}^{N}\left(x_i - \overline{x}\right)^2}$$

标准差以绝对数衡量风险的大小。在期望值相同的情况下，标准差越大，风险越大。

标准离差率 V 是标准差与期望值之比，是一个相对指标，以相对数反映决策方案的风险程度。标准差作为绝对数，只适用于有相同期望值的风险程度的比较，对于期望值不同的风险，只能使用标准离差率这一相对数值。在期望值不同的情况下，标准离差率越大，风险越大。

企业可以根据计算出的息税前利润和每股收益的标准差与标准离差率，分别衡量经营风险和财务风险的大小。

2.风险分析

企业还可以采用经营杠杆系数和财务杠杆系数来分析所面临的经营风险和财务风险。企业的总风险通常采用总杠杆系数表示，即经营杠杆系数与财务杠杆系数的乘积。在实际工作中，经营杠杆和财务杠杆可以按多种方式联合以得到一个理想的总杠杆系数和企业总风险水平。合适的企业总风险水平需要在企业总风险和期望报酬率之间进行权衡，这一权衡过程必须与企业价值最大化的财务管理目标相一致。

例如，在企业成立之初，经营杠杆系数和财务杠杆系数均处于一个较低水平，负债的减税效应不能充分发挥，在一定程度上减小了股东权益，使得潜在的投资者不愿对该企业投资；相反，如果企业的经营杠杆系数和财务杠杆系数均相对较高，则总风险处于一个较高水平，虽然此时企业充分享受负债的节税收益，但债权人承担较高的风险，相应地会要求较高的利率，从而使企业发生财务困难。因此，企业应当从价值最大化的总体目标出发，选择合适的风险搭配，既充分享受负债的节税收益，又使企业价值最大化。

3.财务预警分析

因为风险的存在，企业有陷入财务危机的可能，为使企业及早发现财务危机的现象，做好财务危机的规避工作，或者避免类似财务危机现象的再次发生，必须建立有效的财务预警分析，常见的分析方法包括以下几种：

（1）单变量分析方法

单变量分析方法是运用单一变量、个别财务比率来预测财务危机的方法。1966年，美国的William Beaver提出较为成熟的单变量模式，他对1951~1961年期间的79个失败企业和相同数量、同等资产规模的成功企业进行比较研究，以单变量分析法发展出财务预警模型。他用以预测财务危机的比率有债务保障率、资产收益率、资产负债率、资产安全率。

单变量分析法虽然简单，但有时会产生对于同一公司使用不同比率预测出不同结果的现象，因此逐渐被多变量方法所取代。

（2）多变量分析方法

多变量分析方法是一种综合评价企业风险的方法。通过运用统计方法、计算机技术等现代技术和方法，对各种财务指标进行筛选，判别，建立一个最优模型，根据模型计算结果判定企业是否正面临财务困境或破产。目前最有影响力，代表性的多变量分析方法如下：

①Z分数模型。基于单变量的诸多缺点，美国纽约大学教授爱德华·阿尔曼（Altman）于1968年发表的文章中提出了预测企业破产的Z值模型，这是最早的多变量财务预警模型。他选择了33家破产公司和33家非破产配对公司，确定5个变量作为判别变量，建立了一个多元线性判别模型。计算公式如下：

$$Z=0.012R_1+0.014R_2+0.033R_3+0.006R_4+0.999R_5$$

其中：Z——判别函数值

$R_1$——（营运资金÷资产总额）×100

$R_2$——（留存收益÷资产总额）×100

$R_3$——（息税前利润÷资产总额）×100

$R_4$——（普通股、优先股市场价值总额÷负债账面价值总额）×100

$R_5$——销售收入÷资产总额

Z值的判断标准为：

$Z \geqslant 2.675$，企业财务状况稳定，破产可能性很小；

$1.81 \leqslant Z < 2.675$，企业财务状况不稳定，很难估计其破产的可能性，称为灰色地带；

$Z \leqslant 1.81$，企业此时虽未破产，但已无药可救，破产可能性很大。

模型主要适用于股票已经上市交易的制造业。

②F 分数模型。由于 Z 分数模型在建立时未充分考虑现金流量与产业因素的变动对企业财务状况的影响，同时 Z 分数模型的提出是基于国外企业的资料，因此不一定能为我国的企业所用。为此，我国学者周首华、杨济华、王平于 1996 年提出 F 分数模型。其计算公式为：

$$F=-0.177\ 4+0.109\ 1R_1+0.107\ 4R_2+1.927\ 1R_3+0.030\ 2R_4+0.4961R_5$$

其中，$R_1$ 为营运资本与总资本的比率，$R_2$ 为期末留存收益与总资产的比率，$R_3$ 为净利润和折旧的总和与平均负债的比率，$R_4$ 为普通股、优先股的市值总额与负债的账面总额的比率，$R_5$ 为净利润、利息、折旧额的总和与平均总资产的比率。

F 值的判断标准为：

F≥0.027 4，企业生存的可能性较大；

F<0.027 4，企业破产的可能性较大。

# 第二节　经营效率评价

## 一、经营效率评价概述

经营效率是指企业各项经济资源通过配置组合与相互作用而生成的推动企业运行的物质能量。它表现为企业占用或消耗的经济资源与其提供的产品数量的对比关系。在经济资源一定时，所提供的产品越多，或所提供的产品一定时，所需的经济资源越少，则企业的经营效率越高。在财务上，它是通过企业生产经营资金周转速度的有关指标反映出企业的经营效率，体现企业的经营管理水平。而企业的资金总是寓于相应的资产中，所以经营效率的评价，又可以称为企业资产管理能力的分析。资产管理，可以从它们营运的效率和效益方面进行分析。资产营运的效率主要指资产的周转率或者周转速度；而企业资产营运的效益则是指企业生产的产出额与资产占用额之间的比率。通过对企业资产营运的效率和效益指标的计算和分析，评价企业经营管理资产的水平，为企业后续提高经济效益指明方向。

一个企业，如果它的管理者水平较高，则可以运用手中有限的资产，产出较多的成果，而企业的资金也会在经过货币资金、存货资金、生产资金、成品资金的循环之后达到增值，从而不断膨胀，价值不断增长。由于企业价值增长的过程即是企业运用有限的资产产生出更多的资产，因而资产的营运效率对于一个企业至关重要。那么如何评价企业经营管理资产的水平？这里的关键是我们必须设计出最能反映资产经营效率的评价指标，通过这些指标的计算和分析，我们能够比较客观地反映"个企业的资产营运水平以及为管理者以后管理资产提供建议。

企业资产经营效率的评价，或者说企业资产管理水平的分析主要包括以下几个方面：

### （一）短期资产营运效率的分析

短期资产是企业一种很重要的资产形式，它是企业开展正常的生产经营活动的保障，也是企业短期偿债能力的最重要体现。一般来讲，短期资产主要由存货、应收账款、货币资金等组成。反映企业短期资产营运效率的财务指标主要有存货周转率、应收账款周转率、营业周期、流动资产周转率。

### （二）长期资产营运效率的分析

长期资产相对来说是一个企业总资产中最重要的组成部分，它是企业盈利能力的重要体现，是一个企业生存、发展、获利的最重要的保障。经营好企业的长期资产，对于提升企业自身的竞争力至关重要。那么如何分析一个企业长期资产营运效率？一般来说，反映长期资产经营效率的财务比率主要包括固定资产周转率、固定资产更新率以及无形资产利用率。

## 二、经营效率评价指标

### （一）存货营运效率分析

一般来讲，在企业流动资产中，存货所占的比重最大。所以存货的周转速度对于企业流动资产的周转率影响极大。它的流动性直接影响企业的流动效率，因此要特别注重分析一个企业的存货。

#### 1.存货周转率

存货周转率，又称存货利用率。它是衡量和评价企业购入存货、投入生产、销售收回等各环节管理状况的综合性指标，一般是销售成本与平均存货的比值，也可以称为存货的周转次数。用时间表示的存货周转率就是存货周转天数。其计算公式为：

存货周转率=销售成本/平均存货

平均存货=（期初存货余额+期末存货余额）/2

存货周转天数=360/存货周转率

公式中的销售成本可以从损益表中得知，期初和期末存货余额可以根据资产负债表得出。在运用以上公式时，需注意：如果某个公同生产经营活动具有很强的季节性，则在年度内，各季度的销售成本与存货都会有较大的变动幅度。因此平均存货应该按照季度或者月份来计算，然后再计算全年的平均存货。

2.存货周转率的意义

存货周转率说明在一定时期内企业存货周转的次数，可以用来测试企业存货的变现速度，反映企业销售能力。一般来讲，存货周转速度越快，存货的周转水平就越高，流动性就越强，企业的营运资金占用在存货上就会越少，这样公司在同行业中就能保持优势。然而，存货周转率过高，也可能隐含着企业在管理方面存在一些问题。例如，存货水平太低，甚至经常缺货，或者采购次数过于频繁，没有达到经济订货批量，等等。所以企业应该和同行业中其他企业进行比较，分析和它们的共同点以及不同点，同时考虑自身的特点之后，保持一个比较合适的存货周转率。但是企业在和同行业企业进行比较时，应该注意：如果企业与企业之间对于存货计价所采取的会计政策不同，则它们之间的可比性就比较差。

存货周转率能够比较综合地反映出企业存货的管理水平，同时它也会影响企业短期偿债能力。作为企业管理者和报表分析者，除了要分析批量因素、季节性生产的变化等情况对于存货的影响外，还应该对于存货的构成进行细分。例如，在工业企业中，可以分析原材料在产品、产成品等各自在存货中的比重，从而从不同的角度和环节上找出存货管理中的问题，使得存货在保证企业生产连续性的同时，尽可能少占用经营资金，提高企业资金利用的效率，在保障企业偿债能力的同时，提高企业管理水平。

在分析存货周转率时，应注意应付账款、存货和应收账款之间的联动关系。一般来说，销售增加会拉动应收账款、存货和应付账款增加，不会引起周转率的明显变化。但当企业接受一个大的订单后，先要增加采购，然后推动存货和应付账款增加，最后才会引起销售收入上升，在这种情况下，销售没有使以前的存货周转速度减慢不是坏的现象；反之，预见到销售萎缩时，会减少采购，引起存货周转速度加快，这反而不是一件好事情。

必须注意的是，存货周转率的分子一般使用销售成本，但在具体分析时，应视分析目的不同而有所不同。在分析流动性时，为说明存货的质量，可使用销售收入净额，在分解总资产周转率时，为系统分析影响因素，并能与其他指标分析口径保持一致，分子也应该使用销售收入净额。只有在评估存货经营效率和使用业绩时，一般才使用销售成本。

## （二）应收账款营运效率分析

1.应收账款周转率

应收账款和存货一样，在流动资产中占据举足轻重的地位。企业及时收回应收账款，不仅可以减少坏账损失，还可以增强短期偿债能力。

反映应收账款周转速度的指标是应收账款周转率，也就是一个会计年度内企业应收账款转为现金的平均次数。它是企业一定时期赊销收入净额与应收账款平均余额的比率。其计算公式如下：

应收账款周转率=赊销收入净额/应收账款平均余额

由于企业的财务报表不提供年赊销商品额的数据，所以在财务分析中我们一般用企业销售收入来替代。而销售收入数据可以从损益表中得到。应收账款是指扣除坏账准备后的应收账款，也包括应收票据在内，它等于资产负债表中期初应收账款（应收票据）与期末应收账款（应收票据）的平均余额。

在现实经济生活中，用应收账款周转天数来反映企业应收账款管理水平比较常见。其计算公式如下：

应收账款周转天数=360/应收账款周转率

应收账款周转天数从本质上说就是销货方给予购买方的优惠条件，即允许顾客延期付款的天数，主要是为了吸引顾客，扩大销售。因此应收账款周转天数是否合理应结合企业事先制定的信用政策来确定。

影响应收账款周转率正确性的因素有：季节性经营的企业使用这个指标时不能反映实际情况、大量使用分期收款结算方式或大量使用现金结算方式、年末销售大量增加或减少等。这些因素都会对该指标的计算结果产生较大的影响。

随着市场经济的发展，商业信用也得到越来越广泛的应用。越来越多的企业在销售时采用了赊销这一政策。因而应收账款也成为企业流动资产项重要组成。一般而言，应收账款周转率越高，平均应收账款回收期就越短，说明企业催收账款的速度越快，这样可以减少坏账损失，使得企业资产的流动性得到增强，短期偿债能力提高，在一定程度上可以弥补企业流动比率低的不利因素。相反，如果一个企业应收账款周转率过低，则企业的营运资金会过多地呆滞在应收账款上，影响企业正常的资金周转，更严重的，会导致企业资金链的断裂。作为企业管理者，对该指标进行分析计算，可以为应收账款管理提供指导，为企业制定信用政策提供重要依据；作为财务报表的使用者，可以将计算出来的该指标与企业前期、行业平均水平以及同行业类似企业进行对比，从而对企业应收账款营运能力做出比较客观的判断。

在分析应收账款周转率时，也应当注意应收账款与销售额、现金项目之间的联动关系。应收账款的起点是销售，终点是现金。正常的情况是销售增加引起应收账款增加，随后是现金和现金流量增加，而如果出现应收账款增加，但销售和现金却减少的状况，则可能是销售出了问题，促使企业放宽信用政策，因此对于应收账款周转率的分析也不是简单地分析其周转速度的问题，而应该与其他问题联系在一起进行分析。

2.应收账款周转率的意义

在分析企业应收账款周转速度时，我们需要具体问题具体分析。由于影响应收账款回收期的因素较多，需分别对待和处理：（1）企业规模和经营特点。一般来讲，企业规模越大，它在行业中的地位就越重要，此时由于具有很强的优势，对于一般客户，它不会给予很宽松的信用政策。（2）客户特点。对于企业的长期客户、大客户以及信用好的客户，企业会给予比较诱人的信用政策，而对于一般客户，就不会享有如此诱人的政策。（3）行业产品。企业所处行业不同，生产的产品不同，也会造成账款回收期的差异。例如日用消费品的货款回收期就要比大型机器设备的货款回收期来得短。（4）资金利率情况。如果企业借款利率较高，它就会执行较紧的信用政策。同理，如果企业资金机会成本较高，也会趋向于缩短货款回收期。由于企业应收账款具有如下特点：即便账款收不回，它仍然会在账面上使企业呈现盈利现象，然而企业却还要为其支付增加的占用成本。这就会造成企业经营状况仍然良好的假象，所以企业应该尽量加快账款回收，制定好相应的收账政策。

### （三）营业周期与现金周期

营业周期是指企业从取得存货开始到销售存货并收回货款为止这段时间，因而影响营业周期的就是企业存货周转期和应收账款的回收期。它是一个衡量企业短期资产营运能力的比较综合的财务指标。我们知道，存货和应收账款都是单一的衡量企业短期资产营运能力的指标，但是营业周期不同，它能够综合存货和应收账款两方面要素，任何一方都会对它造成影响，同时我们也能够发现短期资产中存货和应收账款各自对于营业周期的影响程度哪方面问题更大等等。其计算公式如下：

营业周期=存货周转天数+应收账款周转天数

在考察企业营业周期时，我们可以将上述数据与同行业进行对比，如果低于行业平均水平，再进一步分析问题是在存货方面还是在应收账款方面，便于以后改进。一般情况下，营业周期越短，说明资金周转速度越快，企业占用资金就越少；营业周期越长，说明资金周转速度越慢，企业占用资金就越多。

如果公司不使用商业信用赊购，营业周期就等价于现金周期，但在使用商业信用赊购的情况下，则：

现金周期=营业周期−应付账款周转天数

=存货周转天数+应收账款周转天数−应付账款周转天数

现金周期揭示了存货、应收账款与应付账款之间的内在关系。周期越短，说明公司的经营效率越高，现金管理的能力越强；周期越长，说明公司越容易出现现金短缺的局面，经营效率也越低。需要指出的是，不同行业的不同企业间现金周期的差异较大，必须具体情况具体分析。营业周期与现金周期的关系可用图9-5来表示。

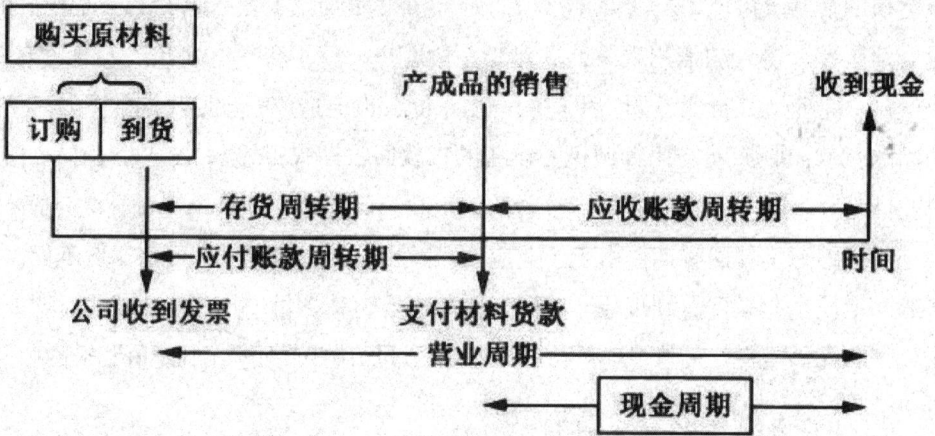

图 9-5　营业周期与现金周期的关系

### （四）流动资产周转率

流动资产周转率是企业销售收入与全部流动资产平均余额的比值，它反映企业全部流动资产的利用效率。其计算公式如下：

$$流动资产周转率=销售收入/流动资产平均余额$$

$$流动资产平均余额=（期初流动资产+期末流动资产）/2$$

上式表明：增加销售收入、降低流动资产资金占用是提高流动资产周转速度的有效途径。提高销售收入，就要在提高产品质量和功能的同时提高产品售价，扩大市场销售数量；降低流动资产占用，就要加速组成流动资产的各项周转，降低存货、应收账款等的资金占用。

流动资产周转率指标可以揭示以下问题：

第一，流动资产实现销售的能力，即流动资产周转率越高，则实现的销售收入越多。因为：

$$销售收入=流动资产周转率×流动资产平均占用额$$

$$流动资产利润率=销售利润率×流动资产周转率$$

第二，反映流动资产投资的节约与浪费情况。因为：

$$流动资产节约或浪费额=分析期销售额×（分析期流动资产实际占用率-基期流动资产$$
$$实际或分析期流动资产计划占用率）$$

$$流动资产占用率=1/流动资产周转率$$

其中：正值表示浪费，负值表示节约。

流动资产周转率是衡量企业流动资产营运能力的一个综合性指标。流动资产周转速度快，就可以节约流动资金，等于相应扩大企业资金投入，提高企业盈利能力。而资金的节约又可以分为绝对节约和相对节约两种情况。流动资金绝对节约是指企业由于流动资产周转加快，因而可以从周转资金中拿出一部分支付给企业所有者或者债权人。资金的相对节约是指由于企业加快流动资产周转，等于在企业所有者没有新投入资金的情况下，扩大了企业的生产规模。由于流动资产周转率是个比较综合性的指标，因而在企业生产经营中任何一个环节上的工作得到改善，都会反映到周转天数的缩短上，因而它的应用相对比较普遍。

### （五）固定资产营运效率

众所周知，固定资产是一个企业长期盈利的保障。企业要想获得持续的盈利，一定要充分有效地利用好固定资产。衡量企业固定资产营运效率的指标主要有固定资产更新率、固定资产产值率以及固定资产周转率。它们分别从各个不同的角度衡量了企业固定资产营运效率。

1.固定资产更新率

企业在生产经营过程中，必定伴随着固定资产的不断更新和淘汰。特别是在科技突飞猛进的年代，企业固定资产更加需要频繁的更新，否则就会跟不上现代化生产发展的需要。所以企业固定资产的总体新旧程度在一定程度上代表了企业的生产能力和发展潜力。计算固定资产的更新率主要有以下两种指标：

（1）固定资产更新率。（备注：公式中当初改为期初）

固定资产更新率=当年新增固定资产/当初固定资产原价之和×100%

它说明的是企业固定资产的增长率，为提高企业现代化而采取的措施。

（2）固定资产淘汰率。（备注：公式中当初改为期初）

固定资产淘汰率=当年淘汰固定资产的原价/当初固定资产原价之和×100%

它是从另一个角度来反映企业固定资产的更新状况。

2.固定资产产值率

在现实经济生活中，反映企业固定资产营运效率的指标就是固定资产产值率。因为固定资产作为企业的劳动手段主要是用于生产经营的，因此可以联系产值对固定资产的效率进行评价。固定资产产值率就是一定时期内企业总产值与固定资产平均总值之间的比率。其计算公式如下：

固定资产产值率=工业总产值/全部固定资产平均总值

在市场经济体制下，我们经常强调企业产值率的高低，但是在看到一个固定资产产值率的数据时，我们如何分析和找出影响它的因素？据此，我们进一步分解固定资产产值率，找到影响因素。

$$固定资产产值率=\frac{工业总产值}{全部固定资产平均总值}$$

$$=\frac{总产值}{生产设备平均总值}\times\frac{生产设备平均总值}{生产用固定资产平均总值}$$

$$\times\frac{生产用固定资产平均总值}{全部固定资产平均总值}$$

$$=生产设备资金产值率\times生产设备构成率\times生产用固定资产构成率$$

以上公式中，生产设备的资金产值率反映生产设备能力和时间的利用效果；而生产设备占全部固定资产的比重和工业生产用固定资产占全部固定资产的比重，则表明企业固定资产的结构状况和配置的合理程度。所以对企业固定资产产值率的分析应该从固定资产配置和使用两方面进行。

3.固定资产周转率

衡量企业固定资产营运效率的最常用的指标是固定资产周转率。它是企业年销售收入净额与固定资产平均净值的比率，它反映的是企业固定资产周转速度的快慢，用来测定和判断固定资产产生销售收入的能力。其计算公式如下：

$$固定资产周转率=销售收入净额/固定资产平均净值$$

$$固定资产平均净值=（期初固定资产净值+期末固定资产净值）/2$$

另外需要注意的是：固定资产周转率的大小及变化趋势取决于分子与分母的特点，销售收入的变化是连续的，在不同的生命阶段，也许其变化速度是不同的。而分母的固定资产占用的调整是不连续的，其变化时间、金额等很大程度上取决于公司的管理决策，这两个变化加总起来，就会使固定资产周转率上下震荡。初创期公司的固定资产周转率较低，但随着销售的扩大，该指标会不断提高，新的固定资产投资又会导致该指标急剧下降，而当公司的销售能量释放出来后，该指标又会重新回升，这一过程会不断反复直到成熟期结束，进入衰退期，情形相反。由此引致出来的问题是，即使两家公司的销售及生产能力相同，但由于固定资产的购置时间不同，也会导致有不同的固定资产周转率，从而影响了该指标的可比性。也就是说，运用固定资产周转率时，需要考虑固定资产因计提折旧而影响其净值在不断地减少，以及因更新重置其净值突然增加的影响。同时，由于折旧计提方法的不同，也会影响其可比性，在分析时必须将这些不可比因素予以剔除。

（六）无形资产利用效率

无形资产在许多企业中得不到重视，很多企业的管理者总是把精力放在固定资产和流动资产上，对于无形资产没有引起足够的重视。然而随着经济不断发展，许多产业逐步由劳动密集型转向知识密集型，高科技企业不断涌现，使得无形资产在企业中的地位越来越重要。特别在某些行业，例如软件行业，主要就是靠卖它的知识产品来生存和获利的。那么我们如何来分析无形资产的营运能力？由于考察无形资产无法用定量的财务指标来衡量，所以这给我们分析无形资产带来了很大的阻碍。例如我们知道，海尔公司的品牌价值在市场上值几百亿元人民币，产品只要贴上海尔标志，就能赢得客户和消费者的青睐。然而这品牌到底给海尔带来多大的销售收入或者说给企业创造了多大的利润，我们无法衡量。还有例如公司的特许权使用费，著名的可口可乐公司的特许权使用费就是一笔巨额财富。由于很多的无形资产是和公司的固定资产等结合在一起使用的，因此在公司固定资产等的营运能力中蕴涵着无形资产的营运能力。作为公司管理者，如果要想使得无形资产营运能力提高，就需要加强无形资产的经营，使得无形资产更好地和其他资产融合在一起，从而给公司创造无限价值。

### （七）总资产周转率

1.总资产周转率指标及其意义

总资产周转率是企业销售收入与全部资产平均余额的比值，它反映企业全部资产的利用效率。其计算公式如下：

$$总资产周转率=销售收入/总资产平均占用额$$
$$总资产平均余额=（期初总资产+期末总资产）/2$$
$$总资产周转天数=365/总资产周转率$$

上式表明：增加销售收入、降低总资产的占用是提高总资产周转速度的有效途径。总资产周转率越快，总资产周转天数越短，说明企业总资产的利用效率越高。

2.总资产周转率的驱动因素分析

总资产是由各项资产构成，在销售收入既定的条件下，总资产周转率的驱动因素是各种资产，通过对驱动因素的分析，就可以了解总资产周转率的变动是由哪些资产引起的，以及影响较大的因素，为进一步分析指明方向。总资产周转率的驱动因素分析是结合因素分析法来进行的，通常选用资产周转天数，不用资产周转次数，因为各项资产周转次数不能相加，而各项资产周转天数却可以相加，因此总资产周转率驱动因素的分析公式为：

$$总资产周转天数=流动资产周转天数+非流动资产周转天数$$
$$流动资产周转天数=现金周转天数+应收账款周转天数+存货周转天数$$

例如，某公司本年总资产周转天数是 270 天，其中流动资产周转天数为 85 天，则非流动资产周转天数一定为 185 天。总资产周转天数比上年增加了 30 天，其中流动资产增加了 7 天，非流动资产增加了 23 天，说明非流动资产周转天数是影响总资产周转天数的主要因素，进一步发现，固定资产大量增加是影响非流动资产周转速度的原因，进一步看流动资产，现金周转天数比上年增加 3 天，应收账款周转天数比上年增加 27 天，存货周转天数比上年减少 23 天，说明尽管流动资产周转天数的变化不大，但应收账款和存货的周转天数变化的影响还是比较大的，其中应收账款周转应是关注的重点。

## 三、资产结构分析

资产负债表反映企业在某一特定时点的财务状况。更具体地说，资产负债表的左边资产方，反映企业实际控制的经济资源的数量及其结构，即企业的资产结构；而企业的资产结构揭示企业的经营能力能否被充分利用，因为只有当各类资产合理搭配时，才可能实现其最佳效用。

### （一）资产的结构分析

1.资产结构的定义及分类

由于总资产周转率=某资产周转率×该资产占总资产的结构，说明总资产周转速度的快慢一方面取决于资产自身的运用效率，另一方面与资产的结构相关。因此在进行效率性分析时，应进一步分析资产结构变化对营运能力的影响。

所谓资产结构，是指各类资产之间的比例关系，与资产的分类结构相适应，资产结构的种类也可以分为资产变现速度及价值转移结构、资产占用形态结构与资产占用期限结构。

所谓资产变现速度及价值转移结构，是指总资产中流动资产和非流动资产各自所占的比重及比例关系，其中非流动资产包括固定资产、无形资产、对外长期投资等。该结构反映了企业经营能力的大小及风险的大小。资产占用形态结构是指企业总资产中有形资产与无形资产各自所占的比重及比例关系。该结构不仅揭示了不同资产的实物存在性质，也能反映企业经营能力、收益能力及风险的大小。资产占用期限结构是指企业总资产中长短期资产各自所占的比重及比例关系。该结构不仅说明了资产流动性的强弱或周转速度的快慢，对资产价值的实现及风险也有一定的影响。

企业生产经营的成功与否，在很大程度上取决于它是否具有合理的资产结构。资产结构实际上反映了企业资产的流动性，它不仅关系企业的偿债能力，也会影响企业的获利能力，而且从一个企业资产结构能够看出企业管理者的经营风格。

流动资产主要由货币资金、存货、应收账款组成。如果货币资金所占的比重过高，就应当分析企业现金持有量是否合理，有无资金闲置现象。因为保存过多的现金，虽然可以降低企业经营风险，但是会降低企业的盈利水平。同样道理，如果在流动资产中，存货和应收账款过多，就会占用企业大量的资金，影响企业的资金周转，严重的话，会使企业资金链断裂，从而使得企业陷入危机。现实经济生活中，许多公司由于存货大量囤积，资金大多陷入应收账款，企业继续经营没有资金保障，从而纷纷破产。

在非流动资产组成中，主要有固定资产和无形资产。固定资产是一个企业长期盈利能力的保证，所以它在企业中占据举足轻重的地位。企业新添一项金额较高的固定资产，都需经过严格的可行性论证。因为一般情况下，如果一项金额较高的固定资产投资失败，会对企业造成长期影响，使得企业经过多年才能喘过气来；而如果一项固定资产投资成功，可以在很大程度上提高企业经营业绩。而随着经济的不断发展，无形资产在企业中占据越来越重要的位置。特别是在一些高科技行业，无形资产在企业所有资产中占据最高的比重，最典型的就是软件企业。在这类企业中，管理好无形资产是管理当局的重点所在，因为它直接影响企业盈利能力和发展能力。

2.资产结构的定量分析

衡量企业资产结构常用的财务指标有以下两种：

（1）构成比率

$$流动资产构成比率=流动资产合计数/资产总和 \times 100\%$$

$$非流动资产构成比率=1-流动资产构成比率$$

其中非流动资产构成比率中主要研究固定资产的比率。企业需要综合考虑自己几年的流动资产构成比率以及同行业的流动资产的构成比率，从而做出比较明智的判断。

（2）流动资产与固定资产比率

$$流动资产与固定资产比率=流动资产总数/固定资产净值总数 \times 100\%$$

虽然流动资产盈利能力较差，但是它却可以缓解企业短期偿债压力，而固定资产虽然盈利能力较强，但是由于它的流动性较差，所以企业应该仔细分析自身和同行业的财务数据，从而决定公司未来在该财务比率。

除了简单的指标以外，资产结构的定量分析，通常是以资产负债表中的"资产总额"为基数来进行纵向分析的，即将资产的每一项目以占资产总额的百分比形式填列，形成资产的结构百分比列表。

资产结构百分比法把资产中为数众多的各明细项目的数额转化为简单的百分数，从而简单明了地揭示了资产中各项目和总额之间的关系。资产的结构百分比可以清楚地揭示企业不同类型的资产占总资产的比例，说明企业管理者对其所有的资源是如何运用的。通过与同行业企业比较并结合企业的战略特征，可以判断这种资产运用的合理性和适当性。通过分析不同时期企业资产结构的变化，可以分析企业经营上发生的变化。

在具体计算与分析的过程中，通常分别计算对比期和基期的资产结构百分比。通过分析这种比重的变动，可以更好地反映资产结构的详细变动情况，进而判断其对财务状况的影响。

除此之外，往往还在列示两期各项目百分比的同时，增设一栏用来反映两期的差异，以更明了地反映各项目的增减变动情况。

### （二）资产结构的定性分析

企业资产结构状况直接决定了它的流动性和营利性。不同的管理者，会在风险和收益之间选择不同的平衡点。一般来说，流动资产能够缓解企业短期偿债压力，减小企业危机；而长期资产更多的是提高企业未来盈利水平和发展水平。但由于长期资产流动性较差，所以它的风险相对较大。企业需要谨慎做出决定，在风险和收益之间做出权衡。然而在企业中，究竟是什么因素决定企业安排多少流动资产、多少非流动资产的呢？这就需要在考虑如下因素的情况下做出最优决策。

1.风险和报酬

一般而言，持有大量的流动资产可以降低企业的风险。因为在企业出现偿债压力时，可以比较快速地将流动资产卖出去，转化为现金；但是对于非流动资产特别是固定资产就不是那么容易，因为它的变现能力较差。所以如果企业把资金较多地投资于流动资产，则风险较低。但是由于流动资产盈利能力较差，所以这样必然带来企业效益低下，投资报酬率低于行业水平，最终失去生存之道。因而企业管理当局在选择资产组合时，应该认真权衡风险和报酬，以便做出最佳决策。

2.经营规模对资产组合的影响

企业规模对资产组合也有重要影响。一般来讲，随着企业规模的不断扩大，流动资产的比重会相对降低。因为随着企业规模扩大，企业在社会上的影响力会越来越大，筹资能力会越来越强，在企业出现暂时性的财务危机时，它能够迅速筹集到资金，因而它能够承受较大的风险。在小企业中，由于对于固定资产消化能力比较低，所以相对应该少投入，而大企业由于实力雄厚，消化能力强，更多的是强调规模经济，所以持有的固定资产会更多一些。

3.利率的变化

一般来讲，随着利率上升，企业为了减少利息支出，就会减少对于流动资产的投资，从而使得流动资产在总资产中的比重下降；相反随着利率下降，企业会增加对于流动资产的投资。因而企业的资产结构并不是固定不变，随着宏观经济的变化，它也是一个动态的过程。

综合考虑以上因素，所以企业在选择资产组合时，一定要结合自己的实际情况，在风险与收益之间选择适合自己的平衡点。

# 第三节　营利性评价

## 一、营利性评价的指标

考察企业经营业绩不能单纯分析企业利润额的实现情况，因为它是绝对额指标，受销售数量增减的影响。例如，企业在经营管理中虽然存在着管理不善和损失浪费现象，利润数额也可能由于产销数量的扩大而增加。另外，利润额在不同企业之间往往缺乏可比性，经营管理差的大企业，很可能比经营管理好的同类型中小企业获得更多的利润。因此，在分析和考核营利性指标时，应在分析利润额的基础上，再进一步分析企业的相对数的获利能力，才能比较全面地评价企业的经营业绩。

由于企业获得利润是以投入并耗费资源为代价的，只有把获得的利润与所付出的代价作对比，才能客观地反映企业的营利性状况。我们将从以下四方面进行分析：

### （一）营业收入盈利水平衡量

营业收入可看作是企业一定期间内利润的来源，将收入与利润对比，可反映企业盈利水平的高低。反映营业收入盈利水平的指标主要有销售毛利率、销售利润率和销售净利率。

1.销售毛利率

销售毛利率又称直接边际收入，是反映企业产品市场竞争能力的重要指标，它直接体现了企业每1元销售收入能获得的毛利额，也体现了销售收入对企业产品成本的补偿能力以及对企业净收入的贡献水平。

销售毛利率=销售毛利/销售收入

一般来讲，该指标越大，企业的销售能力越强，产品在市场上的竞争能力也就越强。但绝对不能简单地讲，本期的销售毛利率比上期低就不好，因为如果企业采取薄利多销的经营政策，适度降低产品的销售价格，使企业的销售规模不断上升，会使企业的利润总额有较大程度的提高，并且扩大了企业产品的市场占有率，但此时企业的销售毛利率却可能会有所下降，这正是企业产品市场价格竞争能力较强的实际表现。但如果企业并未采用相应的销售政策，而销售毛利率下降，则应该引起充分的重视。

2.销售利润率

销售利润率指标是企业的销售利润与销售收入的比率。

销售利润率=销售利润/销售收入

销售利润是指企业的销售收入扣除销售成本、销售税金、销售费用后的余额，但这是个相对传统的概念，而且在现行的损益表中，并不使用销售利润这一概念，而更多地采用营业利润的概念。此概念与销售利润概念不同，它是将销售收入扣除销售成本、销售税金后，再扣除全部企业的期间费用（包括销售费用、管理费用、财务费用）后的余额。虽然在计算时我们仍可以习惯地称其为销售利润率，但使用营业利润率概念更合理些。

在一般情况下，该比率越大，说明企业销售的盈利能力越强，也说明企业每1元的销售收入能为企业带来更多的销售利润。但这是个相对数指标，并不能说明本期销售利润总额的变动情况。有时企业销售不佳，销售利润下降，但其销售利润率却可能是上升的，所以要注意结合利润总额来分析销售利润率指标。另外，当企业采用薄利多销的经营方针时，其销售利润率同样会下降，但这并非说明企业财务状况不好。

3.销售净利率

销售净利率指标反映的是企业销售收入能最终获取税后利润的能力。

$$销售净利率=净利润/销售收入$$

一般来讲，该指标越大，说明企业销售的盈利能力越强。一个企业如果能保持良好的持续增长的销售净利率，应该讲企业的财务状况是好的，但并不能绝对地讲销售净利率越大越好，还必须看企业的销售增长情况和净利润的变动情况。如果企业放弃销售规模和市场占用率，一味提高销售价格，也可能用较少的销售额换来较高的销售净利率，但这是没有价值的。相反，如果企业为了扩大产品销售和增加市场占有率，而主动降低售价，增加产品市场竞争能力，而使销售净利率适度下降，这是企业经营和财务政策调整的结果，并非企业财务状况不佳、获利能力下降。

以销售收入为基础的获利能力分析，并不是一种投入与产出的分析，而是属于一种产出与产出之间的比较分析，它还不能真正反映企业的获利能力，因为较高的销售利润率完全可以靠巨额资产和大量投资来维持。因此必须深入分析企业的资产利用效益和资本报酬水平，才能真正辨明企业获利能力。

（二）营业支出盈利水平衡量

从经济资源耗费的角度，评价单位成本费用支出为企业创造的利润是多少。常用的有两个指标：成本利润率与成本费用利润率。

1.成本利润率

成本利润率是企业一定期间的产品销售利润与产品销售成本的比率，其计算公式为：

$$成本利润率=营业利润/营业成本×100\%$$

该指标反映企业从事经营业务时，经过一定的成本耗费（投入）而为企业带来的经济效益（产出）。成本利润率越高，说明每一元经营成本耗费为企业带来的经营收益越多。

2.成本费用利润率

成本费用利润率是企业一定时期的利润总额同企业成本费用总额的比率。成本费用利润率表示企业为取得利润而付出的代价，从企业支出方面补充评价企业的收益能力。其计算公式为：

$$成本费用利润率=利润总额/成本费用总额 \times 100\%$$

公式中，成本费用总额是指企业销售（营业）成本、销售（营业）费用、管理费用、财务费用之和。成本费用利润率是从企业内部管理等方面，对资本收益状况的进一步修正。通过企业收益与支出直接比较，客观评价企业的获利能力。该指标从耗费角度补充评价企业收益状况，有利于促进企业加强内部管理，节约支出，提高经营效益。该指标越高，表明企业为取得收益所付出的代价越小，企业成本费用控制得越好，企业的获利能力越强。

### （三）投资盈利水平衡量

投入企业的经济资源表现为企业的资产，它是企业生产经营的物质条件。所以，资产与利润的对比关系能够反映企业投资的盈利水平。常用的指标有：总资产报酬率、净资产报酬率与资本收益率等。

1.总资产收益率

总资产收益率是最为简单的衡量资产获利能力的指标，其计算公式为：

$$总资产收益率=净收益/资产平均总额 \times 100\%$$

总资产收益率主要反映企业全部资产的综合利用效果，即企业利用其资产赚取利润的能力。该比率越高，说明为取得相同销售水平需要投入的资金越少，企业的获利水平越高；反之，则说明企业投入资金的盈利能力较低，或者可能是企业正在大规模地更新设备或添置设备。

2.总资产报酬率

总资产报酬率是指企业一定时期内获得的报酬总额与平均资产总额的比率。总资产报酬率表示企业包括净资产和负债在内的全部资产的总体获利能力，是评价企业资产运营效益的重要指标。其计算公式为：

$$总资产报酬率=（利润总额+利息支出）/平均资产总额 \times 100\%$$

公式中，利润总额是指企业实现的全部利润，包括企业当年营业利润、投资收益、补贴收入、营业外收支净额和所得税等内容，如为亏损，以"–"号表示。利息支出是指企业在生产经营过程中实际支出的借款利息、债券利息等。平均资产总额是指企业资产总额年初数与年末数的平均值，即平均资产总额=（资产总额年初数+资产总额年末数）/2。

总资产报酬率表示全部资产获取收益的水平，全面反映了企业的获利能力和投入产出状况。通过对该指标的深入分析，可以增强各方面对企业资产经营的关注，促进企业提高单位资产的收益水平。一般情况下，企业可据此指标与市场资本利率进行比较，如果该指标大于市场利率，则表明企业可以充分利用财务杠杆，进行负债经营，获取尽可能多的收益。该指标越高，表明企业投入产出的水平越高，企业的资产运营越有效。

3.投资收益率

投资收益率是在上述总资产报酬率的基础上，进一步将范围缩小至企业长期资金的提供者，而将短期资金予以剔除。其计算公式为：

投资收益率=（利润总额+利息费用）/（长期负债平均余额+所有者权益平均余额）×100%

这一比率反映了企业向其长期资金提供者支付报酬及企业吸引未来资金提供者的能力，并表明企业是如何有效利用其现有资产的。

4.净资产收益率

净资产收益率，又称权益净利率，是指企业一定时期内的净利润同平均净资产的比率。净资产收益率充分体现了投资者投入企业的自有资本获取净收益的能力，突出反映了投资与报酬的关系，是评价企业资本经营效益的核心指标。其计算公式为：

$$净资产收益率=净利润/平均净资产 × 100\%$$

公式中，净利润是指企业的税后利润，即利润总额扣除应交所得税后的净额，是未作任何分配的数额，受各种政策等人为因素影响较少，能够比较客观、综合地反映企业的经济效益，准确体现投资者投入资本的获利能力。平均净资产是企业年初所有者权益同年末所有者权益的平均数，即平均净资产=（所有者权益年初数+所有者权益年末数）/2。净资产包括实收资本、资本公积、盈余公积和未分配利润。

净资产收益率是评价企业自有资本及其积累获取报酬水平的最具综合性与代表性的指标，反映企业资本运营的综合效益。该指标通用性强，适应范围广，不受行业局限。在我国上市公司业绩综合排序中，该指标居于首位。通过对该指标的综合对比分析，可以看出企业获利能力在同行业中所处的地位，以及与同类企业的差异水平。一般认为，企业净资产收益率越高，企业自有资本获取收益的能力越强，运营效益越好，对企业投资人、债权人的保障程度越高。

5.资本收益率

资本收益率是企业一定期间的税后利润与实收资本的比率。它反映了企业运用投资者投入资本获得收益的能力，其计算公式如下：

$$资本收益率=净利润/实收资本 × 100\%$$

资本收益率指标用于衡量企业运用所有者投入资本获取收益的能力，该比率越高，表明企业资本的利用效率越高，企业所有者投入资本的获利能力越强。

（四）股本盈利水平衡量

对股份制企业股本盈利状况的分析经常采用指标：普通股每股收益、市盈率、普通股每股股利、股利发放率等。

1.普通股每股收益

　　每股收益是指净利润扣除优先股股息后的余额与发行在外的普通股的平均股数之比，它反映了每股发行在外的普通股所能分摊到的净收益额。其计算公式为：

　　　　普通股每股收益额=（净利润–优先股股利）已发行在外的普通股平均股数

　　在计算时如果公司发行优先股，应先在净利润中扣除应付的优先股股利，才能得到普通股股东的实际收益。这个指标在股份制企业的财务分析中占有相当重要的地位。无论是普通股的股东还是潜在的投资者，都非常关心企业的利润情况，尤其是每股的收益情况。普通股每股收益额是影响股票价格行情的一个重要财务指标。该比率反映了公司普通股每股获利能力的大小，它直接影响公司未来的股价。在其他因素不变的情况下，普通股每股收益额越大，企业的获利能力越强。

　　2.市盈率

　　市盈率也称本益比，是指普通股每股市价与每股收益额的比率。其计算公式为：

　　　　　　　　　市盈率=普通股每股市价/普通股每股收益

　　市盈率反映投资者对该种股票每元利润所愿意支付的价格。它直接表现出投资人和市场对公司的评价和长远发展的信心。无论对企业管理当局还是市场投资人，这都是十分重要的财务指标。一般情况下，收益增长潜力较大的企业，其普通股的市盈率就比较高，收益增长潜力较小的企业，该比率就低。所以，市盈率是判断股票是否具有吸引力以及测算股票发行价格的重要参数。

　　3.普通股每股股利

　　普通股每股股利是指每一普通股取得的现金股利额，是评价投资于普通股每股所得报酬的指标。其计算公式为：

　　　　　　普通股每股股利=支付给普通股的现金股利/发行在外的普通股平均股数

　　潜在的股票投资人可以把比较各个公司的每股股利，作为选择投资哪种股票的参考。

　　4.股利发放率

　　股利发放率是普通股股利与每股收益的比值，反映普通股股东从每股的全部获利中分到多少收益。其计算公式如下：

　　　　　　　　　股利发放率=每股股利/每股收益×100%

　　公式中，每股股利是指实际发放给普通股股东的股利总额与流通股数的比值。该指标反映了公司的净利润中有多少是用于向投资者支付股利的，同时也说明了公司的资金留存情况。公司股利发放率的大小直接影响公司的市场股价和资本结构，进而影响公司的获利能力。

5.每股账面价值

每股账面价值=（股东权益总额-优先股权益）/发行在外的普通股平均股数

每股账面价值反映了企业流通在外的每股普通股所代表的股东权益。

6.市净率

市净率=普通股每股市价/普通股每股账面价值

市净率，也称净资产倍率，是普通股每股市场价格与每股账面价值的比率。市净率反映了普通股本身价值的大小，以及市场投资者对企业资产质量的评价。

7.股票获利率

股票获利率=普通股每股股利/普通股每股市价

股票获利率，又称股利率，它反映了普通股每股股利与市场价格之间的比例关系。企业的股利率根据其股利政策和市场价格不同而不同。

## 二、收益与成本费用结构分析

对收益及成本费用进行的结构分析，主要是分析各项收益以及成本费用占营业收入的百分比，分析收益的结构是否合理，分析费用的发生是否合理。同时对收益、费用的各个项目进行分析，看各个项目的增减变动趋势。虽然这并不是直接分析企业的营利性大小，但可以据此确定对企业营利性产生影响的重要因素，并在此基础上进一步分析盈利能力的高低。还可以据此判定公司的管理水平和财务状况，预测公司的发展前景。

### （一）利润构成分析

利润是企业一定时期生产经营活动的最终成果。企业利润由经常性收益、非经常性收益、营业外收支净额三大部分组成，不同的利润来源及其各自在利润总额中所占比重，往往能反映企业不同的经营业绩和经营风险。

1.经常性收益

这是指企业在生产经营活动中创造的营业利润，它直接客观地反映出企业的经营业绩，代表了企业的总体经营管理水平和效果。营业利润又由主营业务利润和其他业务利润构成，并扣除管理费用、财务费用、营业费用等期间费用。新会计准则不要求企业进一步反映主营业务利润和其他业务利润。

经营业务利润是企业销售产品或提供劳务而取得的利润。每个企业的经营活动都是紧紧围绕着自己的主业来展开，由主业产生的利润理应在利润总额中占较大比重，即主营业务利润应是企业利润形成的主要来源，才能说明企业的经营业绩好，盈利水平高。企业主营业务利润的大小直接与企业的销售收入的高低、成本费用控制的严格程度密切相关。一般情况下，企业主营业务利润大，可以说明企业在两方面取得了成绩：一是企业产品销售状况良好,具有一定的销售规模和市场占有率,主营业绩突出;二是企业直接成本费用控制合理。一个企业不能严格控制成本,降低各项费用,即便有再高的主营业务收入,也会被成本费用所侵蚀,形不成较高的主营业务利润。所以较高的利润取决于企业扩大销售规模和严格的成本费用控制。如果一个企业的主营业务利润较小甚至亏损,企业应从自身的生产规模、销售规模、成本费用控制上找原因,只有找准原因,才能采取相应措施,改变亏损局面,提高经营业务利润。

在分析营业利润时,还应对营业利润产生较大影响的期间费用进行分析。期间费用主要包括财务费用、管理费用及销售费用。以管理费用为例,其核算的项目很多,包括管理性费用如办公费、业务招待费等,发展性费用如职工教育经费、研发费等,保护性费用如保险费、坏账损失等,不良性费用如流动资产的盘亏等。不少企业由于管理费用开支太大,造成营业利润的大幅下降。企业要取得较高的营业利润,就要合理控制管理费用,即在四项费用中:对管理性费用应严格控制,对不良性费用应杜绝发生,对发展性和保护性费用要合理开支。

对营业利润的分析,不能只看一年的数据,而应结合企业几年的利润指标,看其每年的增长情况。如果企业连续几年保持较高的主营业务收入增长率、主营业务利润增长率、其他业务利润增长率,则基本上可以认定该企业盈利能力强。同时,对营业利润的分析不能只看利润单个绝对指标,而应计算利润与其他相关项目比值,如计算总资产报酬率、销售利润率、净资产收益率等。一般来说,这些指标越高,企业的总体盈利能力越强。

2.非经常性收益

非经常性收益主要包括资产减值损失、公允价值变动净损益和投资净收益。其中资产减值损失核算企业依据企业会计准则计提的各项资产减值准备所形成的损失。针对该项目还应当关注报表附注中的企业资产减值明细表,明确其构成,评价每项资产减值准备的计提是否充分、是否存在企业计提不足或过度计提的状况,并且与历史资产减值状况对比,观察减值准备的异常变化,是否企业应用资产减值来调节利润。公允价值变动净损益是指用公允价值计价的项目其期末公允价值调整账面价值时两者之间形成的差额。针对该项目分析时,关键是注意企业获取的相关资产的公允价值是否合理,是否将不适合使用公允价值计量的资产或负债划分为此类,企业在出售相关资产或偿付相关负债后,前期发生的公允价值变动损益是否计入了投资收益。而投资净收益是企业对外投资如债券投资、股票投资中取得的收益。债券投资,风险相对较小,收益相对较低但较稳定;股票投资,特别是短期股票投资,风险较高,收益也较高但不稳定,会给企业带来较大的风险。当一个企业的投资收益成为利润主要来源,即在利润中占较大比重,则意味着企业潜伏着较大风险,因为企业花费了主要人力、财力、精力去精心经营的主业,其取得的利润还不能高于对外投资取得的收益，这是值得企业深思的问题。作为企业，经营目标不能也不应该立足于冒着极大风险去追求最大收益，但是企业也不能因为有风险而放弃投资。从财务管理角度看，任何经营都应以相对较低风险取得相对较高收益，这就要求企业的对外投资应从量和质两个方面把关。量，即对外投资总量要适度，应根据投资报酬、经营目标、市场规模产业政策、筹资能力、自身素质等确定合理的投资规模；质，即对外投资应控制风险，提高收益。这就需要权衡投资的收益和风险关系，进行组合投资，以提高投资收益，分散和弱化投资风险。上述三项内容都称为非经常性收益，足以说明其可预测性与可持续性都比不上经常性的收益。

### 3.营业外收支净额

这是企业在非生产经营中的所得，如固定资产出售、盘盈，罚款收入、补贴收入等，带有很大的偶然性。收支净额大，可以增加企业的总利润，但不能说明企业的经营业绩好；相反，收支净额为负数时，则应引起管理者的重视，分析造成的原因，如果主要是固定资产盘亏、企业经营中因违约支付赔偿金和违约金造成的，那么，管理者应采取相应措施，加强管理，杜绝不必要的损失发生。

对利润构成进行分析，不仅有利于管理者看到自身取得的成绩，更重要的是让管理者发现企业存在的问题，并找到问题的根源，在此基础上加强企业筹资、投资、营运资金、营销活动的管理，真正做到在各个环节降低成本、化解风险、提高利润，实现企业价值最大化。

### （二）成本费用分析

#### 1.销售成本率分析

（1）销售成本率是企业一定时期的销售总成本占销售收入的比例，说明企业每1元销售收入中，必须有多大的比例用来弥补其销售成本。般来讲，这个比例越低，说明企业销售收入中的成本含量越低，企业销售成本的盈利能力越强。企业的成本控制水平高，产品的市场竞争能力强。但如果企业采用降低售价和扩大销售的经营方针，可能会使企业销售成本率有所上升，但企业弥补成本后的总利润是上升的，这样的销售成本率上升并非坏事。

（2）销售成本率中的成本概念有狭义和广义之分，使该指标的计算形成两种方法。一种讲的销售成本率是用狭义概念计算的，即将实际销售产品的库存成本与销售收入相比，该计算指标反映了产品直接制造成本占销售收入的比例，是企业不可避免成本的体现，该比例变动与销售量没有直接关系。如采用广义的成本概念计算，即将销售产品的库存成本加上本期的期间费用与销售收入相比，该计算指标反映企业经营成本与销售收入的关系，体现了期间费用对企业产品盈利能力的影响。由于期间费用在一定时期内是相对稳定的，所以该计算比率的变动与企业当期的销量具有直接的联系，销量上升时，用广义成本概念计算的销售成本率将有较大幅度的提高，更能反映企业成本费用管理水平的高低。企业应根据自身的特点和分析的要求，选用不同的分析指标，但是要保持前后比较口径的统一。

（3）该指标的正确性直接受成本计价和不同计量方法的影响。企业销售成本的形成有一个较长的过程，其中某一环节计价或计量不实都会使该指标发生波动。如为了特定的目的而人为地多计或少计成本及有关费用，就会引起销售成本发生变化。在企业供产销过程中改变存货计量方法，如将原来的先进先出法改为后进先出法等，都会直接对本期销售成本发生影响，并使销售成本率发生较大波动。所以，在进行该指标分析时要特别注意。

（4）销售成本率分析可以与企业的销售利润率和资产利润率等指标结合起来分析，将销售成本插入有关的综合性指标，便能掌握销售成本变动对其的影响程度。如将销售成本插入销售利润率指标，则

$$销售利润率 = \frac{销售利润}{销售收入} = \frac{销售利润}{销售成本} \times \frac{销售成本}{销售收入}$$

$$= 销售成本利润率 \times 销售成本率$$

可见，企业的销售利润率受到销售成本利润率和销售成本率两个因素的双重影响。但销售成本率是个反指标，不是越大越好，而是越小越好。故要与前期或同行业比较，分析其变动程度，如果销售成本利润率上升幅度大于销售成本率上升幅度，就是有利变动。

2.成本产值率分析

（1）成本产值率是企业一定时期的产值总额与经营成本的比率。其计算公式为：

$$成本产值率 = 总产值额 / 经营成本$$

上式中的经营成本包括企业一定时期的完工商品成本和期间费用总和。该指标反映了企业经营成本创造产值的能力，是反映企业成本资金耗用和利用水平的综合指标之一，是一个投入和产出的对比分析指标。从生产角度看，该指标越大，说明企业能以最低的消耗来创造最大的产出，企业有较好的生产能力和成本费用控制能力。但如果企业生产的是滞销产品，那么再高的产值率也是无意义的。

（2）分析该指标时，其总产值额应采用不变价格计算，才能确保各期指标的可比性。同时还应该将该指标的本期实际数与上期计划数，和同行业的平均水平、较好水平等进行比较，以便检查企业成本产值计划的完成情况和与上期相比的改进程度，把握本企业的成本产出水平在同行业中所处的地位。同时应注意，不要只看一时或一事，应长期和连续地对企业的投入和产出水平进行分析研究，才能真正了解它们的变化规律和变动原因。

3.成本变动率分析

（1）成本变动率的计算主要有按总成本计算和按单位成本计算两种方法：

$$单位变动成本率 = \frac{本期某产品单位成本}{上期某产品单位成本}$$

$$总成本变动率 = \frac{\sum(本期各产品产量 \times 本期单位成本)}{\sum(本期各产品产量 \times 上期单位成本)}$$

上述总成本变动率说明了企业本期生产的各种产品的总成本比上期总成本相比的增长或节约程度。但这只说明了总成本的变化，却无法了解各项具体产品（特别是主要产品）的成本变动情况，因此必须另外计算单位产品成本变动率。这两个指标是相互联系和互为补偿的，有时企业的总成本变化是节约的，但某项单位成本却是超支的，而有时情况正好相反。

（2）成本变动率指标反映了企业一定时期成本水平的上升或下降，体现了企业成本管理水平的高低。由于是用本期比上期，故该指标应该是越低，说明企业本期的成本耗费有所下降，成本控制能力有所提高。特别是主要产品的成本变动率指标，对于企业本期的产品定价和市场竞争能力等都具有重大影响，最低的成本消耗是其产品能在市场上立于不败之地的重要因素。一个能确保成本变动率持续下降的企业，只要销售正常，财务状况一般总是良好的。

（3）在做成本变动率指标分析时，要注意其指标计算的口径一致和可比性。首先，产品的工艺和技术要求是相同的，即并非新老产品的比较，而是两种相同产品比较。其次，用于比较的产品质量是相同的，要在确保产品质量要求的前提下，通过有效的成本管理和费用控制来达到成本降低的目的，不能为了降低成本获取更高利润，而用以次充好和假冒伪劣的方法。第三，成本变动率的计算可以只对企业的生产成本进行分析，也可以包括全部成本和费用，用经营总成本的概念来计算。如何计算要视分析要求而定。

4.成本构成分析

（1）企业成本费用分析的内容主要是产品成本和期间费用两项。产品成本的构成主要是直接材料、直接人工和制造费用三项，期间费用的构成主要有管理费用、销售费用和财务费用三项。上述成本变动率指标虽然能使我们了解成本的变动程度，但却不能知晓成本或费用中的哪些内容发生了变动，及它们的变动程度。成本构成分析就是对成本变动的具体内容加以分析，不但要说明这些成本项目的变动程度，还要分析其变动的原因。

（2）对大多数产品来讲，直接材料在产品成本中的比重较大，它主要有构成产品实体的原材料和有助于产品形成的辅助材料等。当企业产品成本发生变化时，要分析是哪些成本项目发生了变化，在整个成本构成中，哪些部分变化大，哪些部分变化小。这就要求首先分析各成本项目的结构比例，再分析引起变化的原因。

（3）企业的期间费用是企业经营成本中的一项重要组成部分，这些费用的绝大部分属于固定费用性质，与企业的业务量没有直接关联，企业应通过严格的预算制度来实施控制。但企业仍应定期编制管理费用等的结构分析表，如将管理费用的具体变动项目进行结构和金额的对比分析，分析各项目占总费用的比重、本期为什么会发生较大变化。有时总费用是节约的，看似管理控制水平不错，但细致分析便会发现，其中某项项目却大大超支，这时必须分析查明是哪些事项引起的，超支程度有多大，应由什么部门和谁来负责。期间费用中也有一部分是与业务量相关的，如销售费用中的运输费、包装费和其他物料消耗等，应编制变动预算，分析时将实际数与预算数进行比较。对销售费用等期间费用可以采用水平分析法和垂直分析法，将较长一段时间内的费用发生额进行比较，反映其差异及其产生的原因。

5.成本费用利润率分析

（1）成本费用利润率是将企业一定时期利润额除以成本费用总额的比例。其公式为：

$$成本费用利润率=利润总额或净利润/成本费用总额$$

该指标反映了一定时期成本费用耗用对企业利润的盈利能力影响。成本费用是企业资产的耗费，是一种投入量指标，而利润是经营所得，是产出量指标，两者相比说明了企业每1元成本费用耗用能为其创造多大的收益。一般来讲，该指标是越大，反映了企业能用较少的成本费用获取较大的利润收益。总体上讲，该指标较大，则企业的经营和财务管理水平较高，产品也有较强的市场竞争能力。

（2）该指标的计算有多种变化形式，其分子可用企业一定时期的利润总额，也可用净利润，分母可用企业一定时期的成本费用总额，也可以用产品成本总额，而不包括期间费用。各种计算方法都有其特殊意义，并提供了不同的分析信息，关键看其分析目的是什么。如果仅从指标本身来讲，分子采用利润总额更合理，因为净利润含有各种非正常经营业务所引起的损益及税金，这些均与企业成本费用的耗费没有直接的关系，放在一起分析在一定程度上会歪曲成本费用的实际盈利能力，人为地过高或过低地评价企业成本费用的利用水平。分母可采用产品成本或全部经营成本两种不同的计算方法，产生两种不同意义的分析指标，分别表示产品成本和全部经营成本的盈利能力。

（3）该指标只能说明本期投入成本与获得利润之间的关系，但本期成本的盈利能力是否比上期有所提高，就要与上期的成本利润率进行比较才能做出正确判断。为了了解本企业的成本利用水平在同行业中所处的地位，还要与同行业的平均和先进水平进行比较。但这种分析也只能了解成本利润率的变化程度，不能了解企业投入成本变动与利润增长变动之间的对应关系，要分析这一点，就要计算成本利润变动的相关系数：

$$成本利润变动相关系数=利润增长率/成本增长率$$

## 三、影响营利性的因素分析

获取利润是企业持续、稳定发展的前提。企业只有在不断地取得利润的前提下，才有可能获得持续、稳定的发展。通过对影响企业营利性的因素进行分析，可以促使企业合理经营，节约耗费，降低成本，为实现更好的利润创造条件，在激烈的市场竞争中求得持续、稳定的发展。下面我们通过一个例子来对影响营利性的因素进行分析与说明。

### （一）盈利能力分析

把销售利润同销售成本销售收入、资本金、资产等指标结合起来，可形成从不同的角度观察和判断企业盈利能力的指标。其中：

产品销售利润率=产品销售利润/产品销售收入×100%

该指标反映了产品销售业务活动的获利能力。从上式可以看出，销售利润额与销售利润率成正比，而销售收入与销售利润率成反比。因此，一个企业在增加产品销售收入额的同时，必须相应地获得更多的利润，才能提高企业的盈利水平，创造最佳经济效益。下面我们以某企业产品销售情况为例进行影响因素分析，资料如表9-1所示。

**表9-1 A企业产品销售情况**

| 产品 | 销售数量 | | 单位价格 | | 单位成本 | | 单位费用 | | 单位税金 | | 销售收入 | | 销售利润 | |
|---|---|---|---|---|---|---|---|---|---|---|---|---|---|---|
| | 上年 | 本年 | 上年 | 本年 | 上年 | 本年 | 上年 | 本年 | 上年 | 本年 | 上年 | 本年 | 上年 | 本年 |
| A | 1000 | 500 | 100 | 120 | 60 | 65 | 5 | 5 | 5 | 6 | 100000 | 60000 | 30000 | 22000 |
| B | 500 | 1500 | 100 | 100 | 70 | 60 | 6 | 6 | 4 | 8 | 50000 | 150000 | 10000 | 39000 |
| 合计 | 1500 | 2000 | 200 | 220 | 130 | 125 | 11 | 11 | 9 | 14 | 150000 | 210000 | 40000 | 61000 |

将表9-1中的数据代入上式中，求出本年度销售利润率变动额：

本年度销售利润额=61000（元）

上年度销售利润额=40000（元）

计算结果表明，本年度销售利润额比上年度提高了21 000元。

本年度销售利润率=（61000/210 000）×100%=29.05%

上年度销售利润率=（40 000/150 000）×100%=26.67%

本年度产品销售利润率—上年度产品销售利润率=29.05%-26.67%=2.38%

计算结果表明，本年度销售利润率比上年度提高了2.38%。

### （二）影响因素分析

由于销售利润是企业经常性的收益，因此影响销售利润变动的因素，也是影响企业营利性的主要因素。具体来说，影响利润的因素包括销量（只影响绝对数，不影响相对数）、销售品种结构、销售价格、销售成本与费用、销售税率。

1.影响销售利润的因素分析

假设除品种结构外，各因素均和上年相同，以本年销售量为基础，分别求出销售收入、销售费用、销售成本、销售税金、销售利润。计算结果如表9-2所示。

表9-2 本年实际销售情况

| 产品 | 销售收入 | | 销售成本 | | 销售费用 | | 销售税金 | | 销售利润 | |
|---|---|---|---|---|---|---|---|---|---|---|
| | 按上年价格计算 | 实际数 | 按上年成本计算 | 实际数 | 按上年费用计算 | 实际数 | 按上年税金计算 | 实际数 | 按上年价格成本费用税金计算 | 本年 |
| A | 50000 | 60000 | 30000 | 32500 | 2500 | 2500 | 2500 | 3000 | 15000 | 22000 |
| B | 150000 | 150000 | 105000 | 90000 | 9000 | 9000 | 6000 | 12000 | 30000 | 39000 |
| 合计 | 200000 | 210000 | 135000 | 122500 | 11500 | 11500 | 8500 | 15000 | 45000 | 61000 |

（1）由于销量变化影响利润

40 000×（200 000/150 000-1）=13 333（元）

（2）由于品种结构变化影响利润

45 000-40 000×200 000/150 000=-8 333（元）

（3）由于成本变化影响利润

500×（65-60）+1 500×（60-70）=-12 500元，或者说本年销售产品按上年成本计算的总成本为135 000元，实际销售总成本为122 500元。总成本降低12 500元，利润增加12500元。

（4）由于单价变化影响利润

500×（120-100）+1 500×（100-100）=10 000元，或者说销售量按上年价格计算的销售收入为200 000元，而实际销售收入为210 000元。

因为价格的变动，销售收入增加了10000元，排除税率因素，利润也增加了10000元。

（5）由于税率变化影响利润

500×（6-5）+1 500×（8-4）=+6 500元，或者说本年销售量按上年税金计算的销售税金为8 500元，实际销售税金为15 000元。税金的变动（其中包括价格因素）使利润减少了6 500元。

五个因素共同影响的结果为：13333-8 333+12 500+10 000-6 500=21 000（元）。

2.影响销售利润率的因素分析

（1）销售产品结构变动影响。将表9-2中，按上年价格、上年成本、上年费用、上年税金计算的利润与按上年价格计算的销售收入相比，计算的销售收入利润率，即为本年销售产品结构变动，而其他因素与上年相同的利润率为：（45000/200 000）×100%=22.5%。它同上年销售收入利润率相比的差异，反映着销售产品结构变动的影响。上面我们已经计算出了上年的利润率为 26.67%，所以 22.5%-26.67%=-4.17%，即由于品种结构的变动，产品销售利润率降低 4.17%。

（2）销售成本变动影响。由于总成本降低 12 500 元，这时的销售利润率为：[（45000+12 500）/210000]×100%=28.75%，因此成本变动对销售利润率的影响为：28.75%-22.5%=6.25%，即产品成本变动使销售利润率提高了 6.25%。

（3）销售价格变动影响。因为价格变动使销售额增长了 10000 元（不考虑税率变动因素），这时的销售利润率为：[（45000+10 000+12 500）/210 000]×100%=32.14%，因此价格变动对销售利润率的影响为：32.14%-28.75%=3.39%，即由于价格提高，使利润率增长了 3.39%。

（4）销售费用未发生变动，所以影响程度为零。

（5）销售税金变动影响。由于税金的变动，利润减少了 6 500 元，这时的销售利润率为：[（45000+10000+12500-6500）/210000]×100%=29.05%，因此销售税金变动对销售利润率的影响为：29.05%-32.14%=-3.09%，即由于销售税金的变动，销售利润率降低 3.09%。

将上述影响产品销售利润率的因素汇总列入表 9-3：

表 9-3　影响产品销售利润率的因素汇总

| 影响因素 | 影响程度（%） |
| --- | --- |
| 1.销售产品结构变动 | -4.17 |
| 2.销售成本变动 | 6.25 |
| 3.销售费用变动 | 0 |
| 4.销售价格变动 | 3.39 |
| 5.销售税金变动 | -3.09 |
| 合计 | 2.38 |

从汇总表分析结果可以看到，本期销售利润率比上年提高 2.38%。分析其原因，是因为 A 产品价格比上年度提高了，占总成本比重较大的 B 产品单位成本的降低使总成本降低了，这两项因素的影响使本年度销售利润率提高 9.64%。但是由于盈利水平较高的 A 产品销售比重的下降、品种结构变动的影响，产品销售利润率比上年度下降。销售税率的变动使得产品销售利润减少，从而降低了销售利润率。这两项因素的影响使销售利润率下降 7.26%。受上述四项因素的共同影响，本年度销售利润率提高 2.38%。通过上述综合分析，反映出产品品种结构和成本的变动对企业盈利能力影响最大。特别是高盈利水平的 A 产品销售量大幅度下降的原因，企业应该进一步分析以做出正确的决策，采取合理的经营措施，

提高该产品的市场占有率，从而增加企业的盈利。

# 第四节  成长性评价

## 一、成长性评价的框架

企业是营利性组织，其出发点和归宿点都是为了获利。企业一旦成立，就会面临竞争，并始终处于生存和倒闭的矛盾之中。企业必须生存下去才能获利。而要生存和获利，就必须不断发展、不断壮大，具有较强的成长性。企业的成长性，是企业通过自身的生产经营活动，不断扩大积累而形成的发展潜能。企业成长性主要可以分为两部分：自我成长性。即企业依靠自身生产经营、实现利润等内部筹资来推动企业不断发展；外源筹资发展。即企业向外界借款、发行债券、股票来筹集资金，从而为企业发展提供动力。一般来讲，持续的成长性的形成主要依托于企业不断增长的销售收入、企业降低开支而节约的资金和企业创造的利润。一个企业可能有很强的盈利能力，但如果把所有利润通过各种形式转化为消费，不注意企业的资本积累，那么，即使这个企业效益指标很高，也不能说这个企业的成长性强。特别是在我国目前国有企业经营管理中，一些企业的管理者短期行为相当严重，忽视企业的长期发展。所以，在一般的企业绩效评价中，我们将成长性状况作为考核指标之一，就显得十分必要。从宏观角度讲，它可以促进国有经济总量的不断增长；从微观角度讲，它可以促使企业经营者重视企业的持续经营和经济实力的不断增强，提高企业的质量。正因为有此约束，所以企业在发展过程中，管理当局就会重视企业经营成果的积累，考虑后续发展需要，从而促使企业持续健康地发展。然而在分析企业成长性时，我们究竟以什么财务指标作为评价与考察的依据？其框架如何建立？都是值得研究的。

一般而言，在企业成长性中，最重要的也是最首要的是企业的销售增长率。企业只有在取得持续的销售增长的情况下，才有可能带来权益、资产的不断增长，从而促使企业不断发展。在企业每年销售收入不断增长、销售利润不断提高的情况下，如果企业管理当局都把利润分配了，而不积累资金，则企业后续发展后劲不足。所以管理者应该保留一定比例的利润，为企业以后发展注入资金。对于企业，在搞好生产经营的同时还应该承担一定的社会责任。所以在评价一个企业成长性的时候，还应该注重它对社会的贡献。如果一个企业在连续的几年中，销售收入的确每年保持快速增长，但是却给社会带来包袱，比如造成环境污染、产品质量不合格等一系列问题，我们则说这种企业的成长性也是比较差的。

所以在分析评价企业成长性的时候，在构建企业成长性分析框架的时候，我们不仅要看它的销售增长率，还有它的权益、资产净利及股利增长率情况。与此同时，另外一个不可忽视的指标就是企业的社会责任。综合这些方面，才能对企业的成长性做出恰当的评价。在采用这一框架对企业成长性进行分析时，应该注意：由于不同企业所采取的发展策略不同，所以在分析时应该分开考虑。例如有的企业采取的是外向规模增长的政策，即进行大规模的兼并收购活动，使得公司资产在短期内得到迅速膨胀，但是并不一定带来销售以及净利润的迅速增长，这一类的企业成长性分析则应该侧重于资产增长上；相反，有些企业采取内部优化型的增长策略，即在现有公司资产规模上，充分挖掘内部潜力，提高研发能力，加速产品更新换代，提高市场占有率，扩大销售规模并实施成本战略，这一类企业成长性分析则应该侧重于销售增长率和收益增长率。同时在采取这一分析框架时，还应该与企业所处周期结合起来。因为处于不同周期的企业上述各个指标代表不同的成长性。

## 二、成长性评价的指标

在企业发展过程中，销售增长率、股东权益增长率、资产增长率、收益增长率、股利增长率等指标，分别从不同角度来衡量企业的成长性。而在实际应用过程中，我们不能孤立地考察单个指标，因为上述各个指标之间是相互影响、相互联系的。所以应该综合考虑，把它们相互串联起来，才能正确评价企业的成长性。

（一）成长性的指标分析

1.常见指标

（1）销售增长率分析

企业收入的主要来源就是销售收入，而且销售收入也是一个企业价值增值的源泉。所以管理者应该采取各种措施，来保持企业销售收入的稳步增长。比如企业可以不断开拓新的市场，拓展营销渠道，不断提高产品市场占有率；企业还可以扩大研发投入，不断开发新的产品，丰富自己的产品品种，争取到多类消费者。只有在销售收入不断得到提高的前提下，才能促进企业的进一步发展。

（2）股东权益增长率（资本积累率）分析

企业资产的一个主要来源就是股东投入。要说服股东投入资产，必须保证股东投入的资产不断得到增值保值。而股东权益增长有两个来源：一个就是来源于净利润。而净利润又是主要来源于企业主营业务利润，主营业务利润又是取决于企业销售收入的；另外一个来源就是股东本身再次投入资金。而要股东投入资金，只有在企业具有增长潜力的情况下才有可能。

（3）资产增长率分析

企业资产是取得产品、实现销售收入的保障。要实现销售收入的增长，在企业资产使用效率一定的情况下，必须扩大资产规模。而要扩大资产规模，资金的一个来源就是股东权益的增长，即净利润和净投资增长。

（4）收益增长率分析

企业收益的增长主要表现为净利润的增长。而对于一个持续增长的企业来说，净利润增长体现在主营业务利润上。而主营业务利润又由销售收入产生。

（5）股利增长率分析

企业净利的增长固然能反映归属于股东财富的增加，但由于利润是权责发生制的产物，不代表现实财富，因此在反映公司成长性时也应该反映股利增长率，以反映股东现实财富的变化。

### （二）分析中应注意的问题

第一，在分析中应注意各个财务指标之间的联动关系。

首先看销售增长率和股东权益增长率、净利润之间的关系。股东权益增长率呈现逐年上升的趋势，最终超过销售增长率，但是由于净利润增长率逐年下降，所以单靠净利润作为股东权益的增加还远远不够，其中必然有股东新投入资本，否则股东权益增长率就不会逐年上升。再看资产增长率和股东权益增长率之间的关系。由于股东权益总的增加额小于资产每年增加额，所以企业必然需要通过债权融资来弥补这个空缺，但是由于股东权益呈现逐年上升，所以企业这几年债权融资越来越少，这样可以减轻企业债务负担。最后分析销售增长率和销售净利润增长率之间的关系。由于销售增长率保持一个较高的水平，而企业销售净利润增长率却是呈现逐年下滑，从这对财务指标中我们可以发现企业存在一个比较严重的问题，就是销售成本逐年上升，而且上升势头很猛。企业管理者应该实行成本战略，把销售成本降下来，才能使得企业保持旺盛的生命力。

第二，在分析中应注意进一步分析发展均衡与稳健的态势。

上述增长率的分析指标仅使用近两期的数据，有可能因使用的两期数据正处于高速发展最快或最慢的年份，从而对公司的发展速度做出错误的评价。为进一步说明公司的平均发展速度，可针对上述驱动因素计算三期（五期）平均增长率，其计算公式如下：三期平均增长率=$(R_3/R_0)^{1/3}-1$，式中 R 代表驱动企业价值变化的相关因素。

第三，在分析中应补充说明资产质量。

为进一步说明公司的发展速度，可补充说明资产的质量，因为精良的装备以及先进的技术都是公司发展的要素。资产质量涉及的指标一般包括固定资产成新率和技术投入比率，其中，固定资产成新率=平均固定资产净值/平均固定资产原值，该指标越高，表明固定资产越新，维持发展的时间越长。技术投入比率=研发费用/营业收入，该指标越高，表明新技术的投入越大，转化为现实的生产能力越强，可以支撑更快的发展速度。

## 三、社会责任分析

### （一）利益相关者责任指标

1.综合指标，包括社会贡献率、社会积累率及企业研发投入比率。

（1）社会贡献率

$$社会贡献率=公司的社会贡献÷总资产平均占用额×100\%$$

该指标反映公司运用投资者（包括股东和债权人）投入的资本为社会所做的贡献。公司的社会贡献主要包含支付的职工薪酬奖金，缴纳的各项税款，支付给股东和债权人的股利、利息等。该指标越高，反映公司对职工、股东、债权人和国家的贡献越大，社会责任履行得越好。该指标还可以细分为企业每一元总资产纳税额与企业创造就业岗位年增长率。因为企业除了要取得良好的经济绩效，实现自身可持续良性发展外，履行照章纳税的义务和为社会提供更多的就业机会也是实现其对社会直接的经济责任和贡献的突出方面。细分的指标就是从企业对税收的贡献和就业的贡献两个方面来考察企业对社会经济发展的贡献水平。

（2）社会积累率

$$社会积累率=上缴税金额÷社会贡献总额×100\%$$

该指标反映在形成的社会贡献中，用于积累的税金所占的比重。该指标越高，说明用于积累的金额越大，对国家和社会的贡献越大。

（3）企业研发投入比例

$$企业研发投入比例=研发费用/销售收入×100\%$$

该指标反映研发费用占收入的比重。该指标越高，表明企业市场拓展能力和创新能力越好。

2.对股东承担责任的指标

上市公司对股东的责任主要包括对股东的经济责任、法律责任和道德责任。上市公司中小股东（尤其是股民）与大股东相比属于相对弱势的一方，其权益经常被有意无意地侵害。因此可以将对中小股东承担责任的指标单独列为一类，以反映公司应承担的社会责任。对股东承担责任的指标可分为一般指标和对中小股东承担责任的指标两类，通过对这些指标的考核，希望有助于保护中小股东的利益，维持企业的可持续发展。具体指标如下：

（1）一般指标，包括资本保值增值率与净资产收益率，这里重点介绍资本保值增值率。

$$资本保值增值率=年末股东权益总额÷年初股东权益总额×100\%$$

该指标反映公司运用股东投入的资本获得资本增值的能力。该比率越高，意味着企业运用一定的资本为社会，尤其是股东所做的贡献越大，对股东的责任履行得越好。

（2）对中小股东承担责任的指标，包括中小股东利益保护指标和股东所得率两项指标。其中，中小股东利益保护指标为定性指标，反映中小股东利益被保护的情况。可以通过了解大股东有无抽逃、挪用上市公司资本，公司有无未按招股说明书使用股东资金等现象，来分析上市公司对中小股东责任的履行情况。

股东所得率为定量指标，其计算公式为：

$$股东所得率=股利 \div 净利润 \times 100\%$$

该指标反映股东从企业增值（净利润）中直接获利的情况。该比率如果长期处于比较低的水平，可能存在损害中小股东利益的情况。通过对该指标的长期分析，可以间接获得上市公司对中小股东履行责任好坏的信息。

3.对债权人承担责任的指标，除了传统的还本付息指标（资产负债率及已获利息倍数）以外，还包括逾期债务比率，以反映对债权人承担的责任。

$$逾期债务比率=年末逾期债务总额 \div 年末债务总额 \times 100\%$$

该指标反映公司拖欠债权人债务的情况。比率越高，表明对债权人责任履行越差。

4.对社区承担责任的指标，包括年绿化费用和为社区无偿服务次数两项指标，其中：年绿化费用金额越多，表明公司对社区的责任履行得越好；为社区无偿服务次数越多，表明公司对社区的责任履行得越好。

## （二）资源、环境责任指标

资源、环境责任指标包括五项指标，具体参见表9-4：

表 9-4 资源、环境责任指标

| 指标 | 公式 | 经济含义 |
|---|---|---|
| 单位营业利润资源消耗率 | 单位利润资源消耗率=年资源消耗量÷年营业利润 | 反映企业为获利对资源（包括各种材料、水、电煤等）的消耗程度，可按不同资源分别列示。该指标值越小越好。 |
| 单位净利润废物排放量 | 单位净利润废物排放量=年废物排放量÷年净利润 | 反映企业生产造成的外部不经济情况程度，该指标越小，对社会造成的负面效应越小。 |
| 废弃物回收利用率 | 废弃物回收利用率=废弃物回收利用量÷废弃物产生总量×100% | 反映企业循环使用资源的能力，比值越大越好。 |
| 污染治理投资率 | 污染治理投资率=污染治理投入总额÷当年营业收入×100% | 反映企业治理污染的力度，比值越大越好。 |
| 破坏环境罚款率 | 破坏环境罚款率=破坏环境罚款支出÷当年营业收入× 100% | 反映企业破坏环境被罚的情况，比值越小越好。 |

## （三）慈善责任指标

慈善责任指标，反映公司的公益责任，包括捐赠收入比率与福利员工比两项指标，其中：

**1.捐赠收入比率**

$$捐赠收入比率=慈善与公益捐赠÷企业收入总额×100\%$$

慈善与公益捐赠是企业为社区建设、希望工程和困难人群进行的捐赠。该指标值越大，反映企业慈善责任履行得越好。

**2.福利员工比**

$$福利员工比=福利员工人数÷员工总数$$

福利员工指身有残疾的员工或下岗工人。该指标反映企业接纳下岗、残疾员工，为社会分忧的情况。比值越大，反映企业慈善责任履行得越好。

## 四、可持续增长分析

### （一）可持续增长率概述

在激烈的市场竞争中，企业能够取得长久的发展并不断增加企业价值，是一件十分困难的事情。现实中，有的企业高速发展几年后便销声匿迹，有的企业一直存续但并未发展，显然这都不是可持续发展的模式。一般而言，企业的发展能力，一方面主要体现在资产、销售收入、利润及所有者权益方面的增长，另一方面主要受企业经营策略和财务策略的影响。因此，要保持企业的可持续发展，必须做好企业经营和财务决策。可持续增长能力分析实质上是企业经营政策和财务政策的分析，同时进行可持续增长分析也是判定企业发展阶段以及发展策略的重要手段。

经营政策主要指企业的销售政策和资产运营政策，财务政策主要指企业的融资政策和股利政策。可持续增长率就是企业在经营政策和财务政策不变的情况下公司销售所能增长的最大比率。具体来讲，可持续增长率的假设条件如下：公司目前的资本结构不变；公司目前的股利支付率不变；公司不打算发售新股，增加债务是其唯一的外部筹资来源；公司的销售净利率不变，并且可以涵盖负债的利息；公司的资产周转率不变。

我们前面提到，在分析企业成长性时，可以选取销售增长率、股东权益增长率、资产增长率以及收益增长率等多个指标。在各种财务指标中，我们还发现企业的留存收益能够反映企业的融资政策和股利政策，也能进一步说明内部资金如何满足经营发展的需要。因此，以留存收益为基础计算的净资产增长率比较贴切地反映了可持续增长的效果。

可持续增长率计算公式可以表示为：

$$可持续增长率=净资产增加额/期初净资产$$
$$=本期净利×本期收益留存率/期初净资产$$
$$=按期初净资产计算的净资产收益率×本期收益留存率$$

由于净资产收益率的指标可以进一步按照杜邦公式分解，可以得到可持续增长率的分解公式：

$$可持续增长率=按期初净资产计算的净资产收益率×（1-股利支付率）$$

$$=销售净利率×资产周转率×权益乘数×（1-股利支付率）$$

注意，这里的权益乘数=期末总资产/期初净资产。

由此可见，影响企业可持续增长率的因素有四个：销售净利率、资产周转率、权益乘数和股利支付率。它们分别反映了企业销售政策、资产运营政策、融资政策以及股利政策。利用这一原理，我们可以利用连环替代法或差额分析法确定不同因素对于可持续增长率的影响。

## （二）可持续增长率与实际增长率的比较分析

可持续增长率反映了企业在经营效率和财务政策不变的条件下所能达到的最大增长速度，这和企业的实际增长率常常不一致。在实际中，有的企业发展过快，有的企业发展过慢，这会给企业的财务资源带来不同程度的压力。如果企业仅仅追求销售增长最大化而忽略财务的协调，当发展速度超过企业的可持续增长率时，可能会出现严重的财务问题，甚至会因为财务资源的衰竭而破产。因此，我们需要探讨当企业的实际增长率不等于可持续增长率，特别当企业的实际增长率大于可持续增长率时，企业经营政策和财务政策的变化以及高速增长的资金来源。

## （三）企业可持续发展的策略分析

根据可持续增长率公式，企业的可持续增长率和四个因素相关：销售净利率、资产周转率、权益乘数和股利支付率。因此，如果一个企业想要改变自己的发展速度，就必须改变企业的经营政策或财务政策或两者兼有之。如果企业要想使实际的发展速度超过可持续增长率，要么增强自身的基本获利能力（销售净利率），要么提高自身的经营效率（资产周转率），要么改变自己的财务政策（降低股利支付率或增加债务），也可以几个方面同时改变。

企业可持续发展策略分析就是在本年度企业可持续增长率数据的基础上，根据市场环境和企业战略，分析影响企业可持续增长率的各个因素，并相应调整企业的经营政策和财务政策，以实现企业的可持续发展。

1.销售净利率分析

企业销售净利率反映了企业控制产品价格和成本的能力，这是由企业所处的行业和企业的竞争战略所决定的。因此，销售净利率的分析必须要以行业分析和竞争战略分析为基础。一般而言，完全竞争行业的销售净利率较低，垄断行业的销售净利率较高；实施成本领先战略的企业销售净利率较低，而实施差异化战略的企业销售净利率较高。销售净利率反映了企业自身的基本获利能力，是企业可持续增长率的主要驱动部分。

2.资产周转率分析

对资产周转率进行分析时，要对影响资产周转的各因素进行分析。我们不仅要分析资产的各组成部分在资金占用量上是否合理，还应该分析流动资产周转率、存货周转率、应收账款周转率等各部分的使用效率高不高，以判明影响企业资产周转率的主要问题。同样，在分析资产周转率时，要结合行业和竞争战略分析，这是因为不同行业的企业，以及采取不同竞争战略的企业，其资产周转率会有很大差别。

3.财务杠杆分析

适度提高企业财务杠杆，可以提高企业的可持续增长率，为企业发展提供充裕的资金。但是这种方法能增加的现金是有限的，当企业的财务杠杆超过一定比例时，企业可能因为无法承受高昂的资金成本而放弃再负债筹资的举措，或债权人可能因为风险太大而拒绝企业追加贷款的要求。因此，财务杠杆的提高是有限度的。

4.股利支付率分析

股利支付率的高低是关系企业长期发展和股东当前利益的协调问题。合理降低股利支付率，有助于企业提高可持续增长率。与财务杠杆相反，股利支付率有一个下限，就是0。降低股利支付率，可以使用企业内部的资金，降低企业的资本成本。但是选择这种政策，必须考虑投资者对于股利及企业投资前景的看法。根据股利相关理论，如果投资者认为企业具有良好的投资机会，就愿意接受企业降低股利支付率的政策；如果投资者认为企业的投资回报不能令人满意，那么降低股利支付率会导致股价下跌。因此，企业应根据实际情况，将股利支付率控制在一个合理的范围内。

# 第五节　现金流量状况评价

## 一、现金流量表概述

现金流量表揭示在一定时期企业的现金流动状况及结余状况。如果做一个比喻的话，现金流量表是透视企业血液流动的会计报表。有句谚语说得好：没有利润是痛苦的，但没有现金流则是致命的。现金流量表能够告诉我们，在满足了同一时期所有现金费用支出后，企业究竟创造了多少超额的现金。这一现金净额可以用于追加的现金费用，比如追加的债务偿付等。

如果一定时期中现金净额为负值，说明企业为满足本期现金费用支出的需要，动用了以前各期积累的现金储备。如果这趋势不能扭转的话，最终企业的现金将被耗尽。

（一）现金流量表的格式与内容

同资产负债表和利润表一样，现金流量表也有一定的结构。现金流量表分主表和补充资料两部分。主表按照经营活动、投资活动和筹资活动的顺序报告企业的现金流量。此外，现金流量表还包括一个补充资料。

企业编制现金流量表有两种格式：直接法和间接法。两种方法的主要差异体现在报告经营活动现金流量的方式不同。在直接法下，直接分项目列示来自经营活动的现金流入和流出。在间接法下，通过对净利润进行调整来获得经营现金流量的信息。由于间接法将现金流量表与企业的利润表和资产负债表联系起来，所以很多分析者认为间接法更为有用。因此我国要求企业在主表中以直接法反映经营活动的现金流量，同时要求在补充资料中按照间接法反映经营活动现金流量的信息。主表的内容如表 9-5 所示。

表 9-5　现金流量表的主表内容

| 企业生产经营活动中的现金流动状况 |
| --- |
| 企业投资活动中的现金流动状况 |
| 企业筹资活动中的现金流动状况 |
| 企业本期的现金流量净额 |

其中，经营活动是指企业投资活动和筹资活动以外的所有日常交易和事项。通过经营活动产生的现金流量，可以说明企业经营活动对现金流入和流出净额的影响程度。当公司销售商品、提供劳务收到现金时，当公司收到租金时，当公司收到增值税销项税额和退回的增值税税款时，以及收到其他税款时，这时公司发生了与销售商品的主营业务相关联的现金流入。当公司购买商品、接受劳务支付现金及支付经营租赁的租金、职工的工资福利、缴纳增值税款、所得税及其他税时，构成经营活动的现金流出。

投资活动是指企业长期资产的构建和不包括现金等价物范围内的投资及处理活动。通过现金流量表中所反映的投资活动所产生的现金流量，可以分析企业通过投资获取现金流量的能力，以及投资产生的现金流量对企业现金流量净额的影响程度。投资活动现金流入量包括：收回投资收到的现金；分得股利或利润收到的现金；取得债券利息收入收到的现金；处置固定资产、无形资产和其他长期资产而收到的现金净额（如为负数，作为投资活动现金流出项目反映）；收到的其他与投资活动有关的现金。投资活动现金流出量包括：购建固定资产、无形资产和其他长期资产所支付的现金；投资所支付的现金；支付的其他与投资活动有关的现金。

筹资活动是指导致企业资本及债务规模和构成发生变化的活动。通过筹资活动产生的现金流量，可以说明企业的筹资能力，以及筹资所负担的成本和利息对企业现金流量的影响程度。具体的筹资活动现金流入包括：吸收权益性投资（如发行股票）收到的现金；发行债券收到的现金；借款收到的现金。筹资活动的现金流出包括：偿还债务支付的现金；发生筹资费用支付的现金；分配股利或利润支付的现金；偿付利息支付的现金；融资租赁支付的现金；减少注册资本支付的现金。

现金流量表将现金流量分为三种形式，并不是说三种形式的现金流量彼此毫无关系、各成体系。实际上经营、筹资、投资活动的现金流量互为补充，共同形成了公司定时期内总的现金流量。三类现金流量具体有如下关系：一般而言，公司的经营活动取得的现金流入应用来抵偿经营活动的现金流出，并且有一定的现金流入用于偿还债务或用于投资，这也就与投资活动和筹资活动挂上了钩。当一个公司的经营活动产生的现金收入不足以满足经营活动所需的现金支出时，往往需要通过短期借款来弥补，但这时公司的盈利能力和创造现金的能力足以偿还短期债务。

当公司出于市场等因素的考虑，需要进行长期投资时，一般经营活动产生的现金盈余无法保证，可以通过筹资活动来满足现金需要，如发行股票、债券。如果该项长期投资有效，公司在投资期结束后，会产生现金的流入，公司将不会面临还债的困境。当公司经营活动现金严重不足，大量商品积压，而筹资能力有限，到期债务急需偿还，以及公司盲目扩张，投资规模过大时，公司的境况最糟。三种形式的现金流量都是负值，那么投资者和债权人都会心急如焚，担心公司股价大跌，担心公司无法按期偿还债务。

补充资料的内容如表9-6所示。

表9-6 现金流量表补充资料的内容

| 将净利润调整为经营活动的现金流 |
|---|
| 不涉及现金收支的投资与筹资活动 |
| 现金及现金等价物的本期变动情况 |
| 企业本期的现金流量净额 |

其中，将净利润调节为经营活动现金流量就是采用间接法在现金流量表中进一步披露信息，是对主表中用直接法反映经营活动现金流量的补充，其具体方法是以净利润为起点，加减以下项目后得到企业经营活动现金净流量：

1."资产减值准备"项目，反映企业本期计提的坏账准备、存货跌价准备、短期投资跌价准备、长期股权投资减值准备、持有至到期投资减值准备、投资性房地产减值准备、固定资产减值准备、在建工程减值准备、无形资产减值准备、商誉减值准备、生产性生物资产减值准备、油气资产减值准备等资产减值准备。

2."固定资产折旧"项目，反映企业本期计提的固定资产折旧。

3."无形资产摊销、长期待摊费用摊销"项目，分别反映企业本期计提的无形资产摊销、长期待摊费用摊销。

4. "处置固定资产、无形资产和其他长期资产的损失"项目，反映企业本期处置固定资产、无形资产和其他长期资产发生的损益。

5. "公允价值变动损失"项目，反映企业持有的金融资产、金融负债以及采用公允价值计量模式的投资性房地产的公允价值变动损益。

6. "财务费用"项目，反映企业利润表"财务费用"项目的金额。

7. "投资损失"项目，反映企业利润表"投资收益"项目的金额。

8. "递延所得税资产减少"项目，反映企业资产负债表"递延所得税资产"项目的期初余额与期末余额的差额。

9. "递延所得税负债增加"项目，反映企业资产负债表"递延所得税负债"项目的期初余额与期末余额的差额。

10. "存货的减少"项目，反映企业资产负债表"存货"项目的期初余额与期末余额的差额。

11. "经营性应收项目的减少"项目，反映企业本期经营性应收项目（包括应收票据、应收账款、预付账款、长期应收款和其他应收款中与经营活动有关的部分及应收的增值税销项税额等）的期初余额与期末余额的差额。

12. "经营性应付项目的增加"项目，反映企业本期经营性应付项目（包括应付票据、应付账款、预收账款、应付职工薪酬、应交税费、应付利息、应付股利、长期应付款、其他应付款中与经营活动有关的部分及应付的增值税进项税额等）的期初余额与期末余额的差额。

补充资料中，不涉及现金收支的投资与筹资活动：债务转为资本，一年内到期的可转债以及融资租入固定资产等事项。这些活动虽然目前并不涉及现金收支，但对未来的现金收支产生重大影响，必须予以披露。

补充资料中现金及现金等价物的本期变动状况是将资产负债表与现金流量表较好连接的科目，在资产负债表中反映的现金是企业现阶段所持有的现金存量，而现金流量表中反映的是一定阶段中现金流量存量的变动额，所以用现金的期末余额与现金的期初余额相减，用现金等价物的期末余额与现金等价物的期初余额相减，构成现金及现金等价物的净增金额，并且与主表的现金及现金等价物的净增加额形成对比。

## （二）现金流量表的作用

编制现金流量表，是为报表使用者提供企业一定会计期间内现金和现金等价物流入和流出的信息，以便于报表使用者了解和评价企业获取现金和现金等价物的能力，并据此预测企业未来现金流量。现金流量表的作用，主要表现在以下几个方面：

1.现金流量表可以提供企业的现金流量信息，报表使用者从而对企业整体财务状况做

出客观评价

在市场经济条件下，竞争异常激烈，企业要想站稳脚跟，不但要想方设法把自身的产品销售出去，更重要的是要及时地收回销货款，以便以后的经营活动能顺利开展。除了经营活动以外，企业所从事的投资和筹资活动同样影响着现金流量，从而影响财务状况。如果企业进行投资，而没能取得相应的现金回报，就会对企业的财务状况（比如流动性、偿债能力）产生不良影响。从企业的现金流量情况，可以大致判断其经营周转是否顺畅。

2.现金流量表是在以营运资金为基础编制的财务状况变动表基础上发展起来的，它提供了新的信息

以营运资金为基础编制的财务状况变动表有一定的局限性。营运资金是流动资产和流动负债的差额，流动资产中不但包括现金，还包括存货、应收账款等其他流动资产。假定一个企业的现金大幅减少，但应收账款和存货却大量增加，这时企业的营运资金不一定会减少，反而可能增加，给人一种该企业财务状况不错的印象。如果应收账款和存货的质量有问题，就会误导会计信息使用者。而现金流量信息则可避免这种缺陷，投资者和债权人通过现金流量表，可以对企业的支付能力和偿债能力，以及企业对外部资金的需求情况做出较为可靠的判断。

3.通过现金流量表可以预测企业未来的发展情况

如果现金流量表中各部分现金流量结构合理，现金流入流出无重大异常波动，一般来说，企业的财务状况基本良好。另一方面，企业最常见的失败原因、症结也可在现金流量表中得到反映，比如，从投资活动流出的现金、筹资活动流入的现金和筹资活动流出的现金（主要是利息支出）中，可以分析企业是否过度扩大经营规模；通过比较当期净利润与当期净现金流量，可以看出非现金流动资产吸收利润的情况，评价企业产生净现金流量的能力。

## 二、现金流量表的绝对数分析

### （一）现金流量表主表的绝对数分析

在进行绝对数分析时，现金流量的指标与利润指标相比有较大差异，利润指标的总额是越大越好，但是对现金流量的评价却并非如此。所以对于现金流量的绝对数进行分析，应从以下两个方面进行：第一，对三类现金流量各自的整体数据进行分析。企业经营活动、投资活动和筹资活动的现金流量性质都不相同，但是各自的现金净流量都有三种结果，即大于零、等于零和小于零。每种结果都与企业所在的经营周期、发展战略以及市场环境等因素有关，在分析时，不能仅仅依据现金净流量的大小做出优劣判别。第二，对各个现金流量项目的具体数据进行分析。在对三类现金流量各自的整体数据分析的基础上，再进行

各个现金流量项目的具体数据分析，分析的内容包括判断企业现金流量的构成，以及哪些项目在未来期间可以持续、哪些项目是偶然发生的、各个项目发生的原因是什么等。

1.经营活动现金流量分析

企业经营活动现金流量是企业现金的主要来源，而且其在未来的可持续性也最强，所以对该部分内容的分析是现金流量分析的重点。

（1）经营活动现金净流量大于零

一般而言，企业经营活动现金净流量大于零意味着企业生产经营比较正常，具有"自我造血"功能，且经营活动现金净流量占总现金净流量的比率越大，说明企业的现金状况越稳定，支付能力越有保障。但是企业在日常经营活动中不仅有导致现金流出的付现成本，还会发生一些非付现成本和费用，这些成本费用在生产经营过程中短期内不涉及现金支付，如固定资产折旧、无形资产摊销、预提费用、待摊费用等，但是从长期来看，只要企业维持简单再生产，这些项目的现金流出迟早会发生。所以如果企业当期经营活动现金净流量在大于零的基础上，还能补偿当期发生的这部分非付现成本，则说明剩余的现金在未来期间基本上不再为经营活动所需，则企业可以将该部分现金用于扩大生产规模，或者选择其他有盈利能力的项目进行投资，从而增加企业的竞争能力；反之，如果企业现金净流量大于零的程度很小，只能部分或几乎不能补偿当期发生的非付现成本，则企业就难以抽出长期资金进行投资，难以得到战略上的发展。因此当经营活动现金净流量大于零时，分析人员还应注意大于零的程度，能否补偿非付现成本费用，否则就可能得出片面的结论。

（2）经营活动现金净流量等于零

该种情况在现实中比较少见，意味着经营过程中的现金"收支平衡"，长此以往不仅使得企业增加未来收益的长期投资无法实施，而且对简单再生产的维持也只能停留在短期内。当企业简单再生产条件不再具备，例如需要对陈旧设备进行更新改造时，则简单再生产也无法维持。此时如果企业想继续存在下去，只能通过外部融资来解决资金困难。因此，该情况对企业的长远发展不利。

（3）经营活动现金净流量小于零

这是最糟糕的情况，意味着经营过程的现金流转存在问题，经营中"入不敷出"。在此种情况下，企业不仅不能长期发展，甚至难以短期内进行简单再生产。如果这种局面长期内不能改变，企业的现金亏空将会越来越大，必须通过再融资或挤占本应投资的长期资金来维持流动资金的需求，如果自身的资金积累消耗殆尽，又难以从外部取得资金，企业将陷入财务危机。

2.投资活动现金流量分析

投资活动是指企业对外的股权、债权投资，以及对内的非货币性资产（固定资产、无形资产等）投资。投资活动对当期经营成果的影响一般较小，但是直接影响企业未来的损益。当然，该部分内容也核算以前期间的投资在本期处置所导致的现金流入状况，该部分事项会影响企业当期损益，同时投资的回收也说明企业经营规模的下降以及战略的调整。

（1）投资活动现金净流量大于或等于零

投资活动产生的现金流量大于或等于零的情况可以得出两种相反的结论：一种是企业投资收益显著，尤其是短期投资回报收现能力较强；另一种就是企业因为财务危机，同时又难以从外部筹资，而不得不处置一些长期资产，以补偿日常经营活动的现金需求。如果是后一种情况，分析人员应进一步研究企业的财务状况以及以后期间是否会演化为财务危机。

（2）投资活动现金净流量小于零

同样，投资活动现金净流量小于零的结果也有两种解释：一种是企业投资收益状况较差，投资没有取得经济效益，并导致现金的净流出；另一种是企业当期有较大的对外投资。因为大额投资一般会形成长期资产，并影响企业今后的生产经营能力，所以这种状况下的投资活动现金流量小于零，对企业的长远发展是有利的。因此分析人员应注意区分造成该结果的原因，以得出准确的结论。

3.筹资活动现金流量分析

（1）筹资活动现金净流量大于零

正常情况下，企业的资金需求主要通过自身经营现金流入解决，但是当企业处于初创、成长阶段，或者企业遇到经营危机时，仅仅依靠经营现金流入是不够的，此时企业应通过外部筹资满足资金需求。因此企业筹资活动现金流量一般会大于零，但是分析人员应注意分析企业筹资活动现金流量大于零是否正常。企业的筹资活动是否已经纳入企业的发展规划，是企业管理层以扩大投资和经营活动为目标的主动筹资行为，还是企业因投资活动和经营活动的现金流出失控、企业不得已的筹资行为。

（2）筹资活动现金净流量小于零

这种情况的出现原因一般是企业在本会计期间集中发生偿还债务、支付筹资费用、进行利润分配、偿付利息等业务。但是，企业筹资活动产生的现金流量小于零，也可能是企业在投资活动和企业战略发展方面没有更多作为的一种表现。

一般来说，对于一个健康的正在成长的公司而言，经营活动的现金净流量应该是正值，投资活动的现金净流量可以是负值，而筹资活动的现金净流量可以是正负相间的。

需要进一步指出的是：在对现金流量表的绝对数分析时不能只分析单一报告期的现金流，还应结合趋势分析来进行，即将不同时期的现金流量放在一起进行比较，就可以了解企业现金流量的变化及未来发展趋势。趋势分析通常采用编制比较现金流量表的方法，即将连续多年的现金流量表，至少是最近二三年，甚至五年的报表并列在一起加以分析，以观察其变化趋势。观察连续数期的报表分析比单看一个报告期的报表能了解到更多的情况和信息，并有利于分析变化的趋势。

## （二）现金流量表补充资料的绝对数分析

为便于进行现金流量表补充资料的分析，我们有必要对补充资料的结构重新调整，重新调整后的现金流量表资料如表 9-7 所示。

**表 9-7　重新调整后的现金流量表补充资料**

| |
|---|
| 1.将净利润调节为经营活动的现金流量 |
| 净利润 |
| +资产减值准备 |
| +固定资产折旧 |
| +无形资产摊销 |
| +长期待摊费用摊销 |
| +处置固定资产、无形资产和其他长期资产的损失（减：收益） |
| +固定资产报废损失 |
| +公允价值变动损失 |
| +财务费用（不含现金流动的利息支出） |
| +投资损失（减：收益） |
| +递延所得税资产减少（减：增加） |
| +递延所得税负债增加（减：减少） |
| 分析之一：流动资金投资及支付利息前的经营现金流量 |
| +存货的减少（减：增加） |
| +经营性应收项目的减少（减：增加） |
| +经营性应付项目的增加（减：减少） |
| 分析之二：流动资金投资后支付利息前的经营现金流量 |
| +收到的利息（投资活动） |
| -支付的利息（筹资活动） |
| 分析之三：流动资金投资及支付利息后的经营现金流量 |
| +收回投资所收到的现金 |
| +处置固定资产、无形资产和其他长期资产而收回的现金净额 |
| +收到的股利（投资活动） |
| -购建固定资产、无形资产和其他长期资产而支付的现金 |
| -投资所支付的现金 |
| 分析之四：长期投资后/支付股利和外部融资前的现金流量 |
| -支付的股利（筹资活动） |
| 分析之五：支付股利和外部融资前的现金流量 |
| +吸收投资所收到的现金 |
| +借款所收到的现金 |
| -偿还债务所支付的现金 |
| 分析之六：外部融资后的现金流量 |

对重新调整后的现金流量表补充资料的分析如下：

1.分析流动资金投资对现金流量的影响

分析之一：流动资金投资及支付利息前的经营现金流量——评估企业创造经营现金盈余的能力

流动资金投资及支付利息前的经营现金流量=净利润+计提的坏账准备或转销的坏账+固定资产折旧+无形资产摊销+长期待摊费用+处置固定资产、无形资产和其他长期资产的损失+固定资产报废损失+不含利息实际以现金收支的财务费用+投资损失–投资收益+递延税款贷款–递延税款借款

从表9-7中我们可以看出：该指标展示了企业创造经营现金盈余的能力，基本概括了企业的生存能力。若指标为正，则企业拥有的资金足以维持现有的经营规模；若指标为负，则表明企业创造的经营现金盈余不足，企业的发展前景不容乐观。

分析之二：流动资金投资后支付利息前的经营现金流量——评估企业如何管理流动资金

流动资金利息前的经营现金流量=流动资金投资及支付利息前的经营现金流量+存活的减少–存货的增加+经营性应收项目的减少–经营性应收项目的增加–经营性应付项目的减少+待摊费用减少–待摊费用增加+预提费用增加–预提费用减少

企业在创造经营现金盈余后，出于增长的目的，会投资流动资金。对企业在流动资金方面的投资情况及其管理效率的评价，可以通过该指标来进行。若该指标为正，则表明企业能依靠内部资金解决流动资金的需要，否则便需进行外部筹资以满足增长的需要。

2.分析企业利息支付净额的影响

分析之三：流动资金投资和支付利息后的经营现金流量——评估企业偿还利息的能力

流动资金投资和支付利息后的经营现金流量=流动资金投资后支付利息前的经营现金流量+收到的利息–支付的利息

该指标用于分析企业财务管理的前景，若为正，则表明企业具有依靠内部资金偿还利息的能力，并有追求长期增长的机会；若为负，企业必须清理资产或是筹集外部资金来偿还利息费用，这显然对财务管理的前景不利。

3.分析长期投资对现金流量的影响

分析之四：长期投资后/支付股利和外部融资前的现金流量——评估企业借助内部资金进行长期投资的融资灵活性

长期投资后/支付股利和外部融资前的现金流量=流动资金投资和支付利息后的经营现金流量+收回投资所收到的现金+处置固定资产、无形资产和其他长期资产而收到的现金净额+收到的股利–构建固定资产、无形资产和其他长期资产所支付的现金–

投资所支付的现金

该指标能够提供关于企业借助内部资金进行长期投资的融资灵活性的信息。若该指标为正，表明企业能依靠自身满足长期投资的需要；若指标为负，则表明企业需筹集外部资金以满足长期投资的需求。

分析之五：支付股利后及外部融资前的现金流量——检验企业的股利政策

支付股利后及外部融资前的现金流量=支付股利和外部融资前的现金流量-支付的股利

企业在支付股利和外部融资前的现金流量为正值时可以分派股利，但是企业的股利政策能否持续？该指标可用于检验企业的股利政策是否恰当及可否持续。若该指标为正，说明企业除发放股利外还可以进行股票回购、偿还债务等理财活动；若该指标为负，即支付完股利后企业的现金流量为负，表明企业需要另外筹集资金以发放现金股利，在这种情况下的股利政策不可能持久。

分析之六：外部融资后的净现金流量——检验企业的财务政策

外部融资之后的企业净现金流量=支付股利后及外部融资前的现金流量+吸收投资所收到的现金+借款所收到的现金-偿还债务所支付的现金

除了利用前述方法调节现金流量外，管理者一般会根据其对财务风险的态度，调整企业的财务杠杆，以影响企业每股盈余及财务风险。该指标能反映企业如何为自身提供资金、各种理财活动对现金流量的影响、企业的融资方式是否过于激进，以及企业财务政策对现金流量的影响程度等。

## 三、现金流量表的相对数分析

现金流量表的相对数分析是指现金流量表的结构百分比分析。一般的结构百分比分析是指将会计报表中某一关键项目的数字作为基数（即为100%），计算出该项目各个组成部分占总体的百分比，以分析各项目的具体构成，使各个组成部分的相对重要性明显地表现出来，从而揭示会计报表中各个项目的相对地位和总体结构关系。现金流量结构百分比分析可以从以下三个方面入手：

### （一）现金流入结构分析

现金流入结构分析反映企业的各项业务活动的现金流入，如经营活动的现金流入、投资活动的现金流入筹资活动的现金流入等在全部现金流入中的比重（总流入结构）以及各项业务活动现金流入中具体项目的构成情况（流入的内部结构），明确企业的现金究竟来自何方，要增加现金流入主要依靠什么等。通常，我们可以通过编制现金流入结构分析表（见表9-8）来对企业的现金流入结构加以分析。

表 9-8　现金流入结构分析

| 项目 | 金额（元） | 结构百分比（%） |
|---|---|---|
| 经营活动的现金流入 | | |
| 其中：来自销货的现金流入 | | |
| 投资活动的现金流入 | | |
| 其中：处置固定资产收回现金 | | |
| 筹资活动的现金流入 | | |
| 其中：借款收到的现金 | | |
| 现金流入合计 | | |

## （二）现金流出结构分析

现金流出结构是指企业各项现金流出占企业当期全部现金流出的百分比（总流出结构），以及各项业务活动现金流出中具体项目的构成情况（流出的内部结构）。它具体地反映企业的现金用在哪些方面。我们可以通过编制现金流出结构分析表（见表9-9）来对企业的现金流出结构加以分析。

表 9-9　现金流出结构分析表

| 项目 | 金额（元） | 结构百分比（%） |
|---|---|---|
| 经营活动的现金流出 | | |
| 其中：现金购货支出 | | |
| 支付税金 | | |
| 支付职工工资 | | |
| 投资活动的现金流出 | | |
| 其中：购置固定资产支付的现金 | | |
| 筹资活动支付的现金 | | |
| 其中：偿还债务支付的现金 | | |
| 现金流出合计 | | |

## （三）现金净流量结构分析

现金净流量结构是指经营活动、投资活动、筹资活动的现金收支净额占全部现金净流量的百分比，反映企业的现金净流量是如何形成的，如表9-10所示。

表 9-10　现金净流量结构分析

| 项目 | 金额（元） | 结构百分比（%） | 流入流出比 |
|---|---|---|---|
| 经营活动现金流量净额 | | | |
| 投资活动现金流量净额 | | | |
| 筹资活动现金流量净额 | | | |
| 现金净流量合计 | | | |

其中流入流出比等于某项活动的流入/该项活动的流出，当现金净流量为正数时，流入流出比大于1，当现金净流量为负数时，流入流出比小于1。所以对于一个健康的正在成长的公司而言，其经营活动的流入流出比应该大于1，投资活动的流入流出比可以小于1，而筹资活动的流入流出比既可以大于1，也可以小于1。值得注意的是，不要认为现金净流量总应该是正数，更不要认为现金净流量总是越多越好。另外，通过对流入流出结构的历史比较和同业分析，也可以得到更有意义的信息。

# 结　语

　　财务预算和经济管理是指对企业的利润、成本、费用、资本、投资收益等内容实施综合管理外，还要对管理人员的行为进行规范，对员工的财务行为进行规范，以达到财务目标，保证企业的资金有效运转，生产经营活动顺利展开。财务预算管理是系统化展开的，管理制度发挥着重要的作用。对生产经营活动有效控制，还可以发挥监督作用，企业的经营管理行为得到优化，利润率提升。

　　从理论上讲，财务管理工作中，预算管理和经济管理是非常重要的，具体的实施中需要按照制度展开，企业的各项资金运行模式得到优化，提高资金的使用效率，避免造成资金浪费。财务预算管理落实到位，使得内部控制加强，成本大大降低，企业的经济效益就会有所提高。但是，一些财务预算管理仅仅停留在形式上，一些管理人员对于财务预算也停留在理论层面，没有落实到具体工作中，没有切实地发挥作用。存在这种现象的主要原因是企业长期发展中所存在的历史遗留问题没有得到彻底解决，企业对内部预算管理没有明确认识，导致效果不够理想。

　　总而言之，在当前经济新常态环境中，企业迎来了新的机遇，同时也需要直接面对潜在的危机。企业需要实施必要的改革，以跟得上时代发展的步伐。企业的管理结构需要做出调整，特别是财务管理上，要对财务预算管理、财务经济管理高度重视，从自身的组织结构出发，对经济风险做出准确的判断，基于此将符合企业发展需要的财务预算管理制度制定出来，发挥制度的指导作用，按照预算管理规定严格执行，企业的整体管理能力有所增强，也因此获得更高的经济效益。当然，企业做好财务预算管理工作还有助于规避风险，避免造成严重后果。

# 参考文献

[1]胡杏子.企业推行全面预算管理存在的问题及对策探讨[J].中国集体经济,2021(11):45-47.

[2]申晓丽.大数据背景下企业财务管理面临的挑战[J].中国集体经济,2021(11):105-106.

[3]朱捷.探析新形势下企业管理会计与财务会计融合[J].中国集体经济,2021(11):107-108.

[4]朱蕾.企业财务会计向管理会计转型的思考[J].中国集体经济,2021(11):114-115.

[5]郭惠君.关于农村集体经济组织财务管理问题的思考[J].中国集体经济,2021(11):116-117.

[6]徐东.关于国有企业财务管理信息化的改革研究[J].中国集体经济,2021(11):120-121.

[7]陈秋林.浅析财务预算管理在企业经营中的应用[J].中国集体经济,2021(11):124-125.

[8]林贻明.浅谈企业财务共享服务在正泰集团的运用[J].中国集体经济,2021(11):132-133.

[9]蒋兆凤.浅谈财务共享中心会计管理模式存在的问题及对策[J].中国集体经济,2021(11):134-135.

[10]郇秋杰.企业财务内控措施浅谈[J].中国集体经济,2021(11):136-137.

[11]李惠.国有企业财务管理存在的问题及对策探析[J].中国集体经济,2021(11):140-141.

[12]田隽.试论基于内部控制视角的国有企业往来款项管理[J].中国集体经济,2021(11):151-152.

[13]何诗姣.企业财务管理存在的风险及法律防范对策[J].中国集体经济,2021(10):139-140. .

[14]孙远林.新时期如何加强企业财务会计工作的创新管理[J].中国集体经济,2021(10):157-158.

[15]张郁.管理会计信息化与财务信息化的发展趋势研究[J].时代金融,2021(09):62-64.

[16]刘双齐.企业财务管理与内部控制分析——以新疆石大科技股份有限公司为例[J].中国商论,2021(06):142-144.

[17]苏琳琳.大数据视角下企业内部控制与财务风险管理关系探析[J].中国商论,2021(06):145-146.

[18]徐秋娇.中小企业财务会计管理中存在的问题及对策[J].山西农经,2021(05):112-113.

[19]段文全.企业股权转让风险管理研究[J].法制与社会,2021(08):51-52.

[20]杨琪.新时期行政事业单位全面预算管理研究[J].商讯,2021(08):177-178.

[21]吴华芳.高新企业研发项目账务规划及财务管理的思考[J].审计与理财,2021(03):47-48.

[22]周文娟.企业财务内部控制管理制度体系的建设探讨[J].财会学习,2021(08):197-198.

[23]金冬梅.加强事业单位财务内控制度的探讨[J].纳税,2021,15(08):103-104.

[24]薛洁.财务风险管理视角下制造企业内控制度的构建[J].纳税,2021,15(08):131-132.

[25]王美.企业财务预算管理存在的问题及对策[J].纳税,2021,15(08):113-114.

[26]张颖.关于加强企业财务预算管理的思考[J].大众投资指南,2021(06):141-142.

[27]侯建丽.基于全面预算管理的行政事业单位财务管理[J].财富生活,2021(06):39-40.

[28]刘玄黄.基于网络经济时代的财务会计管理对策[J].中国商论,2021(05):157-159.

[29]侯艳.企业财务管理信息化的风险管理策略研究[J].中国乡镇企业会计,2021(03):171-172.

[30]郭一凤.中小企业管理会计存在的问题及对策研究[J].中国市场,2021(07):148-149.

[31]吴晓.财务预算管理对企业经营决策的影响分析[J].商讯,2021(07):49-50.

[32]杨阳.财务视角下国企内控机制的构建与完善[J].财会学习,2021(07):189-190.

[33]夏勤利.精细化管理在企业财务管理中的运用[J].纳税,2021,15(07):118-119.

[34]陈瑶.大数据下集团财务管理的机遇和挑战[J].中国储运,2021(03):179-180.

[35]陈富荣.企业预算管理存在的问题及对策探讨[J].大众投资指南,2021(05):170-171.

[36]陈竹美.上市公司预算控制的有效对策分析[J].商讯,2021(06):89-90.

[37]李亚璇.新预算法对事业单位财会工作影响及对策探讨[J].纳税,2021,15(06):111-112.

[38]胡诗语.大数据环境下 L 企业全面预算管理研究[D].中南林业科技大学,2020.

[39]Iba Hitoshi,Noman Nasimul.New Frontier In Evolutionary Algorithms:Theory And Applications[M].World Scientific Publishing Company:2011-08-26.

[40]Hitoshi Iba,Nasimul Noman.New Frontier In Evolutionary Algorithms:Theory And Applications[M].World Scientific Publishing Company:2011-08-26.

[41]Tay Francis Eng Hock,Shen Lixiang,Cao Lijuan.Ordinary Shares,Exotic Methods:Financial Forecasting Using Data Mining Techniques[M].WORLD SCIENTIFIC:2003-01.